易學典籍選刊

周易程氏傳

〔宋〕程頤 撰
王孝魚 點校

中華書局

圖書在版編目(CIP)數據

周易程氏傳/(宋)程頤撰;王孝魚點校.—北京:中華書局,2011.5(2025.9重印)
(易學典籍選刊)
ISBN 978-7-101-07833-6

Ⅰ.周… Ⅱ.①程…②王… Ⅲ.周易-注釋
Ⅳ.B221.2

中國版本圖書館CIP數據核字(2011)第022284號

責任編輯:張繼海
封面設計:王銘基
責任印製:管 斌

易學典籍選刊
周易程氏傳
〔宋〕程 頤 撰
王孝魚 點校
*
中華書局出版發行
(北京市豐臺區太平橋西里38號 100073)
http://www.zhbc.com.cn
E-mail:zhbc@zhbc.com.cn
河北博文科技印務有限公司印刷
*
850×1168毫米 1/32・12印張・2插頁・250千字
2011年5月第1版 2025年9月第9次印刷
印數:16501-18000冊 定價:48.00元

ISBN 978-7-101-07833-6

出版説明

周易程氏傳又稱易傳，是程頤對易經的注釋，在歷史上影響很大。它和二程的其他著作一起，收入我局出版的二程集（「理學叢書」之一）中。二程集是以清同治十年涂宗瀛刻的二程全書爲底本，校以清康熙呂留良刻本（簡稱呂本）、明萬曆徐必達刻本（簡稱徐本）。其中易傳又用古逸叢書覆元至正本（簡稱覆元本）、易傳中的上下篇義又用國家圖書館藏殘宋本（簡稱宋本）校過。凡有所改動的地方，都作了校勘符號並寫了校記。有參考價值的異文也予列出，避諱字及部分異體字則直接改正。該整理本已經成爲研讀二程著作的經典版本。

應廣大讀者要求，我們現將周易程氏傳自二程集中抽出改排，列入「易學典籍選刊」。書末有兩個附録，一爲河南程氏經説中有關繫辭的部分，一爲四庫提要，以便讀者參考。

中華書局編輯部

二〇一〇年十月

目録

易傳序……一
易序……二
上下篇義……四
卷第一　周易上經上
乾……一
坤……三
屯……二〇
蒙……二六
需……三〇
訟……三五
師……四〇
比……四六
小畜……五二
履……五八
泰……六三
否……六九
同人……七三
大有……七九
卷第二　周易上經下
謙……八五
豫……九〇
隨……九六
蠱……一〇一
臨……一〇七

觀……一一三
噬嗑……一一六
賁……一二一
剝……一二八
復……一三三
无妄……一三八
大畜……一四四
頤……一五〇
大過……一五六
習坎……一六二
離……一六八
卷第三 周易下經上
咸……一七四
恒……一八〇
遯……一八六
大壯……一九一
晉……一九五
明夷……二〇〇
家人……二〇七
睽……二一二
蹇……二一八
解……二二五
損……二三一
益……二三七
夬……二四四
姤……二五〇
萃……二五五
升……二六三
卷第四 周易下經下
困……二六八

井……二七五
革……二八〇
鼎……二八六
震……二九二
艮……二九八
漸……三〇三
歸妹……三〇九
豐……三一五
旅……三二一
巽……三二六
兑……三三〇
涣……三三四
節……三三九
中孚……三四三
小過……三四七
既濟……三五二
未濟……三五七
附録
易説……三六二
提要……三六七

易傳序

易，變易也，隨時變易以從道也。其爲書也，廣大悉備，將以順性命之理，通幽明之故，盡事物之情，而示開物成務之道也。聖人之憂患後世，可謂至矣。去古雖遠，遺經尚存。然而前儒失意以傳言，後學誦言而忘味。自秦而下，蓋無傳矣。予生千一有餘字。載之後，悼斯文之湮晦，將俾後人沿一作泝。流而求源，此傳所以作也。

易有聖人之道四焉：「以言者尚其辭，以動者尚其變，以制器者尚其象，以卜筮者尚其占。」吉凶消長之理，進退存亡之道，備於辭。推辭考卦，可以知變，象與占在其中矣。君子居則觀其象而玩其辭，動則觀其變而玩其占。得於辭，不達其意者有矣；未有不得於辭而能通其意者也。至微者理也，至著者象也。體用一源，顯微無閒。觀會通以行其典禮，則辭無所不備。故善學者，求言必自近。易於近者，非知言者也。予所傳者辭也，由辭以得其一無其字。意，則在一作存。乎人焉。有宋元符二年己卯正月庚申，河南程頤正叔序〔一〕。

〔一〕徐本「序」上有「謹」字。

易序

易之爲書，卦爻彖象之義備，而天地萬物之情見。聖人之憂天下來世，其至矣：先天下而開其物，後天下而成其務。是故極其數以定天下之象，著其象以定天下之吉凶。六十四卦，三百八十四爻，皆所以順性命之理，盡變化之道也。

散之在理，則有萬殊；統之在道，則無二致。所以「易有太極，是生兩儀」。太極者道也，兩儀者陰陽也。陰陽，一道也。太極，無極也。萬物之生，負陰而抱陽，莫不有太極，莫不有兩儀，絪緼交感，變化不窮。形一受其生，神一發其智，情僞出焉，萬緒起焉。

易所以定吉凶而生大業。故易者陰陽之道也，卦者陰陽之物也，爻者陰陽之動也。卦雖不同，所同者奇耦；爻雖不同，所同者九六。是以六十四卦爲其體，三百八十四爻互爲其用。遠在六合之外，近在一身之中，暫於瞬息，微於動靜，莫不有卦之象焉，莫不有爻之義焉。

至哉易乎！其道至大而無不包，其用至神而無不存。時固未始有一，而卦亦未始有定象；事固未始有窮，而爻亦未始有定位。以一時而索卦，則拘於無變，非易也。以一事而明爻，則窒而不通，非易也。知所謂卦爻彖象之義，而不知有卦爻彖象之用，亦非易也。故得之於精神之運，心術之動，與天地合其德，與日月合其明，與四時合其序，與鬼神合其吉凶，然後可以謂之知易也。

雖然，易之有卦，易之已形者也；卦之有爻，卦之已見者也。已形已見者可以言知，未形未見者不可以名求。則所謂易者，果何如哉？此學者所當知也。

上下篇義〔一〕

乾、坤，天地之道，陰陽之本，故爲上篇之首；坎、離，陰陽之成質，故爲上篇之終。咸、恒，夫婦之道，生育之本，故爲下篇之首；未濟，坎、離之合，既濟，坎、離之交，合而交則生物，陰陽之成功也，故爲下篇之終。二篇之卦既分，而後推其義以爲之次〔二〕，序卦是也。

卦之分則以陰陽。陽盛者居上，陰盛者居下。所謂盛者，或以卦，或以爻。卦與爻取義有不同。如剥：以卦言，則陰長陽剥也；以爻言，則陽極於上，又一陽爲衆陰主也。如大壯：以卦言，則陽長而壯；以爻言，則陰盛於上，用各於其所，不相害也。乾，父也，莫亢焉；坤，母也，非乾無與爲一無爲字。敵也。故卦有乾者居上篇，有坤者居下篇。而復陽生，臨陽長，觀陽盛，剥陽極，則雖有坤而居上；姤陰生，遯陰長，大壯陰

〔一〕徐本題目作「易上下篇義」。
〔二〕宋本「以爲之次」作「而爲之次」。

盛，夬陰極，則雖有乾而居下。

其餘有乾者皆在上篇，泰、否、需、訟、小畜、履、同人、大有、无妄、大畜也。有坤而在上篇，皆一陽之卦也。卦五陰而一陽，則一陽爲之主，故一陽之卦皆在上篇，師、謙、豫、比、復、剥也。

其餘有坤者皆在下篇，晉、明夷、萃、升也。卦一陰五陽者，皆有乾也，又陽衆而盛也，雖衆陽説於一陰，説之而已，非如一陽爲衆陰主也。王弼云「一陰爲之主」，非也。故一陰之卦皆在上篇，小畜、履、同人、大有也。

卦二陽者，有坤則居下篇；小過雖無坤，陰過之卦也，亦在下篇。其餘二陽之卦，皆一陽生於下而達於上，又二體皆陽，陽之盛也，皆在上篇，屯、蒙、頤、習坎也。陽生於下，謂震、坎在下。震，生於下也。坎，始於中也。達於上，謂一陽至一作在。上，或得正位也。生於下而上一作陽〔二〕。達，陽暢之盛也〔三〕。陽生於下而不達於上，又陰衆而陽寡，復失正位，陽之弱也，震也，解也。上有陽而下無陽，無本也，艮也，蹇也。震、坎、艮，以卦言則陽也，

〔二〕徐本「陽」作「暢」。
〔三〕徐本此句作「陽之暢盛也」。

以爻言則皆始變，微也。而震之上、艮之下無陽，坎則陽陷，皆非盛也。惟習坎則陽上達矣，故爲盛卦。

二陰者，有乾則陽盛可知，需、訟、大畜、无妄也；無乾而爲盛者，大過也，離也。大過陽一有過字。盛於中，上下之陰弱矣。陽居上下，則綱紀於陰，頤是也。陰居上下，不能主制於陽而反弱也；必上下各二陰，中惟兩陽，然後爲勝，小過是也。大過、小過之名可見也〔二〕。離則二體上下皆陽，陰實麗焉，陽之盛也。其餘二陰之卦，二體俱陰，陰盛也，皆在下篇，家人、睽、革、鼎、巽、兑、中孚也。

卦三陰三陽者敵也，則以義爲勝。陰陽尊卑之義，男女長少之序，天地之大經也。陽少於陰而居上，則爲勝。蠱，少陽居長陰上；賁，少男在中女上，皆陽盛也。坎雖陽卦，而陽爲陰所陷，弱〔三〕也，又與陰卦重，陰盛也。故陰陽敵而有坎者，皆在下篇，困、井、涣、節、既濟、未濟也。

或曰：一體有坎，尚爲陽陷，二體皆坎，反爲陽盛，何也？曰：一體有坎，陽爲陰所

〔二〕徐本「也」作「矣」。
〔三〕宋本、吕本「弱」作「溺」，屬上爲句。

陷，又重於陰也；二體皆坎，陽生於下而達於上，又二體皆陽，可謂盛矣。

男在女上，乃理之常，未爲盛也。若失正位而陰反居尊，則弱也。故恒、損、歸妹、豐皆在下篇。女在男上，陰之勝也。凡女居上者，皆在下篇，咸、益、漸、旅、困、渙、未濟也。唯隨與噬嗑，則男下女，非女勝男也。故隨之彖曰：「剛來而下柔。」噬嗑彖曰：「柔得中而上行。」長陽非少陰可敵，以長男下中少女，故爲下之。若長少敵，勢力侔，則陰在上爲陵，陽在下爲弱，咸、益之類是也。咸亦有下女之象，非以長下少也，乃二少相感一作感説。以相與，所以致陵也，故有利貞之誡。困雖女少於男，乃陽陷而爲陰揜，無相下之義也。小過，二陽居四陰之中，則爲陰盛；中孚，二陰居四陽之中，而不爲陽盛，何也？曰：陽體實，中孚中虛也。然則頤中四陰不爲虛乎？曰：頤二體皆陽卦，而本末皆陽，盛之至也。中孚二體皆陰卦，上下各二陽，不成本末之象，以其中虛，故爲中孚，陰盛可知矣〔一〕。

〔一〕徐本「矣」作「也」。

周易程氏傳卷第一

周易上經上

☰ 乾下乾上

乾：元，亨，利，貞。

上古聖人始畫八卦，三才之道備矣。因而重之，以盡天下之變，故六畫而成卦。重乾爲乾。乾，天也。天者天之形體，乾者天之性情。乾，健也，健而无息之謂乾。夫天，專言之則道也，天且弗違是也；分而言之，則以形體謂之天，以主宰謂之帝，以功用謂之鬼神，以妙用謂之神，以性情謂之乾。乾者萬物之始，故爲天，爲陽，爲父，爲君。元亨利貞謂之四德。元者萬物之始，亨者萬物之長，利者萬物之遂，貞者萬物之成。惟乾、坤有此四德，在他卦則隨事而變焉。故元專爲善大，利主於正固，亨貞之體，各稱其事。四德之義，廣矣大矣。

初九，潛龍勿用。

下爻爲初。九，陽數之盛，故以名陽爻。理无形也，故假象以顯義。乾以龍爲象。龍之爲物，靈變不測，故以象乾道變化，陽氣消息，聖人進退。初九在一卦之下，爲始物之端，陽氣方萌。聖人側微，若龍之潛隱，未可自用，當晦養以俟時。

九二，見龍在田，利見大人。

田，地上也。出見於地上，其德已著。以聖人言之，舜之田漁時也。利見大德之君，以行其道。君亦利見大德之臣，以共成其功。天下利見大德之人，以被其澤。大德之君，九五也。乾坤純體，不分剛柔，而以同德相應。

九三，君子終日乾乾，夕惕若，厲，无咎。

三雖人位，已在下體之上，未離於下而尊顯者也。舜之玄德升聞時也。日夕不懈而兢惕，則雖處危地而无咎。在下之人而君德已著，天下將歸之，其危懼可知。雖言聖人事，苟不設戒，則何以爲教？作易之義也。

九四，或躍在淵，无咎。

淵，龍之所安也。或，疑辭，謂非必也。躍不躍，惟及時以就安耳。聖人之動，無不時也。舜之歷試，時也。

九五，飛龍在天，利見大人。

進位乎天位也。聖人既得天位，則利見在下大德之人，與共成天下之事。天下固利見夫大德之君也。

上九，亢龍，有悔。

九五者，位之極中正者。得時之極，過此則亢矣。上九至於亢極，故有悔也。有過則有悔。唯聖人知進退存亡而无過，則不至於悔也。

用九，見羣龍，无首，吉。

用九者，處乾剛之道，以陽居乾體，純乎剛者也。剛柔相濟爲中，而乃以純剛，是過乎剛也。見羣龍，謂觀諸陽之義，无爲首則吉也。以剛爲天下先，凶之道也。

彖曰：大哉乾元！萬物資始乃統天。

雲行雨施，品物流形。

大明終始，六位時成，時乘六龍以御天。

乾道變化，各正性命，保合太和，乃利貞。

首出庶物，萬國咸寧。

卦下之辭爲彖。夫子從而釋之，通謂之彖。彖者，言一卦之義。故知者觀其彖辭，則思過半矣。大哉乾元，贊乾元始萬物之道大也。四德之元，猶五常之仁，偏言則一事，專言則包四者。萬物資始乃統天，言元也。乾元統言天之道也。天道始萬物〔一〕，物資始於天也。雲行雨施，品物流形，言亨也。天道運行，生育萬物也。大明天道之終始，則見卦之六位，各以時成。卦之初終，乃天道終始。乘此六爻之時，乃天運也。以御天，謂以當天運。乾道變化，生育萬物，洪纖高下，各以其類，各正性命也。天所賦爲命，物所受爲性。保合太和乃利貞，保謂常存，合謂常和，保合太和，是以利且貞也。天地之道，常久而不已者，保合太和也。天爲萬物之祖，王爲萬邦之宗。乾道首出庶物而萬彙亨，君道尊臨天位而四海從。王者體天之道，則萬國咸寧也。

象曰：天行健，君子以自彊不息。

卦下象解一卦之象，爻下象解一爻之象。諸卦皆取象以爲法。乾道覆育之象至大，非聖人莫能體，欲人皆可取法也，故取其行健而已，至健固足以見天道也。君子以自彊不息，法天行之健也。

潛龍勿用，陽在下也。

陽氣在下，君子處微，未可用也。

見龍在田，德施普也。

見於地上，德化及物，其施已普也。

〔一〕覆元本「物」下小注：「一更有萬字。」

終日乾乾，反復道也。

進退動息，必以道也。

或躍在淵，進无咎也。

量可而進，適其時則无咎也。

飛龍在天，大人造也。

大人之爲，聖人之事也。

亢龍有悔，盈不可久也。

盈則變，有悔也。

用九，天德不可爲首也。

用九，天德也。天德陽剛，復用剛而好先，則過矣。

文言曰：元者善之長也，亨者嘉之會也，利者義之和也，貞者事之幹也。

他卦，彖、象而已，獨乾、坤更設文言以發明其義，推乾之道，施於人事。元亨利貞，乾之四德，在人則元者衆善之首也，亨者嘉美之會也，利者和合於義也，貞者幹事之用也。

君子體仁足以長人，

體法於乾之仁，乃爲君長之道，足以長人也。體仁，體元也。比而效之謂之體。

嘉會足以合禮，

得會通之嘉，乃合於禮也。不合禮則非理，豈得爲嘉？非理安有亨乎？

利物足以和義，

和於義乃能利物。豈有不得其宜，而能利物者乎？

貞固足以幹事，

貞一作正。固所以能幹事也。

君子行此四德者，故曰乾元亨利貞。

行此四德，乃合於乾也。

初九曰潛龍勿用，何謂也？子曰：龍德而隱者也。不易乎世，不成乎名，遯世无悶，不見是而无悶，樂則行之，憂則違之，確乎其不可拔，潛龍也。

自此以下，言乾之用，用九之道也。初九陽之微，龍德之潛隱，乃聖賢之在側陋也。守其道，不隨世而變；晦其行，不求知於時。自信自樂，見可而動，知難而避，其守堅不可奪，潛龍之德也。

九二曰見龍在田，利見大人，何謂也？子曰：龍德而正中者也，庸言之信，庸行之謹，閑邪存其誠，善世而不伐，德博而化。易曰見龍在田，利見大人，君德也。

以龍德而處正中者也。在卦之正中，爲得正中之義。庸信庸謹，造次必於是也。既處无過之地，則唯在閑邪。邪既閑，則誠存矣。善世而不伐，不有其善也。德博而化，正己而物正也。皆大人之事，雖非君位，君之德也。

九三曰君子終日乾乾，夕惕若，厲，无咎，何謂也？子曰：君子進德修業。忠信，所以進德也；脩辭立其誠，所以居業也。知至至之，可與幾也；知終終之，可與存義也。是故居上位而不驕，在下位而不憂，故乾乾因其時而惕，雖危无咎矣。

三居下之上，而君德已著，將何爲哉？唯進德脩業而已。內積忠信，所以進德也。擇言篤志，所以居業也。知至至之，致知也。求知所至而後一無後字。至之，知之在先，故可與幾，所謂「始條理者知之事也」。知終終之，力行也。既知所終，則力進而終之，守之在後，故可與存義，所謂「終條理者聖之事也」。此學之始終也。君子之學如是，故知處上下之道而无驕憂，不懈而知懼，雖在危地而无咎也。

九四曰或躍在淵，无咎，何謂也？子曰：上下无常，非爲邪也。進退无恒，非離羣也。君子進德脩業，欲及時也，故无咎。

或躍或處，上下无常；或進或退，去就從宜。非爲邪枉，非離羣類，進德脩業，欲及時耳。時行時止，不可恒也，故云或。深淵者，龍之所安也。在淵謂躍就所安。淵在深而言躍，但取進就所安之義。或，疑辭，隨時而未可必也。君子之順時，猶影之隨形，可離非道也。

九五曰飛龍在天，利見大人，何謂也？子曰：同聲相應，同氣相求，水流溼，火就燥，雲從龍，風從虎，聖人作而萬物覩。本乎天者親上，本乎地者親下，則各從其類也。

人之與聖人，類也。五以龍德升尊位，人之類莫不歸仰，況同德乎？上應於下，下從於上，同聲相應，同氣相求也。流溼就燥，從龍從虎，皆以氣類，故聖人作而萬物皆覩。上既見下，下亦見上。物，人也，古語云人物物論，謂人也。易中「利見大人」，其言則同，義則有異。如訟之利見大人，謂宜見大德中正之人，則其辯明，言在見前。乾之二五，則聖人既出，上下相見，共成其事，所利者見大人也，言在見後。本乎天者，如日月星辰。本乎地者，如蟲獸草木。陰陽各從其類，人物莫不然也。

上九曰亢龍有悔，何謂也？子曰：貴而无位，高而无民，賢人在下位而无輔，是以動而有悔也。

九居上而不當尊位，是以无民无輔，動則有悔也。

潛龍勿用，下也。

此以下言乾之時。勿用，以在下未可用也。

見龍在田，時舍也。

隨時而止也。

終日乾乾，行事也。

進德脩業也。

或躍在淵，自試也。

隨時自用也。

飛龍在天，上治也。得位而行上之治也。

亢龍有悔，窮之災也。窮極而災至也。

乾元用九，天下治也。

用九之道，天與聖人同，得其用則天下治也。

潛龍勿用，陽氣潛藏。

此以下言乾之義。方陽微潛藏之時，君子亦當晦隱，未可用也。

見龍在田，天下文明。

龍德見於地上，則天下是其文明之化也。一作見其文明而化之。

終日乾乾，與時偕行。

隨時而進也。

或躍在淵，乾道乃革。

離下位而升上位，上下革矣。

飛龍在天，乃位乎天德

正位乎上，位當天德。

亢龍有悔，與時偕極。

時既極，則處時者亦極矣。

乾元用九，乃見天則。

用九之道，天之則也。天之法則謂天道也。或問：乾之六爻皆聖人之事乎？曰：盡其道者聖人也。得失則吉凶存焉，豈特乾哉？諸卦皆然也。

乾元者，始而亨者也；

又反覆詳説以盡其義。既始則必亨，不亨則息矣。

利貞者，性情也。

乾之性情也。既始而亨，非利貞其能不息乎？

乾始能以美利利天下，不言所利，大矣哉！

乾始之道，能使庶類生成，天下蒙其美利，而不言所利者，蓋无所不利，非可指名也。故贊其利之大曰，大矣哉。

大哉乾乎！剛、健，中、正，純、粹，精也。

六爻發揮，旁通情也。

時乘六龍，以御天也。雲行雨施，天下平也。

大哉，贊乾道之大也。以剛、健、中、正、純、粹六者，形容乾道。精謂六者之精極。以六爻發揮旁通，盡其情義。乘六爻之時以當天運，則天之功用著矣。故見〔一〕雲行雨施，陰陽溥暢，天下和平之道也。

君子以成德爲行，日可見之行也。潛之爲言也，隱而未見，行而未成，是以君子弗用也。

德之成，其事可見者行也。德成而後可施於用。初方潛隱未見，其行未成。未成，未著也，是以君子弗一作勿。用也。

君子學以聚之，問以辯之，寬以居之，仁以行之。易曰：「見龍在田，利見大人。」君德也。

聖人在下，雖已顯而未得位，則進德脩業而已。學、聚、問、辨，進德也。寬居、仁行，脩業也。君德已著，利見大人，而進以行之耳。進居其位者，舜、禹也。進行其道者，伊、傅也。

九三重剛而不中，上不在天，下不在田，故乾乾因其時而惕，雖危无咎矣。

三重剛，剛之盛也。過中而居下之上，上未至於天，而下已離於田，危懼之地也。因時順處，乾乾兢惕以防危，故雖危而不至於咎。君子順時兢惕，所以能泰也。

九四重剛而不中，上不在天，下不在田，中不在人，故或之。或之者，疑之也，故无咎。

〔一〕覆元本「見」下小注：「一作曰。」

四不在天，不在田而出人之上矣，危地也。疑者未決之辭。處非可必也，或進或退，唯所安耳，所以无咎也。

夫大人者與天地合其德，與日月合其明，與四時合其序，與鬼神合其吉凶，先天而天弗違，後天而奉天時。天且弗違，而況於人乎？況於鬼神乎？

大人與天地日月四時鬼神合者，合乎道也。天地者道也，鬼神者造化之迹也。聖人先於天而天同之，後於天而能順天者，合於道而已。合於道，則人與鬼神豈能違也？

亢之爲言也，知進而不知退，知存而不知亡，知得而不知喪。其唯聖人乎！知進退存亡而不失其正者，其唯聖人乎！

極之甚爲亢。至於亢者，不知進退存亡得喪之理也。聖人則知而處之，皆不失其正，故不至於亢也。

䷁坤下坤上

坤：元，亨，利，牝馬之貞。

坤，乾之對也。四德同，而貞體則異。乾以剛固爲貞，坤則〔二〕柔順而〔三〕貞。牝馬柔順而健行，故取其

〔二〕覆元本「則」下小注：「一作以。」
〔三〕覆元本「而」下小注：「一作爲。」

象曰牝馬之貞。

君子有攸往，

君子所行柔順而利且貞，合坤德也。

先迷，後得，主利。

陰，從陽者也，待倡而和。陰而先陽，則爲迷錯，居後乃得其常也。主利，利萬物則主於坤，生成皆地之功也。臣道亦然，君令臣行，勞於事者臣之職也。

西南得朋，東北喪朋，安貞，吉。

西南陰方，東北陽方。陰必從陽，離喪其朋類，乃能成化育之功，而有安貞之吉。得其常則安，安於常則貞，是以吉也。

象曰：至哉坤元！萬物資生，乃順承天。

坤厚載物，德合无疆；

資生之道，可謂大矣。乾既稱大，故坤稱至。至義差緩，不若大之盛也。聖人於尊卑之辨，謹嚴如此。萬物資乾以始，資坤以生，父母之道也。順承天施，以成其功，坤之厚德，持載萬物，合於乾之无疆也。

含弘光大，品物咸亨。

牝馬地類，行地无疆；柔順利貞，君子攸行。

以含、弘、光、大四者形容坤道，猶乾之剛、健、中、正、純、粹也。含，包容也。弘，寬裕也。光，昭明也。大，博厚也。有此四者，故能成承天之功，品物咸得亨遂。取牝馬爲象者，以其柔順而健行，地之類也。行地无疆，謂健也。乾健坤順，坤亦健乎？曰：非健何以配乾？未有乾行而坤止也。其動也剛，不害其爲柔也。柔順而利貞，乃坤德也，君子之所行也。君子之道合坤德也。

先迷失道，後順得常。西南得朋，乃與類行；東北喪朋，乃終有慶。安貞之吉，應地无疆。

乾之用，陽之爲也。坤之用，陰之爲也。形而上曰天地之道，形而下曰陰陽之功。先迷後得以下，言陰道也。先倡則迷失陰道，後和則順而得其常理。西南陰方，從其類，得朋也。東北陽方，離其類，喪朋也。離其類而從陽，則能成生物之功，終有吉慶也。與類行者本也，從於陽者用也。陰體柔躁，故從於陽則能安貞而吉，應地道之无疆也。陰而不安貞，豈能應地之道？彖有三无疆，蓋不同也。「德合无疆」，天之不已也。「應地无疆」，地之无窮也。「行地无疆」，馬之健行也。

象曰：地勢坤，君子以厚德載物。

坤道之大猶乾也，非聖人孰能體之？地厚而其勢順傾，故取其順厚之象，而云地勢坤也。君子觀坤厚之象，以深厚之德，容載庶物。

初六，履霜，堅冰至。

陰爻稱六，陰之盛也。八則陽生矣，非純盛也。陰始生於下，至微也。聖人於陰之始生，以其將長，則爲之戒。陰之始凝而爲霜，履霜則當知陰漸盛而至堅冰矣。猶小人始雖甚微，不可使長，長則至於盛也。

象曰：履霜堅冰，陰始凝也；馴致其道，至堅冰也。

陰始凝而爲霜，漸盛則至於堅冰。一有也字。小人雖微，長則漸至於盛，故戒於初。馴謂習，習而至於盛，習因循也。

六二，直、方、大，不習无不利。

二，陰位在下，故爲坤之主，統言坤道中正在下，地之道也。以直、方、大三者形容其德用，盡地之道矣。由直、方、大，故不習而无所不利。不習謂其自然，在坤道則莫之爲而爲也，在聖人則從容中道也。直、方、大，孟子所謂至大至剛以直也。在坤體，故以方易剛，猶貞加牝馬也。言氣，則先大。大，氣之體也。於坤，則先直方，由直方而大也。直、方、大足以盡地道，在人識之耳。乾坤純體，以位相應。二，坤之主，故不取五應，不以君道處五也。乾則二五相應。

象曰：六二之動，直以方也。不習无不利，地道光也。

承天而動，直以方耳，直方則大矣。直方之義，其大无窮，地道光顯，其功順成。豈習而後利哉？

六三，含章可貞，或從王事，无成有終。

三居下之上，得位者也。爲臣之道，當含晦其章美，有善則歸之於君，乃可常而得正。上无忌惡之心，下得柔順之道也。可貞謂可貞固守之，又可以常久而无悔咎〔二〕也。或從上之事，不敢當其成功，惟奉事以守其終耳。守職以終其事，臣之道也。

象曰：含章可貞，以時發也。

夫子懼人之守文而不達義也，又從而明之：言爲臣處下之道，不當有其功善，必含晦其美，乃正而可常；然義所當爲者，則以時而發，不有其功耳。不失其宜，乃以時也，非含藏終不爲也。含而不爲，不盡忠者也。

或從王事，知光大也。

象只舉上句解義，則并及下文，他卦皆然。或從王事，而能无成有終者，是其知之光大也。唯其知之光大，故能含晦。淺暗之人有善唯恐人之不知，豈能含章也？

六四，括囊无咎，无譽。

四居近五之位，而无相得之義，乃上下閉〔三〕隔之時。其自處以正，危疑之地也。若晦藏其知，如括結囊口而不露，則可得无咎，不然則有害也。既晦藏，則无譽矣。

〔二〕覆元本「咎」下小注：「一作吝。」

〔三〕覆元本「閉」作「間」。

象曰：括囊无咎，慎不害也。

能慎如此，則无害也。

六五，黄裳元吉。

坤雖臣道，五實君位，故爲之戒云，黄裳元吉。黄，中色。裳，下服。守中而居下，則元吉，謂守其分也。元，大而善也。爻象唯言守中居下則元吉，不盡發其義也。黄裳既元吉，則居尊爲天下大凶可知。後之人未達，則此義晦矣，不得不辨也。五，尊位也。在他卦，六居五，或爲柔順，或爲文明，或爲暗弱；在坤，則爲居尊位。陰者臣道也，婦道也。臣居尊位，羿、莽是也，猶可言也。婦居尊位，女媧氏、武氏是也，非常之變，不可言也，故有黄裳之戒而不盡言也。或疑在革，湯、武之事猶盡言之，獨於此不言，何也？曰：廢興，理之常也；以陰居尊位，非常之變也。

象曰：黄裳元吉，文在中也。

黄中之文，在中不過也。内積至美而居下，故爲元吉。

上六，龍戰于野，其血玄黄。

陰從陽者也，然盛極則抗而争。六既極矣，復進不已，則必戰，故云戰于野。野謂進至於外也。既敵矣，必皆傷，故其血玄黄。

象曰：龍戰于野，其道窮也。

陰盛至於窮極，則必争而傷也。

用六，利永貞。

坤之用六，猶乾之用九，用陰之道也。陰道柔而難常，故用六之道，利在常永貞固。

象曰：用六永貞，以大終也。

陰既貞固不足，則不能永終。故用六之道，利在盛大於終，能大於終，乃永貞也。

文言曰：坤至柔而動也剛，至静而德方。

後得主而有常，

含萬物而化光。

坤道其順乎！承天而時行。

坤道至柔，而其動則剛；坤體至静，而其德則方。動剛故應乾不違，德方故生物有常。陰之道不倡而和，故居後爲得，而主利成萬物，坤之常也。含容萬類，其功化光大也。主字下脱利字。坤道其順乎，承天而時行，承天之施，行不違時，贊坤道之順也。

積善之家，必有餘慶；積不善之家，必有餘殃。臣弑其君，子弑其父，非一朝一夕之故，其所由來者漸矣，由辯之不早辯也。易曰：履霜，堅冰至，蓋言順也。

天下之事，未有不由積而成。家之所積者善，則福慶及於子孫；所積不善，則災殃流於後世。其大至於弒逆之禍，皆因積累而至，非朝夕所能成也。明者則知漸不可長，小積成大，辯之於早，不使順長，故天下之惡无由而成，乃知霜冰之戒也。霜而至於冰，小惡而至於大，皆事勢之順長也。

直其正也，方其義也。君子敬以直內，義以方外，敬義立而德不孤。直、方、大，不習无不利，則不疑其所行也。

直言其正也，方言其義也。君子主敬以直其內，守義以方其外。敬立而〔一〕內直，義形而外方。義形於外，非在外也。敬義既立，其德盛矣，不期大而大矣，德不孤也。无所用而不周，无所施而不利，孰爲疑乎？

陰雖有美，含之以從王事，弗敢成也。地道也，妻道也，臣道也。地道无成而代有終也。

爲下之道，不居其功，含晦其章美，以從王事，代上以終其事而不敢有其成功也。猶地道代天終物而成功，則主於天也。妻道亦然。

天地變化草木蕃。天地閉，賢人隱。易曰：「括囊无咎无譽。」蓋言謹也。

四居上，近君而无相得之義，故爲隔絕之象。天地交感，則變化萬物，草木蕃盛。君臣相際而道亨。天地閉隔，則萬物不遂。君臣道絕，賢者隱遯。四於閉隔之時，括囊晦藏，則雖无令譽，可得无咎，言

〔一〕覆元本此句兩「而」字下小注：「一作則。」

當謹自守也。

君子黄中通理，

正位居體，

美在其中，而暢於四支，發於事業，美之至也。

黄中，文居中也。君子文中而達於理，居正位而不失爲下之體。五，尊位，在坤則惟取中正之義。美積於中，而通暢於四體，發見於事業，德美之至盛也。

陰疑於陽必戰，爲其嫌於无陽也，故稱龍焉；猶未離其類也，故稱血焉。夫玄黄者，天地之雜也。天玄而地黄。

陽大陰小，陰必從陽。陰既盛極，與陽偕矣，是疑於陽也。不相從則必戰。卦雖純陰，恐疑无陽，故稱龍，見其與陽戰也。于野，進不已而至於外也。盛極而進不已，則戰矣。雖盛極，不離陰類也，而與陽爭，其傷可知，故稱血。陰既盛極，至與陽爭，雖陽不能无傷，故其血玄黄。玄黄，天地之色，謂皆傷也。

䷂ 震下坎上

屯，序卦曰：「有天地，然後萬物生焉。盈天地之閒者惟萬物，故受之以屯。屯者盈也，屯者物之始生也。」萬物始生，鬱結未通，故爲盈塞於天地之閒。至通暢茂盛，則塞意亡矣。天地生萬物，屯，物之始生，故繼乾、坤之後。以二象言之，雲雷之興，陰陽始交也。以二體言之，震始交於下，坎始交於中，陰陽相交，乃成雲雷。陰陽始交，雲雷相應而未成澤，故爲屯；若已成澤，則爲解也。又動於險中，亦屯之義。陰陽不交則爲否，始交而未暢則爲屯。在時，則天下屯難，未亨泰之時也。

屯：元，亨，利，貞。勿用有攸往，利建侯。

屯有大亨之道，而處之利在貞固。非貞固何以濟屯？方屯之時，未可有所往也。天下之屯，豈獨力所能濟？必廣資輔助，故利建侯也。

彖曰：屯，剛柔始交而難生，

動乎險中。

以雲雷二象言之，則剛柔始交也。以坎震二體言之，動乎險中也。剛柔始交，未能通暢，則艱屯，故云難生。又動於險中，爲艱屯之義。

大亨貞，

雷雨之動滿盈。

所謂大亨而貞者，雷雨之動滿盈也。陰陽始交，則艱屯未能通暢；及其和洽，則成雷雨，滿盈於天地之閒，生物乃遂，屯有大亨之道也。所以能大亨，由夫貞也。非貞固安能出屯？人之處屯，有致大亨之道，亦在夫貞固也。

天造草昧，宜建侯而不寧。

上文言天地生物之義，此言時事。天造謂時運也。草，草亂无倫序。昧，冥昧不明。當此時運，所宜建立輔助，則可以濟屯。雖建侯自輔，又當憂勤兢畏，不遑寧處，聖人之深戒也。

象曰：雲雷屯，君子以經綸。

坎不云雨而云雲者，雲爲雨而未成者也。未能成雨，所以爲屯。君子觀屯之象，經綸天下之事，以濟於屯難。經緯，綸緝，謂營爲也。

初九，磐桓，利居貞，利建侯。

初以陽爻在下，乃剛明之才，當屯難之世，居下位者也。未能便往濟屯，故磐桓也。方屯之初，不磐桓而遽進，則犯難矣，故宜居正而固其志。凡人處屯難，則鮮能守正。苟无貞固之守，則將失義，安能濟時之屯乎？居屯之世，方屯於下，所宜有助，乃居屯濟屯之道也。故取建侯之義，謂求輔助也。

象曰：雖磐桓，志行正也。

賢人在下，時苟未利，雖磐桓未能遂往濟時之屯，然有濟屯之志與濟屯之用，志在〔一〕行其正也。

以貴下賤，大得民也。

〔一〕覆元本無「在」字。

九當屯難之時，以陽而來居陰下，爲以貴下賤之象。方屯之時，陰柔不能自存，有一剛陽之才，衆所歸從也。更能自處卑下，所以大得民也。或疑方屯於下，何有貴乎？夫以剛明之才而下於陰柔，以能濟屯之才而下於不能，乃以貴下賤也。況陽之於陰，自爲貴乎？

六二，屯如邅如，乘馬班如，匪寇婚媾。女子貞不字，十年乃字。

二以陰柔居屯之世，雖正〔二〕應在上，而逼於初剛，故屯難。邅，回，如，辭也。乘馬，欲行也。欲從正應，而復班如，不能進也。班，分布之義。下馬爲班，與馬異處也。二當屯世，雖不能自濟，而居中得正，有應在上，不失義者也，然逼近於初。陰乃陽所求，柔者剛所陵，柔當屯時，固難自濟，又爲剛陽所逼，故爲難也。設匪逼於寇難，則往求於婚媾矣。婚媾，正應也。寇，非理而至者。二守中正，不苟合於初，所以不字。苟貞固不易，至於十年，屯極必通，乃獲正應而字育矣。以女子陰柔，苟能守其志節，久必獲通，況君子守道不回乎？初爲賢明剛正之人，而爲寇以侵逼於人，何也？曰：此自據二以柔近剛而爲義，更不計初之德如何也。易之取義如此。

象曰：六二之難，乘剛也。十年乃字，反常也。

六二居屯之時，而又乘剛，爲剛陽所逼，是其患難也。至於十年，則難久必通矣，乃得反其常，與正應

〔二〕覆元本「正」下小注：「一作五。」

合也。十，數之終也。

六三，即鹿无虞，惟入于林中。君子幾不如舍，往吝。

六三以陰柔居剛，柔既不能安屯，居剛而不中正，則妄動。雖貪於所求，既不足以自濟，又无應援，將安之乎？如即鹿而无虞人也。入山林者，必有虞人以導之。无導之者，則惟陷入于林莽中。君子見事之幾微，不若舍而勿逐，往則徒取窮吝而已。

象曰：即鹿无虞，以從禽也。君子舍之，往吝窮也。

事不可而妄動，以從欲也。无虞而即鹿，以貪禽也。當屯之時，不可動而動，猶无虞而即鹿，以有從禽之心也。君子則見幾而舍之不從，若往則可吝而困窮也。

六四，乘馬班如，求婚媾。往吉，无不利。

六四以柔順居近君之位，得於上者也，而其才不足以濟屯，故欲進而復止，乘馬班如也。己既不足以濟時之屯，若能求賢以自輔，則可濟矣。初陽剛之賢，乃是正應，己之婚媾也。若求此陽剛之婚媾，往與共輔陽剛中正之君，濟時之屯，則吉而无所不利也。居公卿之位，己之才雖不足以濟時之屯，若能求在下之賢親而用之，何所不濟哉？

象曰：求而往，明也。

知己不足，求賢自輔而後往，可謂明矣。居得致之地，己不能而遂已，至暗者也。

九五，屯其膏，小貞吉，大貞凶。

五居尊得正，而當屯時，若有剛明之賢爲之輔，則能濟屯矣。以其无臣也，故屯其膏。人君之尊，雖屯難之世，於其名位，非有損也。唯其施爲有所不行，德澤有所不下，是屯其膏，人君之屯也。既膏澤有所不下，是威權不在己也。威權去己，而欲驟正之，求凶之道，魯昭公、高貴鄉公之事是也。故小貞則吉也。小貞謂〔一〕漸正之也。若盤庚、周宣脩德用賢，復先王之政，諸侯復朝，蓋以道馴致，爲之不暴也。又非恬然不爲，若唐之僖、昭也，不爲則常屯，以至於亡矣。

象曰：屯其膏，施未光也。

膏澤不下及，是以德施未能光大也。人君之屯也。

上六，乘馬班如，泣血漣如。

六以陰柔居屯之終，在險之極，而无應援，居則不安，動无所之，乘馬欲往，復班如不進，窮厄之甚，至於泣血漣如，屯之極也。若陽剛而有助，則屯既極可濟矣。

象曰：泣血漣如，何可長也！

屯難窮極，莫知所爲，故至泣血。顛沛如此，其能長久乎？夫卦者事也，爻者事之時也。分三而又兩

〔一〕呂本「謂」作「則」。

之，足以包括衆理，引而伸之，觸類而長之，天下之能事畢矣。

䷃ 坎下艮上

蒙，序卦：「屯者盈也，屯者物之始生也。物生必蒙，故受之以蒙。蒙者蒙也，物之穉也。」屯者物之始生，物始生穉小，蒙昧未發，蒙所以次屯也。爲卦，艮上坎下。艮爲山，爲止；坎爲水，爲險。山下有險，遇險而止，莫知所之，蒙之象也。水必行之物，始出未有所之，故爲蒙。及其進，則爲亨義。

蒙：亨，匪我求童蒙，童蒙求我。初筮告，再三瀆，瀆則不告。利貞。

蒙有開發之理，亨之義也。卦才時中，乃致亨之道。六五爲蒙之主，而九二發蒙者也。我謂二也。二非蒙主，五既順巽於二，二乃發蒙者也，故主二而言。匪我求童蒙，童蒙求我。五居尊位，有柔順之德，而方在童蒙，與二爲正應，而中德又同，能用二之道以發其蒙也。二以剛中之德在下，爲君所信嚮，當以道自守，待君至誠求己，而後應之，則能用其道，匪我求於童蒙，乃童蒙來求於我也。筮，占決也。初筮告，謂至誠一意以求己則告之。再三則瀆慢矣，故不告也。發蒙之道，利以貞正；又二雖剛中，然居陰，故宜有戒。

彖曰：蒙，山下有險，險而止，蒙。

蒙亨，以亨行時中也。匪我求童蒙，童蒙求我，志應也。

山下有險，內險不可處，外止莫能進，未知所爲，故爲昏蒙之義。蒙亨，以亨行時中也。蒙之能亨，以亨道行也，所謂亨道時中也。時謂得君之應，中謂處得其中，得中則〔二〕時也。匪我求童蒙，童蒙求我，志應也。二以剛明之賢處於下，五以童蒙居上。非是二求於五，蓋五之志應於二也。賢者在下，豈可自進以求於君？苟自求之，必无能信用之理。古之人所以必待人君致敬盡禮而後往者，非欲自爲尊大，蓋其尊德樂道，不如是不足與有爲也。

初筮告，以剛中也。再三瀆，瀆則不告，瀆蒙也。

初筮謂誠一而來求決其蒙，則當以剛中之道，告而開發之。再三，煩數也。來筮之意煩數，不能誠一，則瀆慢矣，不當告也。告之必不能信受，徒爲煩瀆，故曰瀆蒙也。求者告者皆煩瀆矣。

蒙以養正，聖功也。

卦辭曰「利貞」，彖復伸其義，以明不止爲戒於二，實養蒙之道也。未發之謂蒙，以純一未發之蒙而養其正，乃作聖之功也。發而後禁，則扞格而難勝。養正於蒙，學之至善也。蒙之六爻，二陽爲治蒙者，四陰皆處蒙者也。

象曰：山下出泉，蒙，君子以果行育德。

山下出泉，出而遇險，未有所之，蒙之象也。若人蒙穉，未知所適也。君子觀蒙之象，以果行育德：

〔二〕覆元本「則」下小注：「一有得字。」

觀其出而未能通行，則以果決其所行；　觀其始出而未有所向，則以養育其明德也。

初六，發蒙，利用刑人，用説桎梏，以往吝。

初以陰暗居下，下民之蒙也。爻言發之之道。發下民之蒙，當明刑禁以示之，使之知畏，然後從而教導之。自古聖王爲治，設刑罰以齊其衆，明教化以善其俗，刑罰立而後教化行，雖聖人尚德而不尚刑，未嘗偏廢也。故爲政之始，立法居先。治蒙之初，威之以刑者，所以説去其昏蒙之桎梏。桎梏謂拘束也。不去其昏蒙之桎梏，則善教无由而入。既以刑禁率之，雖使心未能喻，亦當畏威以從，不敢肆其昏蒙之欲，然後漸能知善道而革其非心，則可以移風易俗矣。苟專用刑以爲治，則蒙雖畏而終不能發，苟免而无耻，治化不可得而成矣，故以往則可吝。

象曰：利用刑人，以正法也。

治蒙之始，立其防限，明其罪罰，正其法也，使之由之，漸至於化也。或疑發蒙之初，遽用刑人，无乃不教而誅乎？不知立法制刑，乃所以教也。蓋後之論刑者，不復知教化在其中矣。

九二，包蒙吉，納婦吉，子克家。

包，含容也。二居蒙之世，有剛明之才，而與六五之君相應，中德又同，當時之任者也。必廣其含容，哀矜昏愚，則能發天下之蒙，成治蒙之功。其道廣，其施博，如是則吉也。卦唯二陽爻，上九剛而過，唯九二有剛中之德，而應於五，用於時而獨明者也。苟恃其明，專於自任，則其德不弘。故雖婦人之柔闇，尚當納其所善，則其明廣矣。又以諸爻皆陰，故云婦。堯、舜之聖，天下所莫及也，尚曰清問下民，取人爲善也。二能包納，則克濟其君之事，猶子能治其家也。五既陰柔，故發蒙之功，皆在於二。以家言之：五、父也，二、子也。二能主蒙之功，乃人子克治其家也。

象曰：子克家，剛柔接也。

子而克治其家者，父之信任專也。二能主蒙之功者，五之信任專也。二與五，剛柔之情相接，故得行其剛中之道，成發蒙之功。苟非上下之情相接，則二雖剛中，安能尸其事乎？

六三，勿用取女，見金夫不有躬，无攸利。

三以陰柔處蒙闇，不中不正，女之妄動者也。正應在上，不能遠從，近見九二爲羣蒙所歸，得時之盛，故捨其正應而從之，是女之見金夫也。女之從人，當由正禮，乃見人之多金，説而從之，不能保有其身者也。无所往而利矣。

象曰：勿用取女，行不順也。

女之如此，其行邪僻不順，不可取也。

六四，困蒙吝。

四以陰柔而蒙闇，无剛明之親援，无由自發其蒙，困於昏蒙者也，其可吝甚矣。吝，不足也，謂可少也。

象曰：困蒙之吝，獨遠實也。

蒙之時，陽剛爲發蒙者。四，陰柔而最遠於剛，乃愚蒙之人，而不比近賢者，无由得明矣，故困於蒙。可羞吝者，以其獨遠於賢明之人也。不能親賢以致困，可吝之甚也。實謂陽剛也。

六五，童蒙吉。

五以柔順居君位，下應於二，以柔中之德，任剛明之才，足以治天下之蒙，故吉也。童，取未發而資於人也。爲人君者，苟能至誠任賢以成其功，何異乎出於己也？

象曰：童蒙之吉，順以巽也。

舍己從人，順從也。降志下求，卑巽也。能如是，優於天下矣。

上九，擊蒙，不利爲寇，利禦寇。

九居蒙之終，是當蒙極之時。人之愚蒙既極，如苗民之不率，爲寇爲亂者，當擊伐之。然九居上，剛極而不中，故戒不利爲寇。治人之蒙，乃禦寇也。肆爲剛暴，乃爲寇也。若舜之征有苗，周公之誅三監，禦寇也；秦皇、漢武窮兵誅伐，爲寇也。

象曰：利用禦寇，上下順也。

利用禦寇，上下皆得其順也。上不爲過暴，下得擊去其蒙，禦寇之義也。

䷄ 乾下坎上

需，序卦：「蒙者蒙也，物之穉也。物穉不可不養也，故受之以需，需者飲食之道也。」夫物之幼穉，必待養而成。養物之所需者飲食也，故曰「需者飲食之道也」。雲上於天，有蒸潤之象。飲食所以潤益於物，故需爲飲食之道，所以次蒙也。卦之大意，須待之義，序卦取所須之大者耳。乾健之性，必進者也，乃處坎險之下，險爲之阻，故須待而後進也。

需：有孚，光亨，貞吉，利涉大川。

需者須待也。以二體言之，乾之剛健上進，而遇險未能進也，故爲需待之義。以卦才言之，五居君位，爲需之主，有剛健中正之德，而誠信充實於中，中實有孚也。有孚則光明而能亨通，得貞正而吉也。以此而需，何所不濟？雖險无難矣，故利涉大川也。凡貞吉，有既正且吉者，有得正則吉者，當辨也。

彖曰：需，須也，險在前也。剛健而不陷，其義不困窮矣。

需之義，須也。以險在於前，未可遽進，故需待而行也。以乾之剛健，而能需待，不輕動，故不陷於險，其義不至於困窮也。剛健之人，其動必躁，乃能需待而動，處之至善者也。故夫子贊之云，其義不困窮矣。

需有孚，光亨，貞吉，位乎天位以正中也。

五以剛實居中，爲孚之象，而得其所需，亦爲有孚之義。以乾剛而至誠，故其德光明而能亨通，得貞正而吉也。所以能然者，以居天位而得正中也。居天位，指五。以正中，兼二言，故云正中〔二〕。

利涉大川，往有功也。

既有孚而貞正，雖涉險阻，往則有功也，需道之至善也。以乾剛而能需，何所不利？

象曰：雲上於天，需，君子以飲食宴樂。

雲氣蒸而上升於天，必待陰陽和洽，然後成雨。雲方上於天，未成雨也，故爲須待之義。陰陽之氣交感而未成雨澤，猶君子畜其才德而未施於用也。君子觀雲上於天，需而爲雨之象，懷其道德，安以待時，飲食以養其氣體，宴樂以和其心志，所謂居易以俟命也。

初九，需于郊，利用恒，无咎。

需者，以遇險，故需而後進。初最遠於險，故爲需于郊。郊，曠遠之地也。處於曠遠，利在安守其常，則无咎也。不能安常，則躁動犯難，豈能需於遠而无過也？

象曰：需于郊，不犯難行也。利用恒，无咎，未失常也。

處曠遠者，不犯冒險難而行也。陽之爲物，剛健上進者也。初能需待於曠遠之地，不犯險難而進，復

〔二〕徐本此下復引「楊氏曰：需之義有二，有需於人者，有爲人所需者。需於人者，初二三四上是也。爲人所需者，五是也。性爲人所需者，既中正而居天位，則雖險在前而終必克濟，非若蹇之見險而止也；雖坎居上而剛健不陷，非若困之剛揜也」。

宜安處不失其常，則可以无咎矣。雖不進，而志動者不能安其常也。君子之需時也，安静自守，志雖有須，而恬然若將終身焉，乃能用常也。

九二，需于沙，小有言，終吉。

坎爲水，水近則有沙。二去險漸近，故爲需于沙。漸近於險難，雖未至於患害，已小有言矣。凡患難之辭，大小有殊。小者至於有言，言語之傷，至小者也。二以剛陽之才，而居柔守中，寬裕自處，需之善也。雖去險漸近，而未至於險，故小有言語之傷，而无大害，終得其吉也。

象曰：需于沙，衍在中也。雖小有言，以吉終也。

衍，寬綽也。二雖近險，而以寬裕居中，故雖小有言語及之，終得其吉，善處者也。

九三，需于泥，致寇至。

泥，逼於水也。既進逼於險，當致寇難之至也。三，剛而不中，又居健體之上，有進動之象，故致寇也。苟非敬慎，則致喪敗矣。

象曰：需于泥，災在外也。自我致寇，敬慎不敗也。

三切逼上體之險難，故云災在外也。災，患難之通稱，對眚而言則分也。三之致寇，由己進而迫之，故云自我。寇自己致，若能敬慎，量宜而進，則无喪敗也。需之時，須而後進也。其義在相時而動，非戒其不得進也，直使敬慎毋失其宜耳。

六四，需于血，出自穴。

四以陰柔之質，處於險，而下當三陽之進，傷於險難者也，故云需于血。既傷於險難，則不能安處，必失其居，故云出自穴。穴，物之所安也。順以從時，不競於險難，所以不至於凶也。以柔居陰，非能競者也。若陽居之，則必凶矣。蓋无中正之德，徒以剛競於險，適足以致凶耳。

象曰：需于血，順以聽也。

四以陰柔居於險難之中，不能固處，故退出自穴。蓋陰柔不能與時競，不能處則退，是順從以聽於時，所以不至於凶也。

九五，需于酒食，貞吉。

五以陽剛居中，得正位乎天位，克盡其道矣。以此而需，何需不獲？故宴安酒食以俟之，所須必得也。既得貞正，而所需必遂，可謂吉矣。

象曰：酒食貞吉，以中正也。

需于酒食而貞且吉者，以五得中正而盡其道也。

上六，入于穴，有不速之客三人來，敬之終吉。

需以險在前，需時而後進。上六居險之終，終則變矣；在需之極，久而得矣。陰止於六，乃安其處，故爲入于穴。穴，所安也。安而既止，後者必至。不速之客三人，謂下之三陽。乾之三陽，非在下之物，需時而進者也。需既極矣，故皆上進。不速，不促之而自來也。上六既需得其安處，羣剛之來，苟不起忌疾忿競之心，至誠盡敬以待之，雖甚剛暴，豈有侵陵之理，故終吉也。或疑以陰居三陽之上，得爲安乎？曰：三陽乾體，志在上進，六、陰位，非所止之正，故无争奪之意，敬之則吉也。

象曰：不速之客來，敬之終吉，雖不當位，未大失也。

不當位，謂以陰而在上也。爻以六居陰爲所安。象復盡其義，明陰宜在下，而居上，爲不當位也。然能敬慎以自處，則陽不能陵，終得其吉，雖不當位，而未至於大失也。

䷅ 坎下乾上

訟，序卦：「飲食必有訟，故受之以訟。」人之所需者飲食，既有所須，争訟所由起也，訟所以次需也。爲卦，乾上坎下。以二象言之，天陽上行，水性就下，其行相違，所以成訟也。以二體言之，上剛下險，剛險相接，能无訟乎？又人，内險阻而外剛强，所以訟也。

訟：有孚，窒惕，中吉，終凶。

訟之道，必有其孚實。中无其實，乃是誣妄，凶之道也。卦之中實，爲有孚之象。訟者與人争辯，而待決於人，雖有孚，亦須窒塞未通。不窒，則已明无訟矣。事既未辯，吉凶未可必也，故有畏惕。中吉，得中則吉也。終凶，終極其事則凶也。

利見大人，不利涉大川。

訟者，求辯其曲直也，故利見於大人。大人則能以其剛明中正，決所訟也。訟非和平之事，當擇安地而處，不可陷於危險，故不利涉大川也。

彖曰：訟，上剛下險，險而健訟。

訟之爲卦，上剛下險，險而又健也；又爲險健相接，内險外健，皆所以爲訟也。若健而不險，不生訟也；險而不健，不能訟也。險而又健，是以訟也。

訟有孚，窒惕，中吉，剛來而得中也。

訟之道固如是。又據卦才而言，九二以剛自外來而成訟，則二乃訟之主也。以剛處中，中實之象，故爲有孚。處訟之時，雖有孚信，亦必艱阻窒塞而有惕懼。不窒則不成訟矣。又居險陷之中，亦爲窒塞惕懼之義。二以陽剛，自外來而得中，爲以剛來訟而不過之義，是以吉也。卦有更取成卦之由爲義者，此是也。卦義不取成卦之由，則更不言所變之爻也。據卦辭，二乃善也，而爻中不見其善。蓋卦辭取其有孚得中而言，乃善也；爻則以自下訟上爲義，所取不同也。

終凶，訟不可成也。

訟非善事，不得已也，安可終極其事？極意於其事則凶矣，故曰不可成也。成謂窮盡其事也。

利見大人，尚中正也。

訟者求辯其是非也。辯之當，乃中正也，故利見大人，以所尚者中正也。聽者非其人，則或不得其中正也。中正大人，九五是也。

不利涉大川，入于淵也。

與人訟者，必處其身於安平之地，若蹈危險，則陷其身矣，乃入于深淵也。卦中有中正險陷之象。

象曰：天與水違行，訟，君子以作事謀始。

天上水下，相違而行，二體違戾，訟之由也。若上下相順，訟何由興？君子觀象，知人情有爭訟之道，故凡所作事，必謀其始，絶訟端於事之始，則訟无由生矣。謀始之義廣矣，若慎交結，明契券之類是也。

初六，不永所事，小有言，終吉。

六以柔弱居下，不能終極其訟者也。故於訟之初，因六之才，爲之戒曰：若不長永其事，則雖小有言，終得吉也。蓋訟非可長之事，以陰柔之才而訟於下，難以吉矣。以上有應援，而能不永其事，故雖小有言，終得吉也。有言，災之小者也。不永其事而不至於凶，乃訟之吉也。

象曰：不永所事，訟不可長也。

六以柔弱而訟於下，其義固不可長永也。永其訟，則不勝而禍難及矣。又於訟之初，即戒訟非可長之事也。

雖小有言，其辯明也。

柔弱居下，才不能訟，雖不永所事，既訟矣，必有小災，故小有言也。既不永其事，又上有剛陽之正應，辯理之明，故終得其吉也。不然，其能免乎？在訟之義：同位而相應，相與者也，故初於四爲獲其辯明；同位而不相得，相訟者也，故二與五爲對敵也。

九二，不克訟，歸而逋其邑人三百户，无眚。

二五相應之地，而兩剛不相與，相訟者也。九二自外來，以剛處險，爲訟之主，乃與五爲敵。五以中正處君位，其可敵乎？是爲訟而義不克也。若能知其義之不可，退〔一〕歸而逋避，以寡約自處，則得无過眚也。必逋者，避爲敵之地也。三百户，邑之至小者。若處强大，是猶競也，能无眚乎？眚，過也，處不當也，與知惡而爲有分也。

象曰：不克訟，歸逋，竄也。

義既不敵，故不能訟，歸而逋竄，避去其所也。

自下訟上，患至掇也。

自下而訟其上，義乖勢屈，禍患之至，猶拾掇而取之，言易得也。

六三，食舊德，貞，厲終吉。

〔一〕覆元本「退」作「敵」，屬上爲句。

三雖居剛而應上，然質本陰柔，處險而介二剛之間，危懼，非爲訟者也。禄者稱德而受。食舊德，謂處其素分。貞，謂堅固自守。厲終吉，謂雖處危地，能知危懼，則終必獲吉也。守素分而无求，則不訟矣。處危，謂在險而承乘皆剛，與居訟之時也。

或從王事无成。

柔從剛者也，下從上者也。三不爲訟，而從上九所爲，故曰或從王事无成，謂從上而成不在己也。訟者剛健之事，故初則不永，三則從上，皆非能訟者也。二爻皆以陰柔不終而得吉，四亦以不克而渝得吉，訟以能止爲善也。

象曰：食舊德，從上吉也。

守其素分，雖從上之所爲，非由己也，故无成而終得其吉也。

九四，不克訟，復即命，渝安貞，吉。

四以陽剛而居健體，不得中正，本爲訟者也。承五，履三，而應初。五，君也，義不克訟。三居下而柔，不與之訟。初，正應而順從，非與訟者也。四雖剛健欲訟，无與對敵，其訟无由而興，故不克訟也。又居柔以應柔，亦爲能止之義。既義不克訟，若能克其剛忿欲訟之心，復即就於命，革其心，平其氣，變而爲安貞，則吉矣。命謂正理，失正理爲方命，故以即命爲復也。方，不順也。書云：「方命圮族。」孟子云：「方命虐民。」夫剛健而不中正，則躁動，故不安；處非中正，故不貞。不安貞，所以好訟也。若義不克訟而不訟，反就正理，變其不安貞爲安貞，則吉矣。

象曰：復即命，渝安貞，不失也。

能如是，則爲无失矣，所以吉也。

九五，訟元吉。

以中正居尊位，治訟者也。治訟得其中正，所以元吉也。元吉，大吉而盡善也。吉大而不盡善者有矣。

象曰：訟元吉，以中正也。

中正之道，何施而不元吉？

上九，或錫之鞶帶，終朝三褫之。

九以陽居上，剛健之極，又處訟之終，極其訟者也。人之肆其剛强，窮極於訟，取禍喪身，固其理也。設或使之善訟能勝，窮極不已，至於受服命之賞，是亦與人仇争所獲，其能安保之乎？故終一朝而三見褫奪也。

象曰：以訟受服，亦不足敬也。

窮極訟事，設使受服命之寵，亦且不足敬，而可賤惡，況又禍患隨至乎？

䷆坎下坤上

師，序卦：「訟必有衆起，故受之以師。」師之興，由有争也，所以次訟也。爲卦，坤上坎下。以二體言之，地中有水，爲衆聚之象。以二卦之義言之，内險外順，險道而以順行，師之義也。以爻言之，一陽而爲衆陰之主，統衆之象也。比以一陽爲衆陰之主而在上，君之象也。師以一陽爲衆陰之主而在下，將帥之象也。

師：貞，丈人吉，无咎。

師之道，以正爲本。興師動衆以毒天下，而不以正，民弗從也，强驅之耳。故師以貞爲主。其動雖正也，帥之者必丈人，則吉而无咎也。蓋有吉而有咎者，有无咎而不吉者。吉且无咎，乃盡善也。丈人者，尊嚴之稱。帥師總衆，非衆所尊信畏服，則安能得人心之從？故司馬穰苴擢自微賤，授之以衆，乃以衆心未服，請莊賈爲將也。所謂丈人，不必素居崇貴，但其才謀德業，衆所畏服，則是也。如穰苴既誅莊賈，則衆心畏服，乃丈人矣。又如淮陰侯起於微賤，遂爲大將，蓋其謀爲有以使人尊畏也。

彖曰：師，衆也。貞，正也。能以衆正，可以王矣。

能使衆人皆正，可以王天下矣。得衆心服從而歸正，王道止於是也。

剛中而應，行險而順，

言二也。以剛處中，剛而得中道也。六五之君爲正應，信任之專也。雖行險道，而以順動，所謂義兵，王者之師也。上順下險，行險而順也。

以此毒天下而民從之，吉，又何咎矣？

師旅之興，不无傷財害人，毒害天下，然而民心從之者，以其義動也。古者東征西怨，民心從也。如是故吉而无咎。吉謂必克，无咎謂合義。又何咎矣，其義固无咎也。

象曰：地中有水，師，君子以容民畜衆。

地中有水，水聚於地中，爲衆聚之象，故爲師也。君子觀地中有水之象，以容保其民，畜聚其衆也。

初六，師出以律，否臧凶。

初，師之始也，故言出師之義，及行師之道。在邦國興師而言，合義理，則是以律法也，謂以禁亂誅暴而動。苟動不以義，則雖善亦凶道也。善謂克勝，凶謂殃民害義也。在行師而言，律謂號令節制。行師之道，以號令節制爲本，所以統制於衆。不以律，則雖善亦凶，雖使勝捷，猶凶道也。制師无法，幸而不敗且勝者時有之矣，聖人之所戒也。

象曰：師出以律，失律凶也。

師出當以律，失律則凶矣。雖幸而勝，亦凶道也。

九二，在師中吉，无咎，王三錫命。

師卦惟九二一陽，爲衆陰所歸，五居君位，是其正應，二乃師之主，專制其事者也。居下而專制其事，唯在師則可。自古命將，閫外之事得專制之。在師專制而得中道，故吉而无咎。蓋恃專則失爲下之道，不專則无成功之理，故得中爲吉。凡師之道，威和並至則吉也。既處之盡其善，則能成功而安天下，故王錫寵命至于三也。凡事至于三者，極也。六五在上，既專倚任，復厚其寵數。蓋禮不稱，則威不重而下不信也。他卦九二爲六五所任者有矣，唯師專主其事，而爲衆陰所歸，故其義最大。人臣之道，於事无所敢專，唯閫外之事則專制之，雖制之在己，然因師之力而能致者，皆君所與而職當爲也。世儒有論魯祀周公以天子禮樂，以爲周公能爲人臣不能爲之功，則可用人臣不得用之禮樂，是不知人臣之道也。夫居周公之位，則一有能字。爲周公之事，由其位而能爲者，皆所當爲也，周公乃盡其職耳。子道亦然。唯孟子爲知此義，故曰「事親若曾子者可也」，未嘗以曾子之孝爲有餘也，蓋子之身所能爲者，皆所當爲也。

象曰：在師中吉，承天寵也；王三錫命，懷萬邦也。

在師中吉者，以其承天之寵任也。天謂王也。人臣非君寵任之，則安得專征之權，而有成功之吉？象以二專主其事，故發此義，與前所云世儒之見異矣。王三錫以恩命，褒其成功，所以一有威字。懷萬邦也。

六三，師或輿尸，凶。

三居下卦之上，居位當任者也。不唯其才陰柔，不中正；師旅之事，任當專一。二既以剛中之才爲上信倚，必專其事，乃有成功，若或更使衆人主之，凶之道也。輿尸，衆主也。蓋指三也。以三居下之上，故發此義。軍旅之事，任不專一，覆敗必矣。

象曰：師或輿尸，大无功也。

倚付二三，安能成功？豈唯无功？所〔一〕以致凶也。

六四，師左次，无咎。

師之進，以强勇也。四以柔居陰，非能進而克捷者也。知不能進而退，故左次。左次，退舍也，量宜進退，乃所當也，故无咎。見可而進，知難而退，師之常也。唯取其退之得宜，不論其才之能否也。度不能勝〔二〕而完師以退，愈於覆敗遠矣。可進而退，乃爲咎也。易之發此義以示後世，其仁深矣。

象曰：左次无咎，未失常也。

行師之道，因時施宜，乃其常也，故左次未必〔三〕爲失也。如四退次，乃得其宜，是以无咎。

六五，田有禽，利執言，无咎。長子帥師，弟子輿尸，貞凶。

五，君位，興師之主也，故言興師任將之道。師之興，必以蠻夷猾夏、寇賊姦宄爲生民之害，不可懷來，然後奉辭以誅之。若禽獸入于田中，侵害稼穡，於義宜獵取，則獵取之，如此而動，乃得无咎。若輕動

〔一〕徐本、呂本「所」作「必」。
〔二〕覆元本「勝」下小注：「一作進。」呂本亦作「進」。
〔三〕覆元本「必」下小注：「一無必字。」

以毒天下，其咎大矣。執言，奉辭也，明其罪而討之也。若秦皇、漢武皆窮山林以索禽獸者也，非田有禽也。任將授師之道，當以長子帥師。二在下而爲師之主，長子也。若以弟子衆主之，則所爲雖正，亦凶也。弟子，凡非長〔一〕者也。自古任將不專而致覆敗者，如晉荀林父邲之戰，唐郭子儀相州之敗是也。

象曰：長子帥師，以中行也；弟子輿尸，使不當也。

長子，謂二以中正之德合於上，而受任以行。若復使其餘者衆尸其事，是任使之不當也，其凶宜矣。

上六，大君有命，開國承家，小人勿用。

上，師之終也，功之成也。大君，以爵命賞有功也。開國，封之爲諸侯也。承家，以爲卿大夫也。承，受也。小人者，雖有功不可用也，故戒使勿用。師旅之興，成功非一道，不必皆君子也，故戒以小人有功不可用也，賞之以金帛禄位可也，不可使有國家而爲政也。小人平時易致驕盈，況挾其功乎？漢之英、彭，所以亡也。聖人之深慮遠戒也。此專言師終之義，不取爻義，蓋以其大者。若以爻言，則六以柔居順之極，師既終而在无位之地，善處而无咎者也。

象曰：大君有命，以正功也；小人勿用，必亂邦也。

〔一〕覆元本「長」下小注：「一有子字。」義較長。

大君持恩賞之柄，以正軍旅之功。師之終也，雖賞其功，小人則不可以有功而任用之，用之必亂邦。

小人恃功而亂邦者，古有之矣。

䷇坤下坎上

比，序卦：「衆必有所比，故受之以比。」比，親輔也。人之類，必相親輔，然後能安。故既有衆，則必有所比，比所以次師也。爲卦，上坎下坤。以二體言之，水在地上，物之相切比無間，莫如水之在地上，故爲比也。又衆爻皆陰，獨五以陽剛居君位，衆所親附，而上亦親下，故爲比也。

比：吉，原筮，元永貞，无咎。

比，吉道也。人相親比，自爲吉道。故雜卦云：「比樂師憂。」人相親比，必有其道，苟非其道，則有悔咎，故必推原占決，其可比者而比之。筮謂占決卜度，非謂以蓍龜也。所比得元永貞則无咎。元謂有君長之道，永謂可以常久，貞謂得正道。上之比下，必有此三者；下之從上，必求此三者，則无咎也。

不寧方來，後，夫凶。

人之不能自保其安寧，方且來求親比，得所比則能保其安。當其不寧之時，固宜汲汲以求比。若獨立自恃，求比之志不速而後，則雖夫亦凶矣。夫猶凶，況柔弱者乎？夫，剛立之稱。傳曰：「子南，夫也。」又曰：「是謂我非夫。」凡生天地之閒者，未有不相親比而能自存者也。雖剛强之至，未有能獨立者也。比之道，由兩志相求。兩志不相求，則睽矣。君懷撫其下，下親輔一作附。於上，親戚朋友鄉黨皆然，故當上下合志以相從。苟无相求之意，則離而凶矣。大抵人情相求則合，相持則睽。相持，相待莫先也。人之相親固有道，然而欲比之志，不可緩也。

彖曰：比吉也。

比輔也，下順從也。

比吉也，比者吉之道也。物相親比，乃吉道也。比輔也，釋比之義，比者相親輔也。下順從也，解卦所以爲比也。五以陽居尊位，羣下順從以親輔之，所以爲比也。

原筮，元永貞，无咎，以剛中也。

推原筮決相比之道，得元永貞而後可以无咎。所謂元永貞，如五是也，以陽剛居中正，盡比道之善者也。以陽剛當尊位爲君德，元也。居中得正，能永而貞也。卦辭本泛言比道，彖言元永貞者，九五以剛處中正是也。

不寧方來，上下應也。

人之生，不能保其安寧，方且來求附比。民不能自保，故戴君以求寧；君不能獨立，故保民以爲安。不寧而來比者，上下相應也。以聖人之公言之，固至誠求天下之比，以安民也。以後王之私言之，不求下民之附，則危亡至矣。故上下之志，必相應也。在卦言之，上下羣陰比於五，五比其衆，乃上下應也。

後夫凶，其道窮也。

衆必相比，而後能遂其生。天地之閒，未有不相親比而能遂者也。若相從之志不疾而後，則不能成比，雖夫亦凶矣。无所親比，困屈以致凶，窮之道也。

象曰：地上有水，比，先王以建萬國，親諸侯。

夫物相親比而无閒者，莫如水在地上，所以爲比也。先王觀比之象，以建萬國，親諸侯。建立萬國，所以比民也。親撫諸侯，所以比天下也。

初六，有孚，比之无咎。

初六，比之始也。相比之道，以誠信爲本。中心不信而親人，人誰與之？故比之始，必有孚誠，乃无咎也。孚，信之在中也。

有孚盈缶，終來有他吉。

誠信充實於内，若物之盈滿於缶中也。缶，質素之器。言若缶之盈實其中，外不加文飾，則終能來有他吉也。他，非此也，外也。若誠實充於内，物无不信，豈用飾外以求比乎？誠信中實，雖他外皆當感而來從。孚信，比之本也。

象曰：比之初六，有他吉也。

言比之初六者，比之道在乎始也。始能有孚，則終致有他之吉。其始不誠，終焉得吉？上六之凶，由无首也。

六二，比之自内，貞吉。

二與五爲正應，皆得中正，以中正之道相比者也。二處於内，自内謂由己也。擇才而用，雖在乎上，而以身許國，必由於己。己以得君，道合而進，乃得正而吉也。以中正之道應上之求，乃自内也，不自失也。汲汲以求比者，非君子自重之道，乃自失也。

象曰：比之自内，不自失也。

守己中正之道，以待上之求，乃不自失也。易之爲戒嚴密。二雖中正，質柔體順，故有貞吉自失之戒。戒之自守，以待上之求，无乃涉後凶乎？曰：士之脩己，乃求上之道；降志辱身，非自重之道也。故伊尹、武侯救天下之心非不切，必待禮至，然後出也。

六三，比之匪人。

三不中正，而所比皆不中正。四，陰柔而不中；二，存〔二〕應而比初，皆不中正，匪人也。比於匪人，

〔二〕覆元本「存」作「有」。

其失可知，悔吝〔一〕不假言也，故可傷。二之中正，而謂之匪人，隨時取義，各不同也。

象曰：比之匪人，不亦傷乎！

人之相比，求安吉也，乃比於匪人，必將一無必將二字。反得悔吝〔二〕，其亦可傷矣。深戒失所比也。

六四，外比之，貞吉。

四與初不相應，而五比之，外比於五，乃得貞正而吉也。君臣相比，正也。相比相與，宜也。五，剛陽中正，賢也；居尊位在上也。親賢從上，比之正也，故爲貞吉。以六居四，亦爲得正之義。又陰柔不中之人，能比於剛明中正之賢，乃得正而吉也。又比賢從上，必以正道則吉也。數説相須，其義始備。

象曰：外比於賢，以從上也。

外比謂從五也。五，剛明中正之賢，又居君位，四比之，是比賢且從上，所以吉也。

九五，顯比，王用三驅，失前禽，邑人不誡，吉。

五居君位，處中得正，盡比道之善者也。人君比天下之道，當顯明其比道而已。如誠意以待物，恕己以及人，發政施仁，使天下蒙其惠澤，是人君親比天下之道也。如是，天下孰不親比於上？若乃暴其

〔一〕覆元本「吝」下小注：「一作咎。」

〔二〕覆元本「吝」下小注：「一作咎。」

小仁，違道干譽，欲以求下之比，其道亦狹矣，其能得天下之比乎？故聖人以九五盡比道之正，取三驅爲喻，曰：「王用三驅，失前禽，邑人不誡，吉。」先王以四時之畋，不可廢也，故推其仁心，爲三驅之禮，乃禮所謂天子不合圍也。成湯祝網，是其義也。天子之畋，圍合其三面，前開一路，使之可去，不忍盡物，好生之仁也。只取其不用命者，不出而反入者也。禽獸前去者皆免矣，故曰失前禽也。王者顯明其比道，天下自然來比。來者撫之，固不呴呴然求比於物，若田之三驅，禽之去者從而不追，來者則取之也。此王道之大，所以其民皞皞，而莫知爲之者也。邑人不誡吉，言其至公不私，无遠邇親踈之别也。邑者居邑，易中所言邑皆同。王者所都，諸侯國中也。誡，期約也。待物之一，不期誡於居邑，如是則吉也。聖人以大公无私治天下，於顯比見之矣。非惟人君比天下之道如此，大率人之相比莫不然。以臣於君言之：竭其忠誠，致其才力，乃顯其比〔一〕君之道也，用之與否，在君而已，不可阿諛逢迎，求其比己也。在朋友亦然，脩身誠意以待之，親己與否，在人而已，不可巧言令色，曲從苟合，以求人之比己也。於鄉黨親戚，於衆人，莫不皆然，三驅失前禽之義也。

象曰：顯比之吉，位正中也。

顯比所以吉者，以其所居之位得正中也。處正中之地，乃由正中之道也。比以不偏爲善，故云正中。

〔一〕覆元本「其比」下小注：「一作比其。」義較長。

凡言正中者，其處正得中也，比與隨是也。言中正者，得中與正也，訟與需是也。

舍逆取順，失前禽也。

禮取不用命者，乃是舍順取逆也，順命而去者皆免矣。比以向背而言，謂去者爲逆，來者爲順也。故所失者前去之禽也，言來者撫之，去者不追也。

邑人不誡，上使中也。

不期誡於親近，上之使下，中平不偏，遠近如一也。

上六，比之无首凶。

六居之，比之終也。首謂始也。凡比之道，其始善則其終善矣。有其始而无其終者，或有矣；未有无其始而有終者也。故比之无首，至終則凶也。此據比終而言。然上六陰柔不中，處險之極，固非克終者也。始比不以道，隙於終者，天下多矣。

象曰：比之无首，无所終也。

比既无首，何所終乎？相比有首，猶或終違。始不以道，終復何保？故曰无所終也。

䷈ 乾下巽上

小畜，序卦：「比必有所畜，故受之以小畜。」物相比附則爲聚，聚，畜也。又相親比，則志相畜，小畜所以次比也。畜，止也，止則聚矣。爲卦，巽上乾下。乾，在上之物，乃居巽下。夫畜止剛健，莫如巽順，爲巽所畜，故爲畜也。然巽，陰也，其體柔順，唯能以巽順柔其剛健，非能力止之也，畜道之小者也。又四以一陰得位，爲五陽所説，得位得柔，巽之道也；能畜羣陽之志，是以爲畜也。小畜謂以小畜大，所畜聚者小。所畜之事小，以陰故也。彖專以六四畜諸陽爲成卦之義，不言二體，蓋舉其重者。

小畜：亨。密雲不雨，自我西郊。

雲，陰陽之氣。二氣交而和，則相畜固而成雨，陽倡而陰和，順也，故和。若陰先陽倡，不順也，故不和，不和則不能成雨。雲之畜聚雖密，而不〔一〕成雨者，自西郊故也。東北，陽方。西南，陰方。自陰倡，故不和而不能成雨。以人觀之，雲氣之興，皆自四遠，故云郊。據四而言，故云自我。畜陽者四，畜之主也。

彖曰：小畜，柔得位而上下應之，曰小畜。

言成卦之義也。以陰居四，又處上位，柔得位也；上下五陽皆應之，爲所畜也。以一陰而畜五陽，能係而不能固，是以爲小畜也。彖解成卦之義，而加曰字者，皆重卦名，文勢當然。單名卦，惟革有曰字，亦文勢然也。

健而巽，剛中而志行，乃亨。

〔一〕覆元本「不」下小注：「一有能字。」

以卦才言也。内健而外巽，健而能巽也。二五居中，剛中也。陽性上進，下復乾體，志在於行也。剛居中爲剛而得中，又爲中剛。言畜陽則以柔巽，言能亨則由剛中。以成卦之義言，則爲陰畜陽；以卦才言，則陽爲剛中。才如是，故畜雖小而能亨也。

密雲不雨，尚往也。自我西郊，施未行也。

畜道不能成大，如密雲而不成雨。陰陽交而和，則相固而成雨。二氣不和，陽尚往而上，故不成雨。蓋自我陰方之氣先倡，故不和而不能成雨，其功施未行也。小畜之不能成大，猶西郊之雲不能成雨也。

象曰：風行天上，小畜，君子以懿文德。

乾之剛健，而爲巽所畜。夫剛健之性，惟柔順爲能畜止之；雖可以畜止之，然非能固制其剛健也，但柔順以擾係之耳，故爲小畜也。君子觀小畜之義，以懿美其文德。畜聚爲藴畜之義。君子所藴畜者，大則道德經綸之業，小則文章才藝。君子觀小畜之象，以懿美其文德，文德方之道義爲小也。

初九，復自道，何其咎？吉。

初九陽爻而乾體。陽，在上之物，又剛健之才，足以上進，而復與在上同志，其進復於上，乃其道也，故云復自道。復既自道，何過咎之有？无咎而又有吉也。諸爻言无咎者，如是則无咎矣，故云无咎者善補過也。雖使爻義本善，亦不害於不如是則有咎之義。初九乃由其道而行，无有過咎，故云何其咎？无咎之甚明也。

象曰：復自道，其義吉也。

陽剛之才，由其道而復，其義吉也。初與四爲正應，在畜時乃相畜者也。

九二，牽復吉。

二以陽居下體之中，五以陽居上體之中，皆以陽剛居中，爲陰所畜，俱欲上復。五雖在四上，而爲其所畜則同，是同志者也。夫同患相憂，二五同志，故相牽連而復。二陽並進，則陰不能勝，得遂其復矣，故吉也。曰：遂其復，則離畜矣乎？曰：凡爻之辭，皆謂如是則可以如是，若已然，則時已變矣，尚何教誡乎？五爲巽體，巽畜於乾，而反與二相牽，何也？曰：舉二體而言，則巽畜乎乾；全卦而言，則一陰畜五陽也。在易，隨時取義，皆如此也。

象曰：牽復在中，亦不自失也。

二，居中得正者也，剛柔進退，不失乎中道也。陽之復，其勢必强。二以處中，故雖强於進，亦不至於過剛，過剛乃自失也。爻止言牽復而吉之義，象復發明其在中之美。

九三，輿説輻，夫妻反目。

三以陽爻，居不得中，而密比於四，陰陽之情，相求也。又暱比而不中，爲陰畜制者也，故不能前進，猶車輿説去輪輻，言不能行也。夫妻反目，陰制於陽者也，今反制陽，如夫妻之反目也。反目謂怒目相視，不順其夫，而反制之也。婦人爲夫寵惑，既而遂反制其夫，未有夫不失道而妻能制之者也。故説輻反目，三自爲也。

象曰：夫妻反目，不能正室也。

夫妻反目，蓋由不能正其室家也。三自處不以道，故四得制之不使進，猶夫不能正其室家，故致反目也。

六四，有孚，血去惕出，无咎。

四於畜時處近君之位，畜君者也。若内有孚誠，則五志信之，從其畜也。卦獨一陰，畜衆陽者也，諸陽之志係乎四。四苟欲以力畜之，則一柔敵衆剛，必見傷害；唯盡其孚誠以應之，則可以感之矣。故其傷害遠，其危懼免也。如此，則可以无咎。不然，則不免乎害矣。此以柔畜剛之道也。以人君之威嚴，而微細之臣有能畜止其欲者，蓋有孚信以感之也。

象曰：有孚惕出，上合志也。

四既有孚，則五信任之，與之合志，所以得惕出而无咎也。惕出則血去可知，舉其輕者也。五既合志，衆陽皆從之矣。

九五，有孚攣如，富以其鄰。

小畜，衆陽爲陰所畜之時也。五以中正居尊位，而有孚信，則其類皆應之矣，故曰攣如，謂牽連〔一〕相從也。五必援挽，與之相濟，是富以其鄰也。五以居尊位之勢，如富者推其財力與鄰比共之也。君子爲小人所困，正人爲羣邪所厄，則在下者必攀挽於上，期於同進，在上者必援引於下，與之戮力，非獨推己力以及人也，固資在下之助以成其力耳。

象曰：有孚攣如，不獨富也。

有孚攣如，蓋其鄰類皆牽攣而從之，與衆同欲，不獨有其富也。君子之處艱厄，唯其至誠，故得衆力之助，而能濟其衆也。

上九，既雨既處，尚德載，婦貞厲。

九以巽順之極，居卦之上，處畜之終，從畜而止者也，爲四所止也。既雨，和也。既處，止也。陰之畜陽，不和則不能止，既和而止，畜之道成矣〔二〕。大畜畜之大，故極而散。小畜畜之小，故極而成。尚德載，四用柔巽之德，積滿而至於成也。陰柔之畜剛，非一朝一夕能成，由積累而至，可不戒乎？載，積滿也。詩云：「厥聲載路。」婦貞厲，婦謂陰。以陰而畜陽，以柔而制剛，婦若貞固守此，危厲之道

〔一〕覆元本「連」作「攣」。

〔二〕覆元本此句下小注：「一作畜道之成也。」

也。安有婦制其夫，臣制其君，而能安者乎？

月幾望，君子征凶。

月望，則與日敵矣。幾望，言其盛將敵也。陰已能畜陽，而云幾望，何也？此以柔巽畜其志也，非力能制也。然不已，則將盛於陽而凶矣。於幾望而爲之戒曰：婦將敵矣，君子動則凶也。君子謂陽。征，動也。幾望將盈之時，若已望，則陽已消矣，尚何戒乎？

象曰：既雨既處，德積載也。君子征凶，有所疑也。

既雨既處，言畜道積滿而成也。陰將盛極，君子動則有凶也。陰敵陽則必消陽，小人抗君子則必害君子，安得不疑慮乎？若前知疑慮而警懼，求所以制之，則不至於凶矣。

䷉ 兑下乾上

履，序卦：「物畜然後有禮，故受之以履。」夫物之聚，則有大小之別，高下之等，美惡之分，是物畜然後有禮，履所以繼畜也。履，禮也。禮，人之所履也。爲卦，天上澤下。天而在上，澤而處下，上下之分，尊卑之義，理之當也，禮之本也，常履之道也，故爲履。履，踐也，藉也。履物爲踐，履於物爲藉。以柔藉剛，故爲履也。不曰剛履柔，而曰柔履剛者，剛乘柔，常理不足道。故易中唯言柔乘剛，不言剛乘柔也。言履藉於剛，乃見卑順說應之義。

履虎尾，不咥人，亨。

履，人所履之道也。天在上而澤處下，以柔履藉於剛，上下各得其義，事之至順，理之至當也。人之履行如此，雖履至危之地，亦无所害。故履虎尾而不見咥噬，所以能亨也。

彖曰：履，柔履剛也。

說而應乎乾，是以履虎尾，不咥人，亨。

兑以陰柔，履藉乾之陽剛，柔履剛也。兑以説順應乎乾剛而履藉之，下順乎上，陰承乎陽，天下之正理也。所履如此，至順至當，雖履虎尾，亦不見傷害。以此履行，其亨可知。

剛中正，履帝位而不疚，光明也。

九五以陽剛中正，尊履帝位，苟无疚病，得履道之至善，光明者也。疚謂疵病，「夬履」是也。光明，德盛而輝光也。

象曰：上天下澤，履，君子以辨上下，定民志。

天在上，澤居下，上一作天。下之正理也。人之所履當如是，故取其象而爲履。君子觀履之象，以辨別上下之分，以定其民志。夫上下之分明，然後民志有定。民志定，然後可以言治。民志不定，天下不可得而治也。古之時，公卿大夫而下，位各稱其德，終身居之，得其分也。位未稱德，則君舉而進之。士脩其學，學至而君求之，皆非有預於己也。農工商賈勤其事，而所享有限，故皆有定志而天下之心可一。後世自庶士至于公卿，日志于尊榮，農工商賈日志于富侈，億兆之心，交騖於利，天下紛然，如之何其可一也？欲其不亂，難矣。此由上下无定志也。君子觀履之象，而分辨上下，使各當其分，以定民之心志也。

初九，素履，往无咎。

履不處者，行之義。初處至下，素在下者也，而陽剛之才，可以上進，若安其卑下之素而往，則无咎矣。夫人不能自安於貧賤之素，則其進也，乃貪躁而動，求去乎貧賤耳，非欲有爲也。既得其進，驕溢必矣，故往則有咎。賢者則安履其素，其處也樂，其進也將有爲也，故得其進則有爲而无不善，乃守其素履者也。

象曰：素履之往，獨行願也。

安履其素而往者，非苟利也，獨行其志願耳。獨，專也。若欲貴之心與行道之心交戰于中，豈能安履其素也？

九二，履道坦坦，幽人貞吉。

九二居柔，寬裕得中，其所履坦坦然，平易之道也。雖所履得坦易之道，亦必幽靜安恬之人處之，則能貞固而吉也。九二陽志上進，故有幽人之戒。

象曰：幽人貞吉，中不自亂也。

履道在於安靜。其中恬正，則所履安裕。中若躁動，豈能安其所履？故必幽人，則能堅固而吉。蓋其中心安静，不以利欲自亂也。

六三，眇能視，跛能履，履虎尾，咥人凶，武人爲于大君。

三以陰居陽，志欲剛而體本陰柔，安能堅其所履？故如盲眇之視，其見不明；跛躄之履，其行不遠。才既不足，而又處不得中，履非其正，以柔而務剛，其履如此，是履於危地，故曰履虎尾。以不善履履危地，必及禍患，故曰咥人凶。武人爲于大君，如武暴之人而居人上，肆其躁率而已，非能順履而遠到也。不中正而志剛，乃爲羣陽所〔一〕與，是以剛躁蹈危而得凶也。

象曰：眇能視，不足以有明也。跛能履，不足以與行也。

陰柔之人，其才不足，視不能明，行不能遠，而乃務剛，所履如此，其能免於害乎？

咥人之凶，位不當也。武人爲于大君，志剛也。

以柔居三，履非其正，所以致禍害，被咥而凶也。以武人爲喻者，以其處陽，才弱而志剛也。志剛則妄動，所履不由其道，如武人而爲大君也。

九四，履虎尾，愬愬，終吉。

九四陽剛而乾體，雖居四，剛勝者也，在近君多懼之地，无相得之義。五復剛決之過，故爲履虎尾。愬

〔一〕 覆元本「所」下小注：「一有不字。」義似較長。

愬，畏懼之貌。若能畏懼，則當終吉。蓋九雖剛而志柔，四雖近而不處，故能兢慎畏懼，則終免於危而獲吉也。

象曰：愬愬終吉，志行也。

能愬愬畏懼，則終得其吉者，志在於行而不處也。去危則獲吉矣。陽剛，能行者也；居柔，以順自處者也。

九五，夬履，貞厲。

夬，剛決也。五以陽剛乾體，居至尊之位，任其剛決而行者也。如此，則雖得正，猶危厲也。古之聖人，居天下之尊，明足以照，剛足以決，勢足以專，然而未嘗不盡天下之議，雖芻蕘之微必取，乃其所以爲聖也，履帝位而光明者也。若自任剛明，決行不顧，雖使得正，亦危道也，可固守乎？有剛明之才，苟專自任，猶爲危道，況剛明不足者乎？易中云貞厲，義各不同，隨卦可見。

象曰：夬履貞厲，位正當也。

戒夬履者，以其正當尊位也。居至尊之位，據能專之勢，而自任剛決，不復畏懼〔一〕，雖使得正，亦危道也。

〔一〕覆元本「懼」作「慎」。

上九，視履考祥，其旋元吉。

上處履之終，於其終視其所履行，以考其善惡禍福，若其旋，則善且吉也。旋謂周旋完備，无不至也。人之所履，考視其終，若終始周完无疚，善之至也，是以元吉。人之吉凶，係其所履善惡之多寡，吉凶之小大也。

象曰：元吉在上，大有慶也。

上，履之終也。人之所履，善而吉至；其終周旋无虧，乃大有福慶之人也。人之行，貴乎有終。

䷊ 乾下坤上

泰，序卦：「履而泰，然後安，故受之以泰。」履得其所則舒泰，泰則安矣，泰所以次履也。爲卦，坤陰在上，乾陽居下。天地陰陽之氣相交而和，則萬物生成，故爲通泰。

泰：小往大來，吉亨。

小謂陰，大謂陽。往，往之於外也。來，來居於內也。陽氣下降，陰氣上交也。陰陽和暢，則萬物生遂，天地之泰也。以人事言之：大則君上，小則臣下，君推誠以任下，臣盡誠以事君，上下之志通，朝廷之泰也；陽爲君子，陰爲小人，君子來處於內，小人往處於外，是君子得位，小人在下，天下之泰也。泰之道，吉而且亨也。不云元吉元亨者，時有污隆，治有小大，雖泰，豈一概哉？言吉亨則可包矣。

彖曰：泰，小往大來，吉亨，則是天地交而萬物通也，上下交而其志同也。

小往大來，陰往而陽來也，則是天地陰陽之氣相交，而萬物得遂其通泰也。在人，則上下之情交通，而其志意同也。

内陽而外陰，内健而外順，内君子而外小人，君子道長，小人道消也。

陽來居内，陰往居外，陽進而陰退也。乾健在内，坤順在外，爲内健而外順，君子之道也。君子在内，小人在外，是君子道長，小人道消，所以爲泰也。既取陰陽交和，又取君子道長。陰陽交和，乃君子之道長也。

象曰：天地交泰，后以財成天地之道，輔相天地之宜，以左右民。

天地交而陰陽和，則萬物茂遂，所以泰也。人君當體天地通泰之象，而以財成天地之道，輔相天地之宜，以左右生民也。財成，謂體天地交泰之道，而財制成其施爲之方也。輔相天地之宜，天地通泰，則萬物茂遂，人君體之而爲法制，使民用天時，因地利，輔助化育之功，成其豐美之利也。如春氣發生萬物，則爲播植之法；秋氣成實萬物，則爲收斂之法；乃輔相天地之宜，以左右輔助於民也。民之生，必賴君上爲之法制以教率輔翼之，乃得遂其生養，是左右之也。

初九，拔茅茹，以其彙征，吉。

初以陽爻居下，是有剛明之才而在下者也。時之否，則君子退而窮處；時既泰，則志在上進也。君子之進，必與其朋類相牽援，如茅之根然，拔其一則牽連而起矣。茹，根之相牽連者，故以爲象。彙，類也。賢者以其類進同志以行其道，是以吉也，君子之進，必以其類，不唯志在相先，樂於與善，實乃相賴以濟。故君子小人，未有能獨立不賴朋類之助者也。自古君子得位，則天下之賢萃於朝廷，同志協力，以成天下之泰；小人在位，則不肖者並進，然後其黨勝而天下否矣，蓋各從其類也。

象曰：拔茅征吉，志在外也。

時將泰，則羣賢皆欲上進。三陽之志欲進，同也，故取茅茹彙征之象。志在外，上進也。

九二，包荒，用馮河，不遐遺，朋亡，得尚于中行。

二以陽剛得中，上應於五；五以柔順得中，下應於二。君臣同德，是以剛中之才，爲上所專任，故二雖居臣位，主治泰者也，所謂上下交而其志同也。故治泰之道，主二而言。包荒，用馮河，不遐遺，朋亡，四者處泰之道也。人情安肆，則政舒緩而法度廢弛，庶事无節。治之之道，必有包含荒穢之量，則其施爲寬裕詳密，弊革事理而人安之。若无含弘之度，有忿疾之心，則无深遠之慮，有暴擾之患，深弊未去，而近患已生矣，故在包荒也。用馮河：泰寧之世，人情習於久安，安於守常，惰於因循，憚於更變，非有馮河之勇，不能有爲於斯時也。馮河，謂其剛果足以濟深越險也。自古泰治之世，必漸至於衰替，蓋由狃習安逸，因循而然。自非剛斷之君，英烈之輔，不能挺特奮發以革其弊也，故曰用馮河。

或疑：上云包荒，則是包含寬容；此云用馮河，則是奮發改革，似相反也。不知以含容〔一〕之量，施剛果之用，乃聖賢之爲也。不遐遺：泰寧之時，人心狃於泰，則苟安逸而已，惡能復深思遠慮，及於遐遠之事哉？治夫泰者，當周及庶事，雖遐遠不可遺。若事之微隱，賢才之在僻一作側。陋，皆遐遠者也，時泰則固遺之矣。朋亡：夫時之既泰，則人習於安，其情肆而失節。將約而正之，非絶去其朋與之私，則不能也，故云朋亡。自古立法制事，牽於人情，卒不能行者多矣。若夫禁奢侈則害於近戚，限田産則妨於貴家，如此之類，既不能斷以大公而必行，則是牽於朋比也。治泰不能朋亡，則爲之難矣。治泰之道，有此四者，則能合於九二之德，故曰得尚于中行，言能配合中行之義也。尚，配也。

象曰：包荒，得尚于中行，以光大也。

象舉包荒一句，而通解四者之義。言如此，則能配合中行之德，而其道光明顯大也。

九三，无平不陂，无往不復，艱貞无咎。勿恤其孚，于食有福。

三居泰之中，在諸陽之上，泰之盛也。物理如循環，在下者必升，居上者必降。泰久而必否，故於泰之盛與陽之將進，而爲之戒曰：无常安平而不險陂者，謂无常泰也；无常往而不返者，謂陰當復也。平者陂，往者復，則爲否矣。當知天理之必然，方泰之時，不敢安逸，常艱危其思慮，正固其施爲，如是

〔一〕 覆元本「容」下小注：「一作弘。」

則可以无咎。處泰之道，既能艱貞，則可常保其泰，不勞憂恤；得其所求也，不失所期。爲孚如是，則於其禄食有福益也。禄食謂福祉。善處泰者，其福可長也。蓋德善日積，則福禄日臻，德踰於禄，則雖盛而非滿。自古隆盛，未有不失道而喪敗者也。

象曰：无往不復，天地際也。

无往不復，言天地之交際也。陽降于下，必復于上；陰升于上，必復于下，屈伸往來之常理也。因天地交際之道，明否泰不常之理，以爲戒也。

六四，翩翩，不富以其鄰，不戒以孚。

六四處泰之過中，以陰在上，志在下復，上二陰亦志在趨下。翩翩，疾飛之貌。四翩翩就下，與其鄰同也。鄰，其類也，謂五與上。夫人富，而其類從者，爲利也。不富而從者，其志同也。三陰皆在下之物，居上乃失其實，其志皆欲下行，故不富而相從，不待戒告而誠意相合也。夫陰陽之升降，乃時運之否泰，或交或散，理之常也。泰既過中，則將變矣。聖人於三，尚云艱貞則有福，蓋三爲將中，知戒則可保。四已過中矣，理必變也，故專言始終反復之道。五，泰之主，則復言處泰之義。

象曰：翩翩不富，皆失實也。不戒以孚，中心願也。

翩翩，下往之疾。不待富而鄰從者，以三陰在上，皆失其實故也。陰本在下之物，今乃居上，是失實也。不待告戒而誠意相與者，蓋其中心所願故也。理當然者天也，衆所同者時也。

六五，帝乙歸妹，以祉，元吉。

史謂湯爲天乙，厥後有帝祖乙，亦賢王也；後又有帝乙。多士曰：「自成湯至于帝乙，罔不明德恤祀。」稱帝乙者，未知誰是。以爻義觀之，帝乙，制王姬下嫁之禮法者也。自古帝女，雖皆下嫁，至帝乙然後制爲禮法，使降其尊貴，以順從其夫也。六五以陰柔居君位，下應於九二剛明之賢。五能倚任其賢臣而順從之，如帝乙之歸妹然，降其尊而順從於陽，則以之受祉，且元吉也。元吉，大吉而盡善者也，謂成治泰之功也。

象曰：以祉元吉，中以行願也。

所以能獲祉福且元吉者，由其以中道合而行其志願也。有中德，所以能任剛中之賢，所聽從者皆其志願也。非其所欲，能從之乎？

上六，城復于隍，勿用師。自邑告命，貞吝。

掘隍土積累以成城，如治道積累以成泰。及泰之終，將反於否，如城土頹圮，復反于隍也。上，泰之終，六以小人處之，行將否矣。勿用師：君之所以能用其衆者，上下之情通而心從也；今泰之將終，失泰之道，上下之情不通矣，民心離散，不從其上，豈可用也？用之則亂。衆既不可用，方自其親近而告命之，雖使所告命者得其正，亦可羞吝。邑，所居，謂親近，大率告命必自近始。凡貞凶貞吝，有二義：有貞固守此則凶吝者，有雖得正亦凶吝者。此不云貞凶，而云貞吝者，將否而方告命，爲可羞吝，否不由於告命也。

象曰：城復于隍，其命亂也。

城復于隍矣，雖其命之，亂不可止也。

䷋ 坤下乾上

否，序卦：「泰者通也，物不可以終通，故受之以否。」夫物理往來，通泰之極則必否，否所以次泰也。爲卦，天上地下。天地相交，陰陽和暢，則爲泰。天處上，地處下，是天地隔絶，不相交通，所以爲否也。

否之匪人，

天地交而萬物生於中，然後三才備，人爲最靈，故爲萬物之首。凡生天地之中者，皆人道也。天地不交，則不生萬物，是无人道，故曰匪人，謂非人道也。消長闔闢，相因而不息。泰極則復，否極則傾。无常而不變之理，人道豈能无也？既否則泰矣。

不利君子貞，大往小來。

夫上下交通，剛柔和會，君子之道也。否則反是，故不利君子貞。君子正道否塞不行也。大往小來，陽往而陰來也。小人道長，君子道消之象，故爲否也。

象曰：否之匪人，不利君子貞，大往小來，則是天地不交而萬物不通也，上下不交而天下无邦也。内陰而外陽，内柔而外剛，内小人而外君子，小人道長，君子道消也。

夫天地之氣不交，則萬物无生成之理。上下之義不交，則天下无邦國之道。建邦國所以爲治也。上施政以治民，民戴君而從命，上下相交，所以治安也。今上下不交，是天下无邦國之道也。陰柔在内，陽剛在外，君子往居於外，小人來處於内，小人道長，君子道消之時也。

象曰：天地不交，否，君子以儉德辟難，不可榮以禄。

天地不相交通，故爲否。否塞之時，君子道消，當觀否塞之象，而以儉損其〔一〕德，避免禍難，不可榮居禄位也。否者，小人得志之時，君子居顯榮之地，禍患必及其身，故宜晦處窮約也。

初六，拔茅茹，以其彙貞，吉亨。

泰與否皆取茅爲象者，以羣陽羣陰同在下，有牽連之象也。泰之時，則以同征爲吉。否之時，則以同貞爲亨。始以内小人外君子爲否之義，復以初六否而在下，爲君子之道，易隨時取義，變動无常。否之時，在下者君子也。否之三陰，上皆有應，在否隔之時，隔絶不相通，故无應義。初六能與其類貞固其節，則處否之吉，而其道之亨也。當否而能進者小人也，君子則伸道免禍而已。君子進退，未嘗不與其類同也。

〔一〕覆元本「其」作「之」。

象曰：拔茅貞吉，志在君也。

爻以六自守於下，明君子處下〔二〕之道，象復推明以象〔三〕君子之心。君子固守其節以處下者，非樂於不進，獨善也，以其道方否，不可進，故安之耳，心固未嘗不在天下也。其志常在得君而進，以康濟天下，故曰志在君也。

六二，包承，小人吉，大人否亨。

六二，其質則陰柔，其居則中正。以陰柔小人而言，則方否於下，志所包畜者，在承順乎上以求濟，其否爲身之利，小人之吉也。大人當否，則以道自處，豈肯枉己屈道，承順於上，唯自守其否而已，身之否，乃其道之亨也。或曰：上下不交，何所承乎？曰：正則否矣，小人順上之心，未嘗无也。

象曰：大人否亨，不亂羣也。

大人於否之時，守其正節，不雜亂於小人之羣類，身雖否而道之亨也，故曰否亨。不以道而身亨，乃道之否也。不云君子而云大人，能如是則其道大矣。

六三，包羞。

〔二〕覆元本「下」下小注：「一作否。」義較長。
〔三〕覆元本「象」作「盡」。義較長。

三以陰柔，不中不正而居否，又切近於上，非能守道安命，窮斯濫矣，極小人之情狀者也。其所包畜謀慮，邪濫无所不至，可羞恥也。

象曰：包羞，位不當也。

陰柔居否，而不中不正，所爲可羞者，處不當故也。處不當位，所爲不以道也。

九四，有命无咎，疇離祉。

四以陽剛健體，居近君之位，是有濟否之才，而得高位者也，足以輔上濟否，然當君道方否之時，處逼近之地，所惡在居功取忌而已。若能使動必出於君命，威柄一歸於上，則无咎，而其志行矣。能使事皆出於君命，則可以濟時之否，其疇類皆附離其福祉。離，麗也。君子道行，則與其類同進，以濟天下之否，疇離祉也。小人之進，亦以其類同也。

象曰：有命无咎，志行也。

有君命則得无咎，乃可以濟否，其志得行也。

九五，休否，大人吉。其亡其亡，繫于苞桑。

五以陽剛中正之德，居尊位，故能休息天下之否，大人之吉也。大人當位，能以其道休息天下之否，以馴致於泰。猶未離於否也，故有其亡之戒。否既休息，漸將反泰，不可便爲安肆，當深慮遠戒，常虞否之復來，曰其亡矣，其亡矣。其繫于苞桑，謂爲安固之道，如維繫于苞桑也。桑之爲物，其根深固，苞謂業生者，其固尤甚，聖人之戒深矣。漢王允、唐李德裕，不知此戒，所以致禍敗也。繫辭曰：「危者安其位者也，亡者保其存者也，亂者有其治者也。是故君子安而不忘危，存而不忘亡，治而不忘亂，是以身安而國家可保也。」

象曰：大人之吉，位正當也。

有大人之德，而得至尊之正位，故能休〔一〕天下之否，是以吉也。无其位，則雖有其道，將何爲乎？故聖人之位，謂之大寶。

上九，傾否，先否後喜。

上九，否之終也。物理極而必反，故泰極則否，否極則泰。上九否既極矣，故否道傾覆而變也。先極，否也；後傾，喜也。否傾則泰矣，後喜也。

象曰：否終則傾，何可長也！

否終則必傾，豈有長否之理？極而必反，理之常也。然反危爲安，易亂爲治，必有剛陽之才而後能也。故否之上九則能傾否，屯之上六則不能變屯也。

☲☰ 離下乾上

〔一〕覆元本「休」下小注：「一有息字。」

同人，序卦：「物不可以終否，故受之以同人。」夫天地不交則爲否，上下相同則爲同人，與否義相反，故相次。又世之方否，必與人同力〔二〕乃能濟，同人所以次否也。爲卦，乾上離下。以二象言之，天在上者也，火之性炎上，與天同也，故爲同人。以二體言之，五居正位，爲乾之主，二爲離之主，二爻以中正相應，上下相同，同人之義也。又卦唯一陰，衆陽所欲同，亦同人之義也。他卦固有一陰者，在同人之時而二五相應，天火相同，故其義大。

同人于野，亨，利涉大川，利君子貞。

野謂曠野，取遠與外之義。夫同人者，以天下大同之道，則聖賢大公之心也。常人之同者，以其私意所合，乃暱比之情耳。故必于野，謂不以暱近情之所私，而于郊野曠遠之地，既不繫所私，乃至公大同之道，无遠不同也，其亨可知。能〔三〕與天下大同，是天下皆同之也。天下皆同，何險阻之不可濟？何艱危之不可亨？故利涉大川，利君子貞。上言于野，止謂不在暱比，此復言宜以君子正道。君子之貞，謂天下至公大同之道。故雖居千里之遠，生千歲之後，若合符節，推而行之，四海之廣，兆民之衆，莫不同。小人則唯用其私意，所比者雖非亦同，所惡者雖是亦異，故其所同者則爲阿黨，蓋其心不正也。故同人之道，利在君子之貞正。

〔二〕覆元本「力」下小注：「一作欲。」
〔三〕覆元本「能」下小注：「一作既。」

彖曰：同人，柔得位、得中而應乎乾，曰同人。

言成卦之義。柔得位，謂二以陰居陰，得其正位也。五，中正，而二以中正應之，得中而應乎乾也。五，剛健中正，而二以柔順中正應之，各得其正，其德同也，故爲同人。五，乾之主，故云應乎乾。象取天火之象，而彖專以二言。

同人曰：

此三字羨文。

同人于野，亨，利涉大川，乾行也。

至誠无私，可以蹈險難者，乾之行也。无私，天德也。

文明以健，中正而應，君子正也。

又以二體言其義。有文明之德，而剛健以中正之道相應，乃君子之正道也。

唯君子爲能通天下之志。

天下之志萬殊，理則一也。君子明理，故能通天下之志。聖人視億兆之心猶一心者，通於理而已。文明則能燭理，故能明大同之義；剛健則能克己，故能盡大同之道，然後能中正合乎乾行也。

象曰：天與火，同人，君子以類族辨物。

不云火在天下，天下有火，而云天與火者，天在上，火性炎上，火與天同，故爲同人之義。君子觀同人之象，而以類族辨物，各以其類族辨物之同異也。若君子小人之黨，善惡是非之理，物情之離合，事理之異同，凡異同者君子能辨明之，故處物不失其方也。

初九，同人于門，无咎。

九居同人之初，而无一有所字。繫應，是无〔一〕偏私，同人之公者也，故爲出門。同人出門謂在外，在外則无私暱之偏，其同博而公，如此則无過咎也。

象曰：出門同人，又誰咎也？

出門同人于外，是其所同者廣，无所偏私。人之同也，有厚薄親疎之異，過咎所由生也。既无所偏黨，誰其咎之？

六二，同人于宗，吝。

二與五爲正應，故曰同人于宗，宗謂宗黨也。同於所繫應，是有所偏與，在同人之道爲私狹矣，故可吝。二若陽爻，則爲剛中之德，乃以中道相同，不爲私也。

象曰：同人于宗，吝道也。

諸卦以中正相應爲善，而在同人則爲可吝，故五不取君義。蓋私比非人君之道，相同以私爲可吝也。

〔一〕覆元本「无」下有「所」字。

九三，伏戎于莽，升其高陵，三歲不興。

三以陽居剛而不得中，是剛暴之人也。在同人之時，志在於同。卦惟一陰，諸陽之志皆欲同之，三又與之比；然二以中正之道與五相應，三以剛强居二五之間，欲奪而同之。然理不直，義不勝，故不敢顯發，伏藏兵戎于林莽之中，懷惡而内負不直，故又畏懼，時升高陵以顧望，如此至於三歲之久，終不敢興。此爻深見小人之情狀，然不曰凶者，既不敢發，故未至凶也。

象曰：伏戎于莽，敵剛也。三歲不興，安行也？

所敵者五，既剛且正，其可奪乎？故畏憚伏藏也。至于三歲不興矣，終安能行乎？

九四，乘其墉，弗克攻，吉。

四剛而不中正，其志欲同二，亦與五爲仇者也。墉垣所以限隔也。四切近於五，如隔墉耳。乘其墉，欲攻之，知義不直而不克也。苟能自知義之不直而不攻，則爲吉也。若肆其邪欲，不能反思義理，妄行攻奪，則其凶大矣。三以剛居剛，故終其强而不能反。四以剛居柔，故有困而能反之義，能反則吉矣。畏義而能改，其吉宜矣。

象曰：乘其墉，義弗克也。其吉，則困而反則也。

所以乘其墉而弗克攻之者，以其義之弗克也。以邪攻正，義不勝也。其所以得吉者，由其義不勝，困窮而反於法則也。二者，衆陽所同欲也。獨三四有争奪之義者，二爻居二五之間也，初終遠，故取義別。

九五，同人，先號咷而後笑，大師克相遇。

九五同于二，而爲三四二陽所隔。五自以義直理勝，故不勝憤抑，至于號咷。然邪不勝正，雖爲所隔，終必得合，故後笑也。大師克相遇：五與二正應，而二陽非理隔奪，必用大師克勝之，乃得相遇也。云大師、云克者，見二陽之强也。九五君位，而爻不取人君同人之義者，蓋五專以私暱應於二，而失其中正之德。人君當與天下大同，而獨私一人，非君道也。又先隔則號咷，後遇則笑，是私暱之情，非大同之體也。二之在下，尚以同於宗爲吝，況人君乎？五既於君道无取，故更不言君道，而明二人同心，不可閒隔之義。繫辭云：「君子之道，或出或處，或默或語，二人同心，其利斷金。」中誠所同，出處語默无不同，天下莫能閒也。同者一也，一不可分，分乃二也。一可以通金石，冒水火，无所不能入，故云其利斷金。其理至微，故聖人贊之曰：「同心之言，其臭如蘭。」謂其言意味深長也。

象曰：同人之先，以中直也；大師相遇，言相克也。

先所以號咷者，以中誠理直，故不勝其忿切而然也。雖其敵剛强，至用大師，然義直理勝，終能克之，故言能相克也。相克謂能勝，見二陽之强也。

上九，同人于郊，无悔。

郊，在外而遠之地。求同者必相親相與，上九居外而无應，終无與同者也。始有同則至，終或有睽悔。

處遠而无與，故雖无同，亦无悔。雖欲同之志不遂，而其終无所悔也。

象曰：同人于郊，志未得也。

居遠莫同，故終无所悔。然而在同人之道，求同之志不得遂，雖无悔，非善處也。

䷍ 乾下離上

大有，序卦：「與人同者，物必歸焉，故受之以大有。」夫與人同者，物之所歸也，大有所以次同人也。爲卦，火在天上。火之處高，其明及遠，萬物之衆，无不照見，爲大有之象。又一柔居尊，衆陽並應，居尊執柔，物之所歸也。上下應之，爲大有之義。大有，盛大豐有也。

大有：元亨。

卦之才可以元亨也。凡卦德，有卦名自有其義者，如比吉、謙亨是也；有因其卦義便爲訓戒者，如師貞丈人吉、同人于野亨是也；有以其卦才而言者，大有元亨是也。由剛健文明，應天時行，故能元亨也。

彖曰：大有，柔得尊位，大中而上下應之，曰大有。

言卦之所以爲大有也。五以陰居君位，柔得尊位也，處中得大中之道也，爲諸陽所宗，上下應之也。夫居尊執柔，固衆之所歸也，而又有虚中文明大中之德，故上下同志應之，所以爲大有也。

其德剛健而文明，應乎天而時行，是以元亨。

卦之德，内剛健而外文明。六五之君，應於乾之九二。五之性柔順而明，能順應乎二。二，乾之主也，是應乎乾也。順應乾行，順乎天時也，故曰應乎天而時行。其德如此，是以元亨也。王弼云：「不大通，何由得大有乎？大有則必元亨矣。」此不識卦義離乾成大有之義。非大有之義便有元亨，由其才故得元亨。大有而不善者，與不能亨者，有矣。諸卦具元亨利貞，則彖皆釋爲大亨，恐疑與乾坤同也；不兼利貞，則釋爲元亨，盡元義也，元有大善之義。有元亨者四卦：大有、蠱、升、鼎也。唯升之彖，誤隨他卦，作大亨。曰：諸卦之元與乾不同，何也？曰：元之在乾，爲元始之義，爲首出庶物之義，他卦則不能有此義，爲善爲大而已。曰：元之爲大可矣，爲善何也？曰：元者物之先也，物之先豈有不善者乎？事成而後有敗，敗非先成者也。興而後有衰，衰固後於興也。得而後有失，非得則何以有失也？至於善惡治亂是非，天下之事莫不皆然，必善爲先。故文言曰：「元者善之長也。」

象曰：火在天上，大有，君子以遏惡揚善，順天休命。

火高在天上，照見萬物之衆多，故爲大有。大有，繁庶之義。君子觀大有之象，以遏絶衆惡，揚明善類，以奉順天休美之命。萬物衆多，則有善惡之殊。君子享大有之盛，當代天工，治養庶類。治衆之道，在遏惡揚善而已。惡懲善勸，所以順天命而安羣生也。

初九，无交害，匪咎，艱則无咎。

九居大有之初，未至於盛，處卑无應與，未有驕盈之失，故无交害，未涉於害也。大凡富有，鮮不有害。以子貢之賢，未能盡免，況其下者乎？匪咎，艱則无咎，言富有本匪有咎也，人因富有自爲咎耳；若能享富有而知難處，則自无咎也。處富有而不能思艱兢畏，則驕侈之心生矣，所以有咎也。

象曰：大有初九，无交害也。

在大有之初，克念艱難，則驕溢之心无由生矣，所以不交涉於害也。

九二，大車以載，有攸往，无咎。

九以陽剛居二，爲六五之君所倚任，剛健則才勝，居柔則謙順，得中則无過，其才如此，所以能勝大有之任，如大車之材强壯，能勝載重物也。可以任重行遠，故有攸往而无咎也。大有豐盛之時，有而未極，故以二之才可往而无咎，至於盛極，則不可以往矣。

象曰：大車以載，積中不敗也。

壯大之車，重積載於其中而不損敗，猶九二材力之强，能勝大有之任也。

九三，公用亨于天子，小人弗克。

三居下體之上，在下而居人上，諸侯人君之象也。公侯上承天子，天子居天下之尊，率土之濱，莫非王臣，在下者何敢專其有？凡土地之富，人民之衆，皆王者之有也，此理之正也。故三當大有之時，居諸侯之位，有其富盛，必用亨通乎（一作於。）天子，謂以其有爲天子之有也，乃人臣之常義也。若小人處之，則專其富有以爲私，不知公以奉上之道，故曰小人弗克也。

象曰：公用亨于天子，小人害也。

公當用〔一〕亨于天子，若小人處之，則爲害也。自古諸侯能守臣節，忠順奉上者，則蕃養其衆，以爲王之屏翰，豐殖其財，以待上之徵賦。若小人處之，則不知爲臣奉上之道，以其〔二〕爲己之私，民衆財豐，則反擅其富强，益爲不順，是小人大有則爲害，又大有爲小人之害也。

九四，匪其彭，无咎。

九四居大有之時，已過中矣，是大有之盛者也。過盛則凶咎所由生也。故處之之道，匪其彭則得无咎，謂能謙損，不處其太盛，故〔三〕得无咎也。四近君之高位，苟處太盛，則致凶咎。彭，盛多之貌。詩載驅云：「汶水湯湯，行人彭彭。」行人盛多之狀。雅大明云：「駟騵彭彭。」言武王戎馬之盛也。

象曰：匪其彭无咎，明辯晳也。

能不處其盛而得无咎者，蓋有明辯之智也。晳，明智也。賢智之人，明辯物理，當其方盛，則知咎之將至，故能損抑，不敢至於滿極也。

〔一〕覆元本「用」下小注：「一無用字。」

〔二〕覆元本「其」下有「有」字。義較長。

〔三〕徐本「故」作「則」。義較長。

六五，厥孚交如，威如，吉。

六五當大有之時，居君位，虚中，爲孚信之象。人君執柔守中，而以孚信接於下，則下亦盡其信誠以事於上，上下孚信相交也。以柔居尊位，當大有之時，人心安易，若專尚柔順，則陵慢生矣，故必威如則吉。威如，有威嚴之謂也。既以柔和孚信接於下，衆志説從，又有威嚴使之有畏，善處有者也，吉可知矣。

象曰：厥孚交如，信以發志也。威如之吉，易而无備也。

下之志，從乎上者也。上以孚信接於下，則下亦以誠信事其上，故厥孚交如。由上有孚信以發其下孚信之志，下之從上，猶響之應聲也。威如之所以吉者，謂若无威嚴，則下易慢而无戒備也，謂无恭畏備上之道。備謂備上之求責也。

上九，自天祐之，吉无不利。

上九在卦之終，居无位之地，是大有之極，而不居其有者也。處離之上，明之極也。唯至明所以不居其有，不至於過極也。有極而不處，則无盈滿之災，能順乎理者也。五之孚信，而履其上，爲蹈履誠信之義。五有文明之德，上能降志以應之，爲尚賢崇善之義。其處如此，合道之至也，自當享其福慶，自天祐之。行順乎天而獲天祐，故所往皆吉，无所不利也。

象曰：大有上吉，自天祐也。

大有之上，有極當變。由其所爲順天合道，故天祐助之，所以吉也。君子滿而不溢，乃天祐也。繫辭復申之云：「天之所助者順也，人之所助者信也。履信思乎順，又以尚賢也，是以自天祐之，吉无不利也。」履信謂履五，五虚中，信也。思順謂謙退不居。尚賢謂志從於五。大有之世，不可以盈豐，而復處盈焉，非所宜也。六爻之中，皆樂據權位，唯初上不處其位，故初九无咎，上九无不利。上九在上，履信思順，故在上而得吉，蓋自天祐也。

周易程氏傳卷第二

周易上經下

䷎艮下坤上

謙，序卦：「有大者不可以盈，故受之以謙。」其有既大，不可至於盈滿，必在謙損，故大有之後，受之以謙也。爲卦，坤上艮下，地中有山也。地體卑下，山高大之物，而居地之下，謙之象也。以崇高之德，而處卑之下，謙之義也。

謙：亨，君子有終。

謙有亨之道也。有其德而不居，謂之謙。人以謙巽自處，何往而不亨乎？君子有終：君子志存乎謙巽，達理，故樂天而不競，內充，故退讓而不矜，安履乎謙，終身不易，自卑而人益尊之，自晦而德益光顯，此所謂君子有終也。在小人則有欲必競，有德必伐，雖使勉慕於謙，亦不能安行而固守，不能有終也。

彖曰：謙亨，天道下濟而光明，地道卑而上行。

濟當爲際。此明謙而能亨之義。天之道，以其氣下際，故能化育萬物，其道光明。下際謂下交也。地之道，以其處卑，所以其氣上行，交於天，皆以卑降而亨也。

天道虧盈而益謙，

以天行而言，盈者則虧，謙者則益，日月陰陽是也。

地道變盈而流謙，

以地勢而言，盈滿者傾變而反陷，卑下者流注而益增也。

鬼神害盈而福謙，

鬼神謂造化之跡。盈滿者禍害之，謙損者福祐之，凡過而損，不足而益者，皆是也。

人道惡盈而好謙。

人情疾惡於盈滿，而好與於謙巽也。謙者人之至德，故聖人詳言，所以戒盈而勸謙也。

謙尊而光，卑而不可踰，君子之終也。

謙爲卑巽也，而其道尊大而光顯；自處雖卑屈，而其德實高不可加尚，是不可踰也。君子至誠於謙，恒而不變，有終也，故尊光。

象曰：地中有山，謙，君子以裒多益寡，稱物平施。

地體卑下，山之高大而在地中，外卑下而内藴高大之象，故爲謙也。不云山在地中，而曰地中有山，言卑下之中蘊其崇高也。若言崇高蘊於卑下之中，則文理不順。諸象皆然，觀文可見。君子以裒多益寡，稱物平施：君子觀謙之象，山而在地下，是高者下之，卑者上之，見抑高舉下、損過益不及之義；以施於事，則裒取多者，增益寡者，稱物之多寡以均其施與，使得其平也。

初六，謙謙君子，用涉大川，吉。

初六以柔順處謙，又居一卦之下，爲自處卑下之至，謙而又謙也，故曰謙謙。能如是者，君子也。自處至謙，衆所共與也，雖用涉險難，亦无患害，況居平易乎？何所不吉也？初處謙而以柔居下，得无過於謙乎？曰：柔居下，乃其常也，但見其謙之至，故爲謙謙，未見其失也。

象曰：謙謙君子，卑以自牧也。

謙謙，謙之至也。謂君子以謙卑之道自牧也。自牧，自處也。詩云：「自牧歸荑。」

六二，鳴謙，貞吉。

二以柔順居中，是爲謙德積於中。謙德充積於中，故發於外，見於聲音顔色，故曰鳴謙。居中得正，有中正之德也，故云貞吉。凡貞吉，有爲貞且吉者，有爲得貞則吉者，六二之貞吉，所自有也。

象曰：鳴謙貞吉，中心得也。

二之謙德，由至誠積於中，所以發於聲音，中心所自得也，非勉一有强字。爲之也。

九三，勞謙，君子有終，吉。

三以陽剛之德而居下體，爲衆陰所宗，履得其位，爲下之上，是上爲君所任，下爲衆所從，有功勞而持謙德者也，故曰勞謙。古之人有當之者，周公是也。身當天下之大任，上奉幼弱之主，謙恭自牧，夔夔如畏然，可謂有勞而能謙矣。既能勞謙，又須君子行之有終，則吉。夫樂高喜勝，人之常情。平時能謙，固已鮮矣，況有功勞可尊乎？雖使知謙之善，勉而爲之，若矜負之心不忘，則不能常久，欲其有終，不可得也。唯君子安履謙順，乃其常行，故久而不變，乃所謂有終，有終則吉也。九三以剛居正，能終者也。此爻之德最盛，故象辭特重。

象曰：勞謙君子，萬民服也。

能勞謙之君子，萬民所尊服也。繫辭云：「勞而不伐，有功而不德，厚之至也。語以其功下人者也。德言盛，禮言恭。謙也者，致恭以存其位者也。」有勞而不自矜伐，有功而不自以爲德，是其德弘厚之至也。言以其功勞而自謙，以下於人也。德言盛，禮言恭。以其德言之，則至盛，以其自處之禮言之，則至恭，此所謂謙也。夫謙也者，謂致恭以存其位者也。存，守也。致其恭巽以守其位，故高而不危，滿而不溢，是以能終吉也。夫君子履謙，乃其常行，非爲保其位而爲之也。而言存其位者，蓋能致恭所以能存其位，言謙之道如此。如言爲善有令名，君子豈爲令名而爲善也哉？亦言其令名者，爲善之故一作效。也。

六四，无不利撝謙。

四居上體，切近君位，六五之君又以謙柔自處，九三又有大功德，爲上所任、衆所宗，而己居其上，當恭畏以奉謙德之君，卑巽以讓勞謙之臣，動作施爲，无所不利於撝謙也。撝，施布之象，如人手之撝也。動息進退，必施其謙，蓋居多懼之地，又在賢臣之上故也。

象曰：无不利撝謙，不違則也。

凡人之謙，有所宜施，不可過其宜也。如六五或用侵伐是也。唯四以處近君之地，據勞臣之上，故凡所動作，靡不利於施謙，如是然後中於法則，故曰不違則也，謂得其宜也。

六五，不富以其鄰，利用侵伐，无不利。

富者衆之所歸，唯財爲能聚人。五以君位之尊，而執謙順以接於下，衆所歸也，故不富而能有其鄰也。鄰，近也。不富而得人之親也，爲人君而持謙順，天下所歸心也。然君道不可專尚謙柔，必須威武相濟，然後能懷服天下，故利用行侵伐也。威德並著，然後盡君道之宜，而无所不利也。蓋五之謙柔，當防於過，故發此義。

象曰：利用侵伐，征不服也。

征其文德謙巽所不能服者也。文德所不能服，而不用威武，何以平治天下？非人君之中道，謙之過也。

上六，鳴謙，利用行師，征邑國。

六以柔處柔，順之極，又處謙之極，極乎謙者也。以極謙而反居高，未得遂其謙之志，故至發於聲音；又柔處謙之極，亦必見於聲色，故曰鳴謙。雖居无位之地，非任天下之事，然人之行己，必須剛柔相濟。上，謙之極也，至於太甚，則反爲過矣。故利在以剛武自治。邑國，己之私有。行師，謂用剛武。征邑國，謂自治其私。

象曰：鳴謙，志未得也，可用行師征邑國也。

謙極而居上，欲謙之志未得，故不勝其切，至於鳴也。雖不當位，謙既過極，宜以剛武自治其私，故云利用行師征邑國也。

䷏坤下震上

豫，序卦：「有大而能謙必豫，故受之以豫。」承二卦之義而爲次也，有既大而能謙，則有豫樂也。豫者，安和悅樂之義。爲卦，震上坤下，順動之象。動而和順，是以豫也。九四爲動之主，上下羣陰所共應也，坤又承之以順，是以動而上下順應，故爲和豫之義。以二象言之，雷出於地上。陽始潛閉於地中，及其動而出地，奮發其聲，通暢和豫，故爲豫也。

豫：利建侯行師。

豫，順而動也。豫之義，所利在於建侯行師。夫建侯樹屏，所以共安天下，諸侯和順則萬民悅服，兵師之興，衆心和悅，則順從而有功，故悅豫之道，利於建侯行師也。又上動而下順，諸侯從王，師衆順令之象。君萬邦，聚大衆，非和悦不能使之服從也。

彖曰：豫，剛應而志行，順以動，豫。

剛應，謂四爲羣陰所應，剛得衆應也。志行，謂陽志上行，動而上下順從，其志得行也。順以動，豫：震動而坤順，爲動而順理，順理而動，又爲動而衆順，所以豫也。

豫順以動，故天地如之，而况建侯行師乎？

以豫順而動，則天地如之而弗違，况建侯行師，豈有不順乎？天地之道，萬物之理，唯至順而已。大人所以先天後天而不違者，亦順乎理而已。

天地以順動，故日月不過而四時不忒；聖人以順動，則刑罰清而民服。

復詳言順動之道。天地之運，以其順動，所以日月之度不過差，四時之行不愆忒；聖人以順動，故經正而民興於善，刑罰清簡而萬民服也。

豫之時義大矣哉！

既言豫順之道矣，然其旨味淵永，言盡而意有餘也，故復贊之云：「豫之時義大矣哉！」欲人研味其理，優柔涵泳而識之也。時義，謂豫之時義。諸卦之時與義用大者，皆贊其大矣哉，豫以下十一卦是也。豫、遯、姤、旅言時義，坎、睽、蹇言時用，頤、大過、解、革言時，各以其大者也。

象曰：雷出地奮，豫，先王以作樂崇德，殷薦之上帝，以配祖考。

雷者，陽氣奮發，陰陽相薄而成聲也。陽始潛閉地中，及其動，則出地奮震也。始閉鬱，及奮發則通暢和豫，故爲豫也。坤順震發，和順積中而發於聲，樂之象也。先王觀雷出地而奮，和暢發於聲之象，作聲樂以褒崇功德，其殷盛至於薦之上帝，推配之以祖考。殷，盛也。禮有殷奠，謂盛也。薦上帝，配祖考，盛之至也。

初六，鳴豫，凶。

初六以陰柔居下，四，豫之主也，而應之，是不中正之小人處豫，而爲上所寵，其志意滿極，不勝其豫，至發於聲音，輕淺如是，必至於凶也。鳴，發於聲也。

象曰：初六鳴豫，志窮凶也。

云初六，謂其以陰柔處下，而志意窮極，不勝其豫，至於鳴也，必驕肆而致凶矣。

六二，介于石，不終日，貞吉。

逸豫之道，放則失正，故豫之諸爻，多不得正，才〔一〕與時合也。唯六二一爻處中正，又无應，爲自守之象。當豫之時，獨能以中正自守，可謂特立之操，是其節介如石之堅也。介于石，其介如石也。人之於豫樂，心悅之，故遲遲遂至於耽戀不能已也。二以中正自守，其介如石，其去之速，不俟終日，故貞

〔一〕覆元本「才」作「不」，義較長。

正而吉也。處豫不可安且久也，久則溺矣。如二，可謂見幾而作者也。夫子因二之見幾，而極言知幾之道，曰：「知幾其神乎！君子上交不諂，下交不瀆，其知幾乎！幾者動之微、吉之先見者也。君子見幾而作，不俟終日。易曰：『介于石，不終日，貞吉。』介如石焉，寧用終日，斷可識矣。君子知微知彰，知柔知剛，萬夫之望。」夫見事之幾微者，其神妙矣乎！君子上交不至於諂，下交不至於瀆者，蓋知幾也。不知幾，則至於過而不已。交於上以恭巽，故過則爲諂；交於下以和易，故過則爲瀆。君子見於幾微，故不至於過也。所謂幾者，始動之微也，吉凶之端可先見而未著者也。獨言吉者，見之於先，豈復至有凶也？君子明哲，見事之幾微，故能其介如石，其守既堅，則不惑而明，見幾而動，豈俟終日也？斷，別也。其判別可見矣。微與彰，柔與剛，相對者也。君子見微則知彰矣，見柔則知剛矣，知幾如是，衆所仰也，故贊之曰「萬夫之望」。

象曰：不終日貞吉，以中正也。

能不終日而貞且吉者，以有中正之德也。中正故其守堅，而能辨之早，去之速。爻言六二處豫之道，爲教之意深矣。

六三，盱豫，悔，遲有悔。

六三陰而居陽，不中不正之人也。以不中正而處豫，動皆有悔。盱，上視也。上瞻望於四，則以不中正不爲四所取，故有悔也。四，豫之主，與之切近，苟遲遲而不前，則見棄絶，亦有悔也。蓋處身不正，進退皆有悔吝。當如之何？在正身而已。君子處己有道，以禮制心，雖處豫時，不失中正，故无悔也。

象曰：盱豫有悔，位不當也。

自處不當，失中正也，是以進退有悔。

九四，由豫，大有得，勿疑，朋盍簪。

豫之所以爲豫者，由九四也，爲動之主，動而衆陰悦順，爲豫之義。四，大臣之位，六五之君順從之，以陽剛而任上之事，豫之所由也，故云由豫。大有得，言得大行其志，以致天下之豫也。勿疑，朋盍簪：四居大臣之位，承柔弱之君，而當天下之任，危疑之地也，獨當上之倚任，而下无同德之助，所以疑也：唯當盡其至誠，勿有疑慮，則朋類自當盍〔二〕聚。夫欲上下之信，唯至誠而已。苟盡其至誠，則何患乎其〔三〕无助也？簪，聚也。簪之名簪，取聚髪也。或曰：卦唯一陽，安得同德之助？曰：居上位而至誠求助，理必得之。姤之九五曰有隕自天是也。四以陽剛，迫近君位，而專主乎豫，聖人宜爲之戒，而不然者，豫和順之道也，由和順之道，不失爲臣之正也。如此而專主於豫，乃是任天下之

〔二〕覆元本「盍」作「合」。
〔三〕覆元本「乎其」下小注：「一無乎字，一無其字。」

事而致時於豫者也，故唯戒以至誠勿疑。

象曰：由豫，大有得，志大行也。

由己而致天下於樂豫，故爲大有得，謂其志得大行也。

六五，貞疾，恒不死。

六五以陰柔居君位，當豫之時，沈溺於豫，不能自立者也。權之所主，衆之所歸，皆在於四。四之陽剛得衆，非耽惑柔弱之君所能制也，乃柔弱不能自立之君，受制於專權之臣也，居得君位貞也，受制於下有疾苦也。六居尊位，權雖失而位未亡也，故云「貞疾，恒不死」，言貞而有疾，常疾而不死，如漢、魏末世之君也。人君致危亡之道非一，而以豫爲多。在四不言失正，而於五乃見其强逼者，四本无失，故於四言大臣任天下之事之義，於五則言柔弱居尊，不能自立，威權去己之義，各據爻以取義，故不同也。若五不失君道，而四主於豫，乃是任得其人，安享其功，如太甲、成王也。蒙亦以陰居尊位，二以陽爲蒙之主，然彼吉而此疾者，時不同也。童蒙而資之於人，宜也；耽豫而失之於人，危亡之道也。故蒙相應，則倚任者也；豫相逼，則失權者也。又上下之心專歸於四也。

象曰：六五貞疾，乘剛也；恒不死，中未亡也。

貞而疾，由乘剛爲剛所逼也。恒不死，中之尊位未亡也。

上六，冥豫成，有渝无咎。

上六陰柔，非有中正之德，以陰居上，不正也。而當豫極之時，以君子居斯時，亦當戒懼，況陰柔乎？乃耽肆於豫，昏迷不知反者也。在豫之終，故爲昏冥已成也。若能有渝變，則可以无咎矣。在豫之終，有變之義。人之失，苟能自變，皆可以无咎，故冥豫雖已成，能變則善也。聖人發此義，所以勸遷善也，故更不言冥之凶，專言渝之无咎。

象曰：冥豫在上，何可長也？

昏冥於豫，至於終極，災咎行及矣。其可長然乎？當速渝也。

☱☳震下兌上

隨，序卦：「豫必有隨，故受之以隨。」夫悦豫之道，物所隨也，隨所以次豫也。爲卦，兑上震下，兑爲説，震爲動，説而動，動而説，皆隨之義。女，隨人者也，以少女從長男，隨之義也。又震爲雷，兑爲澤，雷震於澤中，澤隨而動，隨之象也。又以卦變言之，乾之上來居坤之下，坤之初往居乾之上，陽來下於陰也；以陽下陰，陰必説隨，爲隨之義。凡成卦，既取二體之義，又有取爻義者，復有更取卦變之義者，如隨之取義，尤爲詳備。

隨：元，亨，利，貞，无咎。

隨之道，可以致大亨也。君子之道，爲衆所隨，與己隨於人，及臨事擇所隨，皆隨也。隨得其道，則可以致大亨也。凡人君之從善，臣下之奉命，學者之徙義，臨事而從長，皆隨也。隨之道，利在於貞正，隨得其正，然後能大亨而无咎。失其正則有咎矣，豈能亨乎？

彖曰：隨，剛來而下柔，動而説，隨。

大亨貞，无咎，而天下隨時。

卦所以爲隨，以剛來而下柔，動而説也，謂乾之上九來居坤之下，坤之初六往居乾之上，以陽剛來下於陰柔，是以上下下，以貴下賤，能如是，物之所説隨也。又下動而上説，動而可説也，所以隨也。如是則可大亨而得正，能大亨而得正，則爲无咎。不能亨，不得正，則非可隨之道，豈能使天下隨之乎？天下所隨者時也，故云「天下隨時」。

隨時之義大矣哉！

君子之道，隨時而動，從宜適變，不可爲典要，非造道之深，知幾能權者，不能與於此也。故贊之曰：「隨時之義大矣哉！」凡贊之者，欲人知其義之大，玩而識之也。此贊隨時之義大，與豫等諸卦不同，諸卦時與義是兩事。

象曰：澤中有雷，隨，君子以嚮晦入宴息。

雷震於澤中，澤隨震而動，爲隨之象。君子觀象，以隨時而動。隨時之宜，萬事皆然，取其最明且近者言之。君子以嚮晦入宴息：君子晝則自强不息，及嚮昏晦，則入居於内，宴息以安其身，起居隨時，適其宜也。禮：君子晝不居内，夜不居外，隨時之道也。

初九，官有渝，貞吉，出門交有功。

九居隨時而震體且動之主，有所隨者也。官，主守也。既有所隨，是其所主守有變易也，故曰「官有渝，貞吉」，所隨得正則吉也。有渝而不得正，乃過動也。出門交有功：人心所從，多所親愛者也。常人之情，愛之則見其是，惡之則見其非，故妻孥之言雖失而多從，所憎之言雖善爲惡也。苟以親愛而隨之，則是私情所與，豈合正理，故出門而交則有功也。出門謂非私暱，交不以私，故其隨當而有功。

象曰：官有渝，從正吉也。

既有隨而變，必所從得正則吉也。所從不正，則有悔吝。

出門交有功，不失也。

出門而交，非牽於私，其交必正矣，正則无失而有功。

六二，係小子，失丈夫。

二應五而比初，隨先於近柔，不能固守，故爲之戒云：若係小子，則失丈夫也。初陽在下，小子也；五正應在上，丈夫也。二若志係於初，則失九五之正應，是失丈夫也。係小子而失丈夫，舍正應而從不正，其咎大矣。二有中正之德，非必至如是也，在隨之時，當爲之戒也。

象曰：係小子，弗兼與也。

人之所隨，得正則遠邪，從非則失是，无兩從之理。二苟係初，則失五矣，弗能兼與也。所以戒人從正當專一也。

六三，係丈夫，失小子，隨有求得，利居貞。

丈夫九四也，小子初也。陽之在上者丈夫也，居下者小子也。三雖與初同體，而切近於四，故係於四也。大抵陰柔不能自立，常親係於所近者。上係於四，故下失於初，舍初從上，得隨之宜也，上隨則善也。如昏之隨明，事之從善，上隨也。背是從非，舍明逐暗，下隨也。四亦无應，无隨之者也，近得三之隨，必與之親善。故三之隨四，有求必得也。人之隨於上，而上與之，是得所求也。又凡所求者可得也。雖然，固不可非理枉道以隨於上，苟取愛説以遂所求。如此，乃小人邪諂趨利之爲也，故云利居貞。自處於正，則所謂有求而必〔一〕得者，乃正事君子之隨也。

象曰：係丈夫，志舍下也。

既隨於上，則是其志舍下而不從也。舍下而從上，舍卑而從高也，於隨爲善矣。

九四，隨有獲，貞凶。有孚，在道，以明，何咎？

九四以陽剛之才，處臣位之極，若於隨有獲，則雖正亦凶。有獲，謂得天下之心隨於己。爲臣之道，當使恩威一出於上，衆心皆隨於君。若人心從己，危疑之道也，故凶。居此地者奈何？唯孚誠積於中，

〔一〕覆元本「必」下小注：「一無必字。」

動爲合於道，以明哲處之，則又何咎？古之人有行之者，伊尹、周公、孔明是也，皆德及於民，而民隨之。其得民之隨，所以成其君之功，致其國之安，其至誠存乎中，是有孚也；其所施爲无不中道，在道也；唯其明哲，故能如是以明也，復何過咎之有？是以下信而上不疑，位極而无逼上之嫌，勢重而无專强〔一〕之過。非聖人大賢，則不能也。其次如唐之郭子儀，威震主而主不疑，亦由中有誠孚而處无甚失也，非明哲能如是乎？

象曰：隨有獲，其義凶也。有孚在道，明功也。

居近君之位而有獲，其義固凶。能有孚而在道，則无咎，蓋明哲之功也。

九五，孚于嘉，吉。

九五居尊得正而中實，是其中誠在於隨善，其吉可知。嘉，善也。自人君至於庶人，隨道之吉，唯在隨善而已。下應二之正中，爲隨善之義。

象曰：孚于嘉吉，位正中也。

處正中之位，由正中之道，孚誠所隨者正中也，所謂嘉也，其吉可知。所孚之嘉，謂六二也。隨以得中爲善，隨之所防者過也，蓋心所説隨，則不知其過矣。

〔一〕覆元本「强」下小注：「一作權。」

上六，拘係之，乃從維之，王用亨于西山。

上六以柔順而居隨之極，極乎隨者也。拘係之：謂隨之極，如拘持縻係之。乃從維之：又從而維繫之也，謂隨之固結如此。王用亨于西山：隨之極如是。昔者太王用此道，亨王業于西山。太王避狄之難，去豳來岐，豳人老稚扶攜以隨之如歸市，蓋其人心之隨，固結如此，用此故能亨盛其王業於西山。西山，岐山也。周之王業，蓋興於此。上居隨極，固爲太過，然在得民〔一〕之隨，與隨善之固，如此乃爲善也，施於他則過矣。

象曰：拘係之，上窮也。

隨之固如拘係維持，隨道之窮極也。

䷑巽下艮上

蠱，序卦：「以喜隨人者必有事，故受之以蠱。」承二卦之義以爲次也。夫喜悦以隨於人者，必有事也。无事，則何喜，何隨？蠱所以次隨也。蠱，事也。蠱非訓事，蠱乃有事也。爲卦，山下有風，風在山下，遇山而回則物亂，是爲蠱象。蠱之義，壞亂也。在文爲蟲皿，皿之有蟲，蠱壞之義。左氏傳云：「風落山，女惑男。」以長女下於少男，亂其情也。風遇山而回，物皆撓亂，是爲有事之象，故云蠱者事

〔一〕覆元本「民」下小注：「一有心字。」

也。既蠱而治之，亦事也。以卦之象言之，所以成蠱也；以卦之才言之，所以治蠱也。

蠱：元，亨，利涉大川。

既蠱則有復治之理。自古治必因亂，亂則開治，理自然也。如卦之才以治蠱，則能致元亨也。蠱之大者，濟時之艱難險阻也，故曰利涉大川。

先甲三日，後甲三日。

甲，數之首，事之始也，如辰之甲乙。甲第，甲令，皆謂首也，事之端也。治蠱之道，當思慮其先後三日，蓋推原先後，爲救弊可久之道。先甲謂先於此，究其所以然也。後甲謂後於此，慮其將然也。一日二日至於三日，言慮之深，推之遠也。究其所以然，則知救之之道；慮其將然，則知備之之方。善救則前弊可革，善備則後利可久，此古之聖王所以新天下而垂後世也。後之治蠱者，不明聖人先甲後甲之誡，慮淺而事近，故勞於救世而亂不革，功未及成而弊已生矣。甲者事之首，庚者變更之首。制作政教之類，則云甲，舉其首也。發號施令之事，則云庚，庚猶更也，有所更變也。

彖曰：蠱，剛上而柔下，巽而止，蠱。

以卦變及二體之義而言。剛上而柔下，謂乾之初九上而爲上九，坤之上六下而爲初六也。陽剛，尊而在上者也，今往居於上；陰柔，卑而在下者也，今來居於下。男雖少而居上，女雖長而在下，尊卑得正，上下順理，治蠱之道也。由剛之上、柔之下，變而爲艮巽。艮，止也。巽，順也。下巽而上止，止於巽順也。以巽順之道治蠱，是以元亨也。

蠱元亨而天下治也。

治蠱之道，如卦之才，則元亨而天下治矣。夫治亂者，苟能使尊卑上下之義正，在下者巽順，在上者能止齊安定之，事皆止於順，則何蠱之不治也？其道大善而亨也，如此則天下治矣。

利涉大川，往有事也。

方天下壞亂之際，宜涉艱險以往而濟之，是往有所事也。

先甲三日，後甲三日，終則有始，天行也。

夫有始則必有終，既終則必有始，天之道也。聖人知終始之道，故能原始而究其所以然，要終而備其將然，先甲後甲而爲之慮，所以能治蠱而致元亨也。

象曰：山下有風，蠱，君子以振民育德。

山下有風，風遇山而回，則物皆散亂，故爲有事之象。君子觀有事之象，以振濟於民，養育其德也。在己則養德，於天下則濟民，君子之所事，无大於此二者。

初六，幹父之蠱，有子，考无咎，厲終吉。

初六雖居最下，成卦由之，有主之義。居内在下而爲主，子幹父蠱也。子幹父蠱之道，能堪其事則爲有子，而其考得无咎。不然，則爲父之累，故必惕厲，則得終吉也。處卑而尸尊事，自當兢畏。以六之才，雖能巽順，體乃陰柔，在下无應而主幹，非有能濟之義。若以不克幹而言，則其義甚小，故專言爲子幹蠱之道，必克濟則不累其父，能厲則可以終吉，乃備見爲子幹蠱之大法也。

象曰：幹父之蠱，意承考也。

子幹父蠱之道，意在承當於父之事也，故祇敬其事，以置父於无咎之地，常懷惕厲，則終得其吉也。盡誠於父事，吉之道也。

九二，幹母之蠱，不可貞。

九二陽〔二〕剛，爲六五所應，是以陽剛之才在下，而幹夫在上，陰柔之事也，故取子幹母蠱爲義。以剛陽之臣，輔柔弱之君，義亦相近。二巽體而處柔，順義爲多，幹母之蠱之道也。夫子之於母，當以柔巽輔導之，使得於義。不〔三〕順而致敗蠱，則子之罪也。從容將順，豈无道乎？以婦人言之，則陰柔可知。若伸己剛陽之道，遽然矯拂則傷恩，所害大矣，亦安能入乎？在乎屈己下意，巽順將承，使之身正事治而已，故曰不可貞。謂不可貞固，盡其剛直之道，如是乃中道也，又安能使之爲甚高之事乎？若於柔弱之君，盡誠竭忠，致之於中道則可矣，又安能使之大有爲乎？且以周公之聖輔成王，成王非

〔二〕覆元本「陽」上有「以」字。
〔三〕覆元本「不」上小注：「一有母字。」義較長。

甚柔弱也，然能使之爲成王而已，守成不失道則可矣，固不能使之爲羲、黄、堯、舜之事也。二巽體而得中，是能巽順而得中道，合不可貞之義，得幹母蠱之道也。

象曰：幹母之蠱，得中道也。

二得中道而不過剛，幹母蠱之善者也。

九三，幹父之蠱，小有悔，无大咎。

三以剛陽之才，居下之上，主幹者也，子幹父之蠱也。以陽處剛而不中，剛之過也。然而在巽體，雖剛過而不爲无順。順，事親之本也。又居得正，故无大過。以剛陽之才，克幹其事，雖以剛過，而有小小之悔，終无大過咎也。然有小悔，已非善事親也。

象曰：幹父之蠱，終无咎也。

以三之才，幹父之蠱，雖小有悔，終无大咎也。蓋剛斷能幹，不失正而有順，所以終无咎也。

六四，裕父之蠱，往見吝。

四以陰居陰，柔順之才也，所處得正，故爲寬裕以處其父事者也。夫柔順之才而處正，僅能循常自守而已。若往幹過常之事，則不勝而見吝也。以陰柔而无應助，往安能濟？

象曰：裕父之蠱，往未得也。

以四之才，守常居寬裕之時則可矣，欲有所往，則未得也。加其所任〔一〕，一作往。則不勝矣。

六五，幹父之蠱，用譽。

五居尊位，以陰柔之質，當人君之幹，而下應於九二，是能任剛陽之臣也。雖能下應剛陽之賢而倚任之，然己實陰柔，故不能爲創始開基之事，承其舊業則可矣，故爲幹父之蠱。夫創業垂統之事，非剛明之才則不能。繼世之君，雖柔弱之資，苟能〔二〕任剛賢，則可以爲善繼而成令譽也。太甲、成王，皆以臣而用譽者也。

象曰：幹父用譽，承以德也。

幹父之蠱，而用有令譽者，以其在下之賢承輔之以剛中之德也。

上九，不事王侯，高尚其事。

上九居蠱之終，无繫應於下，處事之外，无所事之地也。以剛明之才，无應援而處无事之地，是賢人君子不偶於時，而高潔自守，不累於世務者也，故云不事王侯，高尚其事。古之人有行之者，伊尹、太公望之始，曾子、子思之徒是也。不屈道以徇時，既不得施設於天下，則自善其身，尊高敦尚其事，守其

〔一〕徐本此句作「如有所往」，義較長。

〔二〕覆元本「能」下小注：「一有信字。」

志節而已。士之自高尚，亦非一道：有懷抱道德，不偶於時，而高潔自守者；有知止足之道，退而自保者；有量能度分，安於不求知者；有清介自守，不屑天下之事，獨潔其身者。所處雖有得失小大之殊，皆自高尚其事者也。象所謂志可則者，進退合道者也。

象曰：不事王侯，志可則也。

如上九之處事外，不累於世務，不臣事於王侯，蓋進退以道，用舍隨時，非賢者能之乎？其所存之志，可爲法則也。

䷒ 兑下坤上

臨，序卦：「有事而後可大，故受之以臨。」「臨者大也」，「蠱者事也」，有事則可大矣，故受之以臨也。韓康伯云：「可大之業，由事而生。」二陽方長而盛大，故爲臨也。爲卦，澤上有地。澤上之地，岸也，與水相際，臨近乎水，故爲臨。天下之物，密近相臨者，莫若地與水，故地上有水則爲比，澤上有地則爲臨也。臨者，臨民、臨事，凡所臨皆是。在卦，取自上臨下，臨民之義。

臨：元，亨，利，貞。

以卦才言也。臨之道，如卦之才，則大亨而正也。

至于八月，有凶。

二陽方長於下，陽道嚮盛之時，聖人豫爲之戒曰：陽雖方長，至於八月，則其道消矣，是有凶也。大率聖人爲戒，必於方盛之時。方盛而慮衰，則可以防其滿極，而圖其永久。若既衰而後戒，亦无及矣。自古天下安治，未有久而不亂者，蓋不能戒於盛也。方其盛而不知戒，故狃安富則驕侈生，樂舒肆則綱紀壞，忘禍亂則釁孽萌，是以浸淫不知亂之至也。

彖曰：臨，剛浸而長，

說而順，剛中而應，

大亨以正，天之道也。

浸，漸也。二陽長於下而漸進也。下兑上坤，和說而順也。剛得中道而有應助，是以能大亨而得正，合天之道。剛正而和順，天之道也。化育之功所以不息者，剛正和順而已。以此臨人，臨事，臨天下，莫不大亨而得正也。兑爲説，説乃和也。夬彖云：決而和。

至于八月有凶，消不久也。

臨，二陽生，陽方漸盛之時，故聖人爲之戒云：陽雖方長，然至于八月，則消而凶矣。八月，謂陽生之八月。陽始生於復，自復至遯凡八月，自建子至建未也，二陰長而陽消矣，故云消不久也。在陰陽之氣言之，則消長如循環，不可易也。以人事言之，則陽爲君子，陰爲小人，方君子道長之時，聖人爲之誡，使知極則有凶之理而虞備之，常不至於滿極，則无凶也。

象曰：澤上有地，臨，君子以教思无窮，容保民无疆。

澤之上有地。澤，岸也，水之際也。物之相臨與含容，无若水之在地，故澤上有地爲臨也。君子觀親臨之象，則教思无窮，親臨於民，則有教導之意思也。无窮，至誠无斁也。觀含容之象，則有容保民之心。无疆，廣大无疆限也。含容有廣大之意，故爲无窮无疆之義。

初九，咸臨，貞吉。

咸，感也。陽長之時，感動於陰。四應於初，感之者也，比他卦相應尤重。四，近君之位。初得正位，與四感應，是以正道爲當位所信任，得行其志，獲乎上而得行其正道，是以吉也。他卦初、上爻不言得位失位，蓋初終之義爲重也。臨則以初得位居正爲重。凡言貞吉，有既正且吉者，有得正則吉者，有貞固守之則吉者，各隨其事一作時。也。

象曰：咸臨貞吉，志行正也。

所謂貞吉，九之志在於行正也。以九居陽，又應四之正，其志正也。

九二，咸臨吉，无不利。

二方陽長而漸盛，感動於六五中順之君，其交之親，故見信任，得行其志，所臨吉而无不利也。吉者已然，如是故吉也。无不利者將然，於所施爲，无所不利也。

象曰：咸臨吉无不利，未順命也。

未者，非遽之辭。孟子：或問勸齊伐燕有諸？曰：「未也。」又云：「仲子所食之粟，伯夷之所樹與？抑亦盜跖之所樹與？是未可知也。」史記侯嬴曰：「人固未易知。」古人用字之意皆如此，今人大率用對「已」字，故意似異，然實不殊也。九二與五感應以臨下，蓋以剛德之長，而又得中，至誠相感，非由順上之命也，是以吉而无不利。五順體而二説體，又陰陽相應，故象特明其非由説順也。

六三，甘臨，无攸利，既憂之，无咎。

三居下之上，臨人者也。陰柔而説體，又處不中正，以甘説臨人者也。在上而以甘説臨下，失德之甚，无所利也。兑性既説，又乘二陽之上，陽方長而上進，故不安而益甘，既知危懼而憂之，若能持謙守正，至誠以自處，則无咎也。邪説由己，能憂而改之，復何咎乎？

象曰：甘臨，位不當也。既憂之，咎不長也。

陰柔之人，處不中正，而居下之上，復乘二陽，是處不當位也。既能知懼而憂之，則必强勉自改，故其過咎不長也。

六四，至臨，无咎。

四居上之下，與下體相比，是切臨於下，臨之至也。臨道尚近，故以比爲至。四居正位，而下應於剛陽之初，處近君之位，守正而任賢，以親臨於下，是以无咎，所處當也。

象曰：至臨无咎，位當也。

居近君之位，爲得其任；以陰處四，爲得其正；與初相應，爲下賢，所以无咎，蓋由位之當也。

六五，知臨，大君之宜，吉。

五以柔中順體，居尊位，而下應於二剛中之臣，是能倚任於二，不勞而治，以知臨下者也。夫以一人之身，臨乎天下之廣，若區區自任，豈能周於萬事？故自任其知者，適足爲不知。惟能取天下之善，任天下之聰明，則无所不周。是不自任其知，則其知大矣。五順應於九二剛中之賢，任之以臨下，乃己以明知臨天下，大君之所宜也，其吉可知。

象曰：大君之宜，行中之謂也。

君臣道合，蓋以氣類相求。五有中德，故能倚任剛中之賢，得大君之宜，成知臨之功，蓋由行其中德也。人君之於賢才，非道同德合，豈能用也？

上六，敦臨，吉，无咎。

上六，坤之極，順之至也，而居臨之終，敦厚於臨也。與初二雖非正應，然大率陰求於陽，又其至順，故志在從乎二陽，尊而應卑，高而從下，尊賢取善，敦厚之至也，故曰敦臨，所以吉而无咎。陰柔在上，非能臨者，宜有咎也。以其敦厚於順剛，是以吉而无咎。六居臨之終，而不取極義，臨无過極，故止爲厚義。上，无位之地，止以在上言。

象曰：敦臨之吉，志在内也。

志在内，應乎初與二也。志順剛陽而敦篤，其吉可知也。

䷓坤下巽上

觀，序卦：「臨者大也，物大然後可觀，故受之以觀。」觀所以次臨也。凡觀視於物則爲觀〔一〕，爲觀於下則爲觀〔二〕。如樓觀謂之觀者，爲觀於下也。人君上觀天道，下觀民俗，則爲觀；修德行政，爲民瞻仰，則爲觀。風行地上，徧觸萬類，周觀之象也。二陽在上，四陰在下，陽剛居尊，爲羣下所觀，仰觀之義也。在諸爻，則惟取觀見，隨時爲義也。

觀：盥而不薦，有孚顒若。

予聞之胡翼之先生曰：「君子居上，爲天下之表儀，必極其莊敬，則下觀仰而化也。故爲天下之觀，當如宗廟之祭，始盥之時，不可如既薦之後，則下民盡其至誠，顒然瞻仰之矣。」盥，謂祭祀之始，盥手酌鬱鬯於地，求神之時也。薦，謂獻腥獻熟之時也。盥者事之始，人心方盡其精誠，嚴肅之至也。至既薦之後，禮數繁縟，則人心散，而精一不若始盥之時矣。居上者，正其表儀，以爲下民之觀，當一作常。莊嚴如始盥之初，勿使誠意少散，如既薦之後，則天下之人莫不盡其孚誠，顒然瞻仰之矣。顒，仰望也。

〔一〕覆元本「觀」下小注：「平聲。」
〔二〕覆元本「觀」下小注：「去聲。」

彖曰：大觀在上，順而巽，中正以觀天下。

五居尊位，以剛陽中正之德，爲下所觀，其德甚大，故曰大觀在上。下坤而上巽，是能順而巽也。五居中正，以巽順中正之德爲觀於天下也。

觀盥而不薦，有孚顒若，下觀而化也。

爲觀之道，嚴敬如始盥之時，則下民至誠瞻仰而從化也。不薦，謂不使誠意少散也。

觀天之神道而四時不忒，聖人以神道設教而天下服矣。

天道至神，故曰神道。觀天之運行，四時无有差忒，則見其神妙。聖人見天道之神，體神道以設教，故天下莫不服也。夫天道至神，故運行四時，化育萬物，无有差忒。至神之道，莫可名言，惟聖人默契，體其妙用，設爲政教，故天下之人涵泳其德而不知其功，鼓舞其化而莫測其用，自然仰觀而戴服，故曰：「以神道設教而天下服矣。」

象曰：風行地上，觀，先王以省方觀民設教。

風行地上，周及庶物，爲由歷周覽之象，故先王體之爲省方之禮，以觀民俗而設政教也。天子巡省四方，觀視民俗，設爲政教，如奢則約之以儉，儉則示之以禮是也。省方，觀民也。設教，爲民觀也。

初六，童觀，小人无咎，君子吝。

六以陰柔之質，居遠於陽，是以觀見者淺近，如童稚然，故曰童觀。陽剛中正在上，聖賢之君也，近之則見其道德之盛，所觀深遠。初乃遠之，所見不明，如童蒙之觀也。小人，下民也，所見昏淺，不能識君子之道，乃常分也，不足謂之過咎，若君子而如是，則可鄙吝也。

象曰：初六童觀，小人道也。

所觀不明，如童稚，乃小人之分，故曰小人道也。

六二，闚觀，利女貞。

二應於五，觀於五也。五，剛陽中正之道，非二陰暗柔弱所能觀見也，故但如闚覘之觀耳。闚覘之觀，雖少見而不能甚一作盡。明也。二既不能明見剛陽中正之道，則利如女子之貞。雖見之不能甚明，而能順從者，女子之道也，在女子爲貞也。二既不能明見九五之道，能如女子之順從，則不失中正，乃爲利也。

象曰：闚觀女貞，亦可醜也。

君子不能觀見剛陽中正之大道，而僅一有能字。闚覘其彷彿，雖能順從，乃同女子之貞，亦可羞醜也。

六三，觀我生，進退。

三居非其位，處順之極，能順時以進退者也。若居當其位，則无進退之義也。觀我生：我之所生，謂動作施爲出於己者，觀其所生而隨宜進退，所以處雖非正，而未至失道也。隨時進退，求不失道，故无悔咎，一作吝。以能順也。

象曰：觀我生，進退，未失道也。

觀己之生，而進退以順乎宜，故未至於失道也。

六四，觀國之光，利用賓于王。

觀莫明於近。五以剛陽中正，居尊位，聖賢之君也；四切近之，觀見其道，故云觀國之光，觀見國之盛德光輝也。不指君之身而云國者，在人君而言，豈止觀其行一身乎？當觀天下之政化，則人君之道德可見矣。四雖陰柔，而巽體居正，切近於五，觀見而能順從者也。利用賓于王：夫聖明在上，則懷抱才德之人，皆願進于朝廷，輔戴之以康濟天下。四既觀見人君之德，國家之治，光華盛美，所宜賓于王朝，效其智力，上輔於君，以施澤天下，故云利用賓于王也。古者有賢德之人，則人君賓禮之，故士之仕進於王朝，則謂之賓。

象曰：觀國之光，尚賓也。

君子懷負才業，志在乎兼善天下，然有卷懷自守者，蓋時无明君，莫能用其道，不得已也，豈君子之志哉？故孟子曰：「中天下而立，定四海之民，君子樂之。」既觀見國之盛德光華，古人所謂非常之遇也，一無也字。所以志願登進王朝，以行其道，故云「觀國之光，尚賓也」。尚謂志尚，其志意願慕賓于王朝也。

九五，觀我生，君子无咎。

九五居人君之位，時之治亂，俗之美惡，繫乎己而已。觀己之生，若天下之俗皆君子矣，則是己之所爲政化善也，乃无咎矣；若天下之俗未合君子之道，則是己之所爲政治未善，不一作未能免於咎也。

象曰：觀我生，觀民也。

我生，出於己者。人君欲觀己之施爲善否，當觀於民，民俗善則政化善也。王弼云觀民以察己之道，是也。

上九，觀其生，君子无咎。

上九以陽剛之德處於上，爲下之所觀，而不當位，是賢人君子不在於位，而道德爲天下所觀仰者也。觀其生，觀其所生也，謂出於己者，德業行義也，既爲天下所觀仰，故自觀其所生，若皆君子矣，則无過咎也；苟未君子，則何以使人觀仰矜式，是其咎也。

象曰：觀其生，志未平也。

雖不在位，然以人觀其德，用爲儀法，故當自慎省，觀其所生，常不失於君子，則人不失所望而化之矣；不可以不在於位故，安然放意无所事也。是其志意未得安也，故云志未平也。平謂安寧也。

☲☳ 震下離上

噬嗑，序卦：「可觀而後有所合，故受之以噬嗑。嗑者，合也。」既有可觀，然後有來合之者也，噬嗑所以次觀也。噬，齧也。嗑，合也。口中有物間之，齧而後合之也。卦：上下二剛爻而中柔，外剛中虛，人頤口之象也；　中虛之中，又一剛爻，爲頤中有物之象。口中有物，則隔其上下，不得嗑，必齧之，則得嗑，故爲噬嗑。　聖人以卦之象，推之於天下之事，在口則爲有物隔而不得合，在天下則爲有强梗或讒邪間隔於其間，故天下之事不得合也，當用刑罰，小則懲戒，大則誅戮以除去之，然後天下之治得成矣。凡天下至於一國一家，至於萬事，所以不和合者，皆由有間也，无間則合矣。以至天地之生，萬物之成，皆合而後能遂，凡未合者皆有間也。若君臣父子親戚朋友之間，有離貳怨隙者，蓋讒邪間於其間也，除去之則和合矣。故間隔者，天下之大害也。聖人觀噬嗑之象，推之於天下萬事，皆使去其間隔而合之，則无不和且治一作洽。矣。噬嗑者，治天下之大用也。去天下之間，在任刑罰，故卦取用刑爲義。在二體，明照而威震，乃用刑之象也。

噬嗑：　亨，利用獄。

噬嗑，亨：　卦自有亨義也。天下之事所以不得亨者，以有間也，噬而嗑之，則亨通矣。　利用獄：　噬而嗑之之道，宜用刑獄也。天下之間，非刑獄何以〔一〕去之？　不云利用刑，而云利用獄者，卦有明照之象，利於察獄也。獄者所以究察情僞，得其情則知爲間之道，然後可以設防與致刑也。

象曰：　頤中有物曰噬嗑，

〔一〕覆元本「何以」下小注：「一作不可以。」

噬嗑而亨。

頤中有物，故爲噬嗑。有物閒於頤中則爲害，噬而嗑之，則其害亡，乃亨通也，故云「噬嗑而亨」。

剛柔分動而明，雷電合而章。

以卦才言也。剛爻與柔爻相閒，剛柔分而不相雜，爲明辨之象。明辨，察獄之本也。動而明，下震上離，其動而明也。雷電合而章，雷震而電耀，相須並見，合而章也。照與威並行，用獄之道也。能照則无所隱情，有威則莫敢不畏。上既以二象言其動而明，故復言威照並用之意。

柔得中而上行，雖不當位，利用獄也。

六五以柔居中，爲用柔得中之義。上行，謂居尊位。雖不當位，謂以柔居五爲不當。而利於用獄者，治獄之道，全剛則傷於嚴暴，過柔則失於寬縱，五爲用獄之主，以柔處剛而得中，得用獄之宜也。以柔居剛爲利用獄，以剛居柔爲利否？曰：剛柔質也，居用也，用柔非治獄之宜也。

象曰：雷電，噬嗑，先王以明罰勑法。

象无倒置者，疑此文互也。雷電，相須並見之物，亦有嗑象，電明而雷威。先王觀雷電之象，法其明與威，以明其刑罰，飭其法令。法者，明事理而爲之防者也。

初九，屨校滅趾，无咎。

九居初，最下无位者也，下民之象，爲受刑之人，當用刑之始，罪小而刑輕。校，木械也，其過小，故屨之於足，以滅傷其趾。人有小過，校而滅其趾，則當懲懼，不敢進於惡矣，故得无咎。繫辭云：「小懲而大誡，此小人之福也。」言懲之於小與初，故得无咎也。初與上无位，爲受刑之人，餘四爻皆爲用刑之人。初居最下，无位者也。上處尊位之上，過於尊位，亦无位者也。王弼以爲无陰陽之位，陰陽係於奇偶，豈容无也？然諸卦初上不言當位不當位者，蓋初終之義爲大。臨之初九，則以位爲正。若需上六云不當位，乾上九云无位，爵位之位，非陰陽之位也。

象曰：屨校滅趾，不行也。

屨校而滅傷其趾，則知懲誡而不敢長其惡，故云不行也。古人制刑，有小罪，則校其趾，蓋取禁止其行，使不進於惡也。

六二，噬膚滅鼻，无咎。

二，應五之位，用刑者也。四爻皆取噬爲義，二居中得正，是用刑得其中正也。用刑得其中正，則罪惡者易服，故取噬膚爲象。噬齧人之肌膚，爲易入也。滅，没也，深入至没其鼻也。二以中正之道，其刑易服，然乘初剛，是用刑於剛强之人。刑剛强之人，必須深痛，故至滅鼻而无咎也。中正之道，易以服人，與嚴刑以待剛强，義不相妨。

象曰：噬膚滅鼻，乘剛也。

深至滅鼻者，乘剛故也。乘剛乃用刑於剛强之人，不得不深嚴也。深嚴則得宜，乃所謂中也。

六三，噬腊肉，遇毒，小吝，无咎。

三居下之上，用刑者也。六居三，處不當位，自處不得其當，而刑於人，則人不服而怨懟悖犯之，如噬齧乾腊堅韌之物，而遇毒惡之味，反傷於口也。用刑而人不服，反致怨傷，是可鄙吝也。然當噬嗑之時，大要噬閒而嗑之，雖其身處位不當，而强梗難服，至於遇毒，然用刑非爲不當也，故雖可吝，而亦小噬而嗑之，非有咎也。

象曰：遇毒，位不當也。

六三一無三字。以陰居陽，處位不當，自處不當，故所刑者難服而反毒之也。

九四，噬乾胏，得金矢，利艱貞，吉。

九四居近君之位，當噬嗑之任者也。四已過中，是其閒愈大而用刑愈深也，故云噬乾胏。胏，肉之有聯一無聯字。骨者。乾肉而兼骨，至堅難噬者也。噬至堅而得金矢，金取剛，矢取直。九四陽德剛直，爲得剛直之道，雖用剛直之道，利在克艱其事而貞固其守，則吉也。九四剛而明體，陽而居柔。剛明則傷於果，故戒以知難；居柔則守不固，故戒以堅貞。剛而不貞者有矣，凡失剛者皆不貞也。在噬嗑，四最爲善。

象曰：利艱貞吉，未光也。

凡言未光，其道未光大也。戒於〔一〕利艱貞，蓋其所不足也，不得中正故也。

六五，噬乾肉，得黄金，貞厲无咎。

五在卦愈上，而爲噬乾肉，反易於四之乾胏者，五居尊位，乘在上之勢，以刑於下，其勢易也。在卦將極矣，其爲閒甚大，非易嗑也，故爲噬乾肉也。得黄金：黄中色，金剛物。五居中爲得中道，處剛而四輔以剛，得黄金也。五无應，而四居大臣之位，得其助也。貞厲无咎：六五雖處中剛，然實柔體，故戒以必正固而懷危厲，則得无咎也。以柔居尊而當噬嗑〔二〕之時，豈可不貞固而懷危懼哉？

象曰：貞厲无咎，得當也。

所以能无咎者，以所爲得其當也。所謂當，居中用剛，而能守正慮危也。

上九，何校滅耳，凶。

上過乎尊位，无位者也，故爲受刑者。居卦之終，是其閒大，噬之極也。繫辭所謂「惡積而不可揜，罪大而不可解」者也，故何校而滅其耳，凶可知矣。何，負也，謂在頸也。

象曰：何校滅耳，聰不明也。

〔一〕覆元本「於」下小注：「一作以字。」義似較長。
〔二〕覆元本「嗑」下小注：「一作堅。」義似較長。

人之聾暗不悟，積其罪惡，以至於極。古人制法，罪之大者，何之以校，爲其无所聞知，積成其惡，故以校而滅傷一無傷字。其耳，誡聽之不明也。

䷕離下艮上

賁，序卦：「嗑者合也，物不可以苟合而已，故受之以賁，賁者飾也。」物之合則必有文，文乃飾也。如人之合聚，則有威儀上下，物之合聚，則有次序行列，合則必有文也，賁所以次噬嗑也。爲卦，山下有火。山者，草木百物之所聚也，下有火，則照見其上，草木品彙皆被其光采，有賁飾之象，故爲賁也。

賁：亨，小利有攸往。

物有飾而後能亨，故曰无本不立，无文不行，有實而加飾，則可以亨矣。文飾之道，可增其光采，故能小利於進也。

彖曰：賁亨，

柔來而文剛，故亨。分剛上而文柔，故小利有攸往。天文也，

文明以止，人文也。

卦爲賁飾之象，以上下二體，剛柔交相爲文飾也。下體本乾，柔來文其中而爲離；上體本坤，剛往文其上而爲艮，乃爲山下有火，止於文明而成賁也。天下之事，无飾不行，故賁則能亨也。柔來而文剛故亨：柔來文於剛，而成文明之象，文明所以爲賁也。賁之道能致亨，實由飾而能亨也。分剛上而

文柔，故小利攸往：分乾之中爻，往文於艮之上也。事由飾而加盛，由飾而能行，故小利有攸往。夫往而能利者，以有本也。賁飾之道，非能增其實也，但加之文采耳。事由文而顯盛，故爲小利有攸往。亨者，亨通也。往者，加進也。二卦之變，共成賁義，而彖分言上下，各主一事者，蓋離明足以致亨，文柔又能小進也。天文也，文明以止，人文也：此承上文言陰陽剛柔相文者，天之文也；止於文明者，人之文也。止謂處於文明也。質必有文，自然之理。理必有對待，生生之本也。有上則有下，有此則有彼，有質則有文，一不獨立，二則爲文。非知道者，孰能識之？天文，天之理也；人文，人之道也。

觀乎天文，以察時變；

天文謂日月星辰之錯列，寒暑陰陽之代變。觀其運行，以察四時之遷改也。

觀乎人文，以化成天下。

人文，人理之倫序。觀人文以教化天下，天下成其禮俗，乃聖人用賁之道也。賁之象，取山下有火，又取卦變，柔來文剛，剛上文柔。凡卦，有以二體之義及二象而成者，如屯取動乎險中，與雲雷訟取上剛下險與天水違行是也。有取一爻者，成卦之由也，柔得位而上下應之，曰小畜；柔得尊位，大中而上下應之，曰大有，是也。有取二體，又取消長之義者，雷在地中復，山附於地剝，是也。有取二象兼取二爻交變爲義者，風雷益兼取損上益下，山下有澤損兼取損下益上，是也。有既以二象成卦，復取爻之義者，夬之剛決柔，姤之柔遇剛，是也。有以用成卦者，巽乎水而上水井，木上有火鼎，是也。鼎又以卦形爲象。有以形爲象者，山下有雷頤，頤中有物曰噬嗑，是也。此成卦之義也。如剛上柔下，損上益下，謂剛居上，柔在下，損於上，益於下，據成卦而言，非謂就卦中升降也。如訟、无妄云剛來，豈自上體而來也？凡以柔居五者，皆云柔進而上行，柔居下者也，乃居尊位，是進而上也，非謂自下體而上也。卦之變，皆自乾、坤，先儒不達，故謂賁本是泰卦，豈有乾坤重而爲泰，又由泰而變之理？下離，本乾中爻變而成離；上艮，本坤上爻變而成艮。離在内，故云柔來，艮在上，故云剛上，非自下體而上也。乾坤變而爲六子，八卦重而爲六十四，皆由乾坤之變也。

象曰：山下有火，賁，君子以明庶政，无敢折獄。

山者草木百物之一無之字。所聚生也，火在其下而上照，庶類皆被其光明，爲賁飾之象也。君子觀山下有火明照之象，以修明其庶政，成文明之治，而无果敢於折獄也。折獄者，人君之所致慎也，豈可恃其明而輕自用乎？乃聖人之用心也，爲戒深矣。象之所取，唯以山下有火，明照庶物，以用明爲戒，而賁亦自有无敢折獄之義。折獄者，專用情實，有文飾則没其情矣，故无敢用文以折獄也。

初九，賁其趾，舍車而徒。

初九以剛陽居明體而處下，君子有剛明之德而在下者也。君子在无位之地，无所施於天下，惟自賁飾其所行而已。趾取在下而所以行也。君子修飾之道，正其所行，守節處義，其行不苟，義或不當，則舍車輿而寧徒行，衆人之所羞，而君子以爲賁也。舍車而徒之義，兼於比應取之。初比二而應四，應四正也，與二非正也。九之剛明守義，不近與於二而遠應於四，舍易而從難，如舍車而徒行也。守節義，君子之賁也。是故君子所賁，世俗所羞；世俗所貴〔一〕，君子所賤。以車徒爲言者，因趾與行爲義也。

象曰：舍車而徒，義弗乘也。

舍車而徒行者，於義不可以乘也。初應四正也，從二非正也。近舍二之易，而從四之難，舍車而徒行也。君子之賁，守其義而已。

六二，賁其須。

卦之爲賁，雖由兩爻之變，而文明之義爲重。二實賁之主也，故主言賁之道。飾於物者，不能大變其質也，因其質而加飾耳，故取須義。須，隨頤而動者也，動止唯繫於所附，猶善惡不由於賁也。二之文明，惟爲賁飾，善惡則繫其質也。

象曰：賁其須，與上興也。

以須爲象者，謂其與上同興也。隨上而動，動止惟繫所附也。猶加飾於物，因其質而賁之，善惡在其質也。

〔一〕 覆元本「貴」下小注：「一作賁。」義似較長。

九三，賁如，濡如，永貞吉。

三處文明之極，與二四二陰，間處相賁，賁之盛者也，故云賁如。如，辭助也。賁飾之盛，光采潤澤，故云濡如。光采之盛，則有潤澤。詩云：「麀鹿濯濯。」永貞吉：三與二四非正應，相比而成相賁，故戒以常永貞正。賁者飾也，賁飾一作修飾。之事，難乎常也，故永貞則吉。三與四相賁，又下比於二，二柔文一剛，上下交賁，爲賁之盛也。

象曰：永貞之吉，終莫之陵也。

飾而不常，且非正，一有則字。人所陵侮也，故戒能永正則吉也。其賁既常而正，誰能陵之乎？

六四，賁如，皤如，白馬翰如，匪寇婚媾。

四與初爲正應，相賁者也。本當賁如，而爲三所隔，故不獲相賁而皤如。皤，白也，未獲賁也。馬，在下而動者也，未獲相賁，故云白馬。其從正應之志如飛，故云翰如。匪爲九三之寇讎所隔，則婚媾遂其相親矣。己之所乘與動於下者，馬之象也。初四正應，終必獲親，第始爲其間隔耳。

象曰：六四當位，疑也。匪寇婚媾，終无尤也。

四與初其遠，而三介於其間，是所當之位爲可疑也。雖爲三寇讎所隔，未得親於〔一〕婚媾，然其正應，

〔一〕覆元本「於」作「其」。

理直義勝，終必得合，故云終无尤也。尤，怨也，終得相賁，故无怨尤也。

六五，賁于丘園，束帛戔戔，吝，終吉。

六五以陰柔之質，密比于上九剛陽之賢，陰比于陽，復无所繫應，從之者也，受賁於上九也。自古設險守國，故城壘多依丘坂，丘謂在外而近且高者。園圃之地，最近城邑，亦在外而近者。丘園謂在外而近者，指上九也。六五雖居君位，而陰柔之才，不足自守，與上之剛陽相比而志從焉，獲賁於外比之賢，賁于丘園也。若能受賁於上九，受一作隨。其裁制，如束帛而戔戔，則雖其柔弱，不能自爲，爲可吝少，然能從於人，成賁之功，終獲其吉也。戔戔，翦裁分〔一〕裂之狀。帛未用則束之，故謂之束帛；及其制爲衣服，必翦裁分裂戔戔然。束帛喻六五本質，戔戔謂受人翦製而成用也。其資於人，與蒙同，而蒙不言吝者，蓋童蒙而賴於人，乃其宜也，非童幼而資賁於人爲可吝耳，然享其功，終爲吉也。

象曰：六五之吉，有喜也。

能從人以成賁之功，享其吉美，是有喜也。

上九，白賁，无咎。

〔一〕覆元本「分」作「紛」。

上九，賁之極也。賁飾之極，則失於華僞。惟能質白其賁，則无過失〔一〕之咎。白，素也。尚質素，則不失其本真。所謂尚質素者，非无飾也，不使華没實耳。

象曰：白賁无咎，上得志也。

白賁无咎，以其在上而得志也。上九爲得志者，在上而文柔成賁之功，六五之君，又受其賁，故雖居无位之地，而實尸賁之功爲得志也。與他卦居極者異矣。既在上而得志，處賁之極，將有華僞失實之咎，故戒以質素則无咎，飾不可過也。

䷖ 坤下艮上

剥，序卦：「賁者飾也，致飾然後亨則盡矣，故受之以剥。」夫物至于文飾，亨之極也，極則必反，故賁終則剥也。卦，五陰而一陽，陰始自下生，漸長至于盛極，羣陰消剥於陽，故爲剥也。以二體言之，山附於地，山高起地上，而反附著於地，頽剥之象也。

剥：不利有攸往。

剥者，羣陰長盛，消剥於陽之時。衆小人剥喪於君子，故君子不利有所往，惟當巽言晦迹，隨時消息，以免小人之害也。

〔一〕覆元本「失」作「飾」，義較長。

彖曰：剥，剥也，柔變剛也。不利有攸往，小人長也。

剥，剥也，謂剥落也。柔變剛也，柔長而剛變〔一〕一作剥。也。夏至一陰生而漸長，一陰長則一陽消，至於建戌，則極而成剥，是陰柔變剛陽也。陰，小人之道方長盛，而剥消於〔二〕陽，故君子不利有所往也。

順而止之，觀象也。君子尚消息盈虚，天行也。

君子當剥之時，知不可有所往，順時而止，乃能觀剥之象也。卦有順止之象，乃處剥之道，君子當觀而體之。君子尚消息盈虚，天行也：君子存心消息盈虚之理而能順之，乃合乎天行也。理有消衰，有息長，有盈滿，有虚損，順之則吉，逆之則凶，君子隨時敦尚，所以事天也。

象曰：山附於地，剥，上以厚下安宅。

艮重於坤，山附於地也。山高起於地，而反附著於地，圮剥之象也。上，謂人君與居人上者，觀剥之象而厚固其下，以安其居也。下者，上之本，未有基本固而能剥者也。故上〔三〕之剥必自下，下剥則上危矣。爲人上者，知理之如是，則安養人民，以厚其本，乃所以安其居也。書曰：「民惟邦本，本固邦

〔一〕覆元本「變」作「剥」。
〔二〕覆元本「於」下小注：「一作剛。」
〔三〕覆元本「故上」下小注：「一作山。」義似較長。

寧。」

初六，剥牀以足，蔑貞凶。

陰之剥陽，自下而上。以牀爲象者，取身之所處也。自下而剥，漸至於身也。剥牀以足，剥牀之足也。剥始自下，故爲剥足。陰自下進漸，消蔑於貞正，凶之道也。蔑，无也，謂消亡於正道也。陰剥陽，柔變剛，是邪侵正，小人消君子，其凶可知。

象曰：剥牀以足，以滅下也。

取牀足爲象者，以陰侵没陽於下也。滅，没也。侵滅正道，自下而上也。

六二，剥牀以辨，蔑貞凶。

辨，分隔上下者，牀之幹也。陰漸進而上剥至于辨，愈蔑於正也，凶益甚矣。

象曰：剥牀以辨，未有與也。

陰之侵剥於陽，得以益盛，至於剥辨者，以陽未有應與故也。小人侵剥君子，若君子有與，則可以勝小人，不能爲害矣；唯其无與，所以被蔑而凶。當消剥之時而无徒與，豈能自存也？言未有與，剥之未盛，有與猶可勝也，示人之意深矣。

六三，剥之无咎。

衆陰剥陽之時，而三獨居剛應剛，與上下之陰異矣。志從於正，在剥之時，爲无咎者也。三之爲，可謂善矣，不言吉，何也？曰：方羣陰剥陽，衆小人害君子，三雖從正，其勢孤弱，所應在无位之地，於斯時也，難乎免矣，安得吉也？其義爲无咎耳。言其无咎，所以勸也。

象曰：剥之无咎，失上下也。

三居剥而无咎者，其所處與上下諸陰不同，是與其同類相失，於處剥之道爲无咎，如東漢之吕强是也。

六四，剥牀以膚，凶。

始剥於牀足，漸至於膚。膚，身之外也，將滅其身矣，其凶可知。陰長已盛，陽剥已甚，貞道已消，故更不言蔑貞，直言凶也。

象曰：剥牀以膚，切近災也。

五爲君位，剥已及四，在人則剥其膚矣。剥及其膚，身垂於亡矣，切近於災禍也。

六五，貫魚以宫人寵，无不利。

剥及君位，剥之極也，其凶可知，故更不言剥，而别設義以開小人遷善之門。五，羣陰之主也。魚，陰物，故以爲象。五能使羣陰順序，如貫魚然，反獲寵愛於在上之陽，如宫人，則无所不利也。宫人，宫中之人，妻妾侍使也。以陰言，且取獲寵愛之義；以一陽在上，衆陰有順從之道，故發此義。

象曰：以宫人寵，終无尤也。

羣陰消剥於陽，以至於極，六五若能長率羣陰，駢首順序，反獲寵愛於陽，則終无過尤也。於剥之將終，復發此義，聖人勸遷善之意，深切之至也。

上九，碩果不食，君子得輿，小人剥廬。

諸陽消剥已盡，獨有上九一爻尚存，如碩大之果，不見食，將見〔一〕復生之理。上九亦一作一〔二〕。變，則純陰矣。然陽无可盡之理，變於上則生於下，无間可容息也。聖人發明此理，以見陽與君子之道，不可亡也。或曰：剥盡則爲純坤，豈復有陽乎？曰：以卦配月，則坤當十月。以氣消息言，則陽剥〔三〕爲坤，陽〔四〕來爲復，陽〔五〕未嘗盡也，剥盡於上，則復生於下矣。故十月謂之陽月，恐疑其无陽也。陰亦然，聖人不言耳。陰道盛極之時，其亂可知。亂極則自當思治，故衆心願載於君子，君子得輿也。詩匪風、下泉所以居變風之終也。理既如是，在卦亦衆陰宗陽，爲共載之象。小人剥廬：若小人，則當剥之極，剥其廬矣，无所容其身也。更不論爻之陰陽，但言小人處剥極，則及其廬矣。廬，取在上之象。或曰：陰陽之消，必待盡而後復生於下，此在上便有復生之義，何也？夬之上六，何

〔一〕覆元本「見」作「有」，義較長。
〔二〕覆元本「一作一」下尚有「一作已」三字。
〔三〕覆元本「剥」下小注：「一有盡字。」
〔四〕覆元本「陽」下小注：「一有復字。」
〔五〕覆元本「陽」上小注：「一有然字。」

以言終有凶？曰：上九居剥之極，上〔二〕有一陽，陽无可盡之理，故明其有復生之義，見君子之道，不可亡也。夬者，陽消陰，陰，小人之道也，故但言其消亡耳，何用更言却有復生之理乎？

象曰：君子得輿，民所載也；小人剥廬，終不可用也。

正道消剥既極，則人復思治，故陽剛君子爲民所承載也。若小人處剥之極，則小人之窮耳，終不可用也。非謂九爲小人，但言剥極之時，小人如是也。

䷗震下坤上

復，序卦：「物不可以終盡，剥窮上反下，故受之以復。」物无剥盡之理，故剥極則復來〔三〕，陰極則陽生，陽剥極於上而復生於下，窮上而反下也，復所以次剥也。爲卦，一陽生於五陰之下，陰極而陽復也。歲十月，陰盛既極，冬至則一陽復生於地中，故爲復也。陽，君子之道。陽消極而復反，君子之道消極而復長也，故爲反善之義。

復：亨，出入无疾，朋來无咎。

復亨，既復則亨也。陽氣復生於下，漸亨盛而生育萬物，君子之道既復，則漸以亨通，澤於天下，故復

〔二〕覆元本「上」作「止」，義較長。
〔三〕覆元本「來」下小注：「一無來字。」

則有亨盛之理也。出入无疾：出入謂生長，復生於内入也，長進於外出也。先云出，語順耳。陽生非自外也，來於内，故謂之入。物之始生，其氣至微，故多屯艱。陽之始生，其氣至微，故多摧折。春陽之發，爲陰寒所折，觀草木於朝暮，則可見矣。出入无疾，謂微陽生長，无害之者也。既无害之，而其類漸進而來，則將亨盛，故无咎也。所謂咎，在氣則爲差忒，在君子〔二〕則爲抑塞不得盡其理。陽之當復，雖使有疾之，固不能止其復也，但爲阻礙耳。而卦之才有无疾之義，乃復道之善也。一陽始生，至微，固未能勝羣陰而發生萬物，必待諸陽之來，然後能成生物之功而无差忒，以朋來而无咎也。三陽子丑寅之氣生成萬物，衆陽之功也。若君子之道，既消而復，豈能便勝於小人？必待其朋類漸盛，則能協力以勝之也。

反復其道，七日來復，利有攸往。

謂消長之道，反復迭至。陽之消，至七日而來復。姤陽之始消也，七變而成復，故云七日，謂七更也。臨云八月有凶，謂陽長至于陰長，歷八月也。陽進則陰退，君子道長則小人道消，故利有攸往也。

彖曰：復亨，剛反。

動而以順行，是以出入无疾，朋來无咎。

〔二〕覆元本「君子」下小注：「一有之道字。」

復亨，謂剛反而亨也。陽剛消極而來反，既來反，則漸長盛而亨通矣。動而以順行，是以出入无疾，朋來无咎，以卦才言其所以然也。下動而上順，是動而以順行也。陽剛反而順動，是以得出入无疾，朋來而无咎也。朋之來，亦順動也。

反復其道，七日來復，天行也。

利有攸往，剛長也。

復其見天地之心乎！

其道反復往來，迭消迭息。七日而來復者，天地〔一〕之運行如是也。消長相因，天之理也。陽剛君子之道長，故利有攸往。一陽復於下，乃天地生物之心也。先儒皆以静爲見天地之心，蓋不知動之端乃天地之心也。非知道者，孰能識之？

象曰：雷在地中，復。先王以至日閉關，商旅不行，后不省方。

雷者，陰陽相薄而成聲，當陽之微，未能發也。雷在地中，陽始復之時也。陽始生於下而甚微，安静而後能長。先王順天道，當至日陽之始生，安静以養之，故閉關，使商旅不得行，人君不省視四方，觀復之象而順天道也。在一人之身亦然，當安静以養其陽也。

〔一〕覆元本無「地」字。

初九，不遠復，无祇悔，元吉。

復者，陽反來復也。陽，君子之道，故復爲反善之義。初剛陽來復，處卦之初，復之最先者也，是不遠而復也。失而後有復，不失則何復之有？惟失之不遠而復，則不至於悔，大善而吉也。祇宜音柢，抵也。玉篇云：適也。義亦同。无祇悔，不至於悔也。坎卦曰祇既平无咎，謂至既平也。顔子无形顯之過，夫子謂其庶幾，乃无祇悔也。過既未形而改，何悔之有？既未能不勉而中，所欲不踰矩，是有過也，然其明而剛，故一有不善未嘗不知，既知未嘗不遽改，故不至於悔，乃不遠復也。祇，陸德明音支，玉篇、五經文字、羣經音辨並見衣部。

象曰：不遠之復，以修身也。

不遠而復者，君子所以修其身之道也。學問之道无他也，唯其知不善則速改以從善而已。

六二，休復吉。

二雖陰爻，處中正而切比於初，志從於陽，能下仁也，復之休美者也。復者，復於禮也，復禮則爲仁。初陽復，復於仁也。二比而下之，所以美而吉也。

象曰：休復之吉，以下仁也。

爲復之休美而吉者，以其能下仁也。仁者，天下之公，善之本也。初復於仁，二能親而下之，是以吉也。

六三，頻復，厲无咎。

三以陰躁，處動之極，復之頻數而不能固者也。復貴安固，頻復頻失，不安於復也。復善而屢失，危之道也。聖人開遷善之道，與其復而危其屢失，故云厲无咎。不可以頻失而戒其復也，頻失則爲危，屢復何咎？過在失而不在復也。

象曰：頻復之厲，義无咎也。

頻復頻失，雖爲危厲，然復善之義則无咎也。

六四，中行獨復。

此爻之義，最宜詳玩。四行羣陰之中，而獨能復，自處於正，下應於陽剛，其志可謂善矣。不言吉凶者，蓋四以柔居羣陰之閒，初方甚微，不足以相援，无可濟之理，故聖人但稱其能獨復，而不欲言其獨從道而必凶也。曰：然則不言无咎，何也？曰：以陰居陰，柔弱之甚，雖有從陽之志，終不克濟，非无咎也。

象曰：中行獨復，以從道也。

稱其獨復者，以其從陽剛君子之善道也。

六五，敦復，无悔。

六五以中順之德，處君位，能敦篤於復善者也，故无悔。雖本善，戒亦在其中矣。陽復方微之時，以柔居尊，下復无助，未能致亨吉也，能无悔而已。

象曰：敦復无悔，中以自考也。

以中道自成也。五以陰居尊，處中而體順，能敦篤其志，以中道自成，則可以无悔也。自成謂成其中順之德。

上六，迷復凶，有災眚，用行師，終有大敗，以其國君凶，至于十年不克征。

以陰柔居復之終，終迷不復者也。迷而不復，其凶可知。有災眚：災，天災，自外來；眚，己過，由自作。既迷不復善，在己則動皆過失，災禍亦自外而至，蓋所招也。迷道不復，无施而可，用以行師，則終有大敗，以之爲國，則君之凶也。十年者，數之終。至於十年不克征，謂終不能行。既迷於道，何時而可行也？

象曰：迷復之凶，反君道也。

復則合道，既迷於復，與道相反也，其凶可知。以其國君凶，謂其反君道也。人君居上而治衆，當從天下之善，乃迷於復，反君之道也。非止人君，凡人迷於復者，皆反道而凶也。

䷘ 震下乾上

无妄，序卦：「復則不妄矣，故受之以无妄。」復者反於道也，既復於道，則合〔二〕正理而无妄，故復之後受之以无妄也。爲卦，乾上震下。震，動也，動以天爲无妄，動以人欲則妄矣。无妄之義大矣哉！

无妄：元亨，利貞。其匪正有眚，不利有攸往。

无妄者〔三〕至誠也，至誠者一無者字。天之道也。天之化育萬物，生生不窮，各正其性命，乃无妄也。人能合无妄之道，則所謂與天地合其德也。无妄有大亨之理，君子行无妄之道，則可以致大亨矣。无妄，天之道也，卦言人由无妄之道也。一無也字。利貞：法无妄之道，利在貞正，失貞正則妄也。雖无邪心，苟不合正理，則妄也，乃邪心也，故有一作其。匪正則爲過眚。既已无妄，不宜有往，往則妄也。

彖曰：无妄，剛自外來，而爲主於内。

謂初九也。坤初爻變而爲震，剛自外而來也。震以初爻爲主，成卦由之，故初爲无妄之主。動以天爲无妄，動而以天，動爲主也。以剛變柔，爲以正去妄之象。又剛正爲主於内，无妄之義也。九居初，正也。

動而健，剛中而應，大亨以正，天之命也。

〔二〕覆元本「合」下小注：「一無合字。」

〔三〕覆元本「者」作「言」。

下動而上健，是其動剛健也。剛健，无妄之體也。剛中而應：五以剛居中正，二復以中正相應，是順理而不妄也。故其道大亨通而貞正，乃天之命也。天命謂天道也，所謂无妄也。

其匪正有眚，不利有攸往。无妄之往何之矣？天命不祐行矣哉！

所謂无妄，正而已。小失於正，則爲有過，乃妄也，所謂匪正，蓋由有往。若无妄而不往，何由有匪正乎？无妄者，理之正也。更有往，將何之矣？乃入於妄也。往則悖於天理，天道所不祐，可行乎哉？

象曰：天下雷行，物與无妄，先王以茂對時，育萬物。

雷行於天下，陰陽交和，相薄而成聲，於是驚蟄藏，振萌芽，發生一作育。萬物，其所賦與，洪纖高下，各正其性命，无有差妄，一作忒。物與无妄也。先王觀天下雷行發生賦與之象，而以茂對天時，養育萬物，使各得其宜，如天與之无妄也。茂，盛也。茂對之爲言，猶盛行永言之比。對時，謂順合天時。天道生萬物，各正其性命而不妄；王者體天之道，養育人民，以至昆蟲草木，使各得其宜，乃對時育物之道也。

初九，无妄，往吉。

九以陽剛爲主於內，无妄之象，以剛實一無實字。變柔而居內，中誠不妄者也。以无妄而往，何所不吉？卦辭言不利有攸往，謂既无妄，不可復有往也，過則妄矣。爻言往吉，謂以无妄之道而行，則吉也。

象曰：无妄之往，得志也。

以无妄而往，无不得其志也。蓋誠之於物，无不能動，以之修身則身正，以之治事則事得其理，以之臨人則人感而化，无所往而不得其志也。

六二，不耕穫，不菑畬，則利有攸往。

凡理之所然者非妄也，人所欲一無欲字〔一〕。爲者乃妄也，故以耕穫菑畬譬之。六二居中得正，又應五之中正，居動體而柔順，爲動能順乎中正，乃无妄者也，故極言无妄之義。耕，農之始，穫，其成終也。田一歲曰菑，三歲曰畬。不耕而穫，不菑而畬，謂不首造其事，因其事理所當然也。首造其事，則是人心所作爲，乃妄也。因事之當然，則是順理應物，非妄也，穫與畬是也。蓋耕則必有穫，菑則必有畬，一作爲畬。是事理之固然，非心意之所造作也。或曰：聖人制作以利天下者，皆造端也，豈非妄乎？曰：聖人隨時制作，合一作因。乎風氣之宜，未嘗先時而開之也。若不待時，則一聖人足以盡爲矣，豈待累聖繼作也？時乃事之端，聖人隨時而爲也。一「非心意之所造作也」句下，有「如是則爲无妄，不妄則所往利而无害也」。

〔一〕覆元本「一無欲字」作「一作欲所」。

象曰：不耕穫，未富也。

未者，非必之辭，臨卦曰未順命是也。不耕而穫，不菑而畬，因其事之當然，既耕則必有穫，既菑則必成畬，非必一無必字。以一無以字。穫畬之富而爲也。其始耕菑，乃設心在於求一無求字。穫畬，是以其富也，心有欲而爲者則妄也。

六三，无妄之災，或繫之牛，行人之得，邑人之災。

三以陰柔而不中正，是爲妄者也；又志應於上，欲也，亦妄也；在无妄之道，爲災害也。人之妄動，由有欲也。妄動而得，亦必有失，雖使得其所利，其動而妄，失已大矣，況復凶悔隨之乎？知者見妄之得，則知其失必與稱也。故聖人因六三有妄之象，而發明其理云：无妄之災，或繫之牛，行人之得，邑人之災。言如三之爲妄，乃无妄之災害也，設如有得，其失隨至。如或繫之牛，或謂設或也，或繫得牛，行人得之以爲有得，邑人失牛乃是災也。借使邑人繫得馬，則行人失馬，乃是災也。言有得則有失，不足以爲得也。行人邑人，但言有得則有失，非以爲彼己也。妄得之福，災亦隨之，妄得之得，失亦稱之，固不足以爲得也。人能知此，則不爲妄動矣。

象曰：行人得牛，邑人災也。

行人得牛，乃邑人之災也。有得則有失，何足以爲得乎？

九四，可貞，无咎。

四剛陽而居乾體，復无應與，无妄者也。剛而无私，豈有妄乎？可貞固守此，自无咎也。九居陰，得爲正一作貞。乎？曰：以陽居乾體，若復處剛，則爲一無爲字。過矣，過則妄也。居四，无尚剛之志也。可貞與利貞不同，可貞謂其所處可貞固守之，利貞謂利於貞也。

象曰：可貞无咎，固有之也。

貞固守之，則无咎也。

九五，无妄之疾，勿藥有喜。

九以中正當尊位，下復以中正順應之，可謂无妄之至者也，其道无以加矣。疾，爲之病者也。以九五之无妄，如其有疾，勿以藥治，則有喜也。人之有疾，則以藥石攻去其邪，以養其正。若氣體平和，本无疾病而攻治之，則反害其正矣，故勿藥則有喜也。有喜謂疾自亡也。无妄之所謂疾者，謂若治之而不治，率之而不從，化之而不革，以妄而爲无妄之疾，舜之有苗，周公之管、蔡，孔子之叔孫武叔是也。既已无妄，而有疾之者，則當自如无妄之疾，不足患也。若遂自攻治，乃是渝其无妄而遷於妄也。五既處无妄之極，故惟戒在動，動則妄矣。

象曰：无妄之藥，不可試也。

人之有妄，理必修改。既无妄矣，復藥以治之，是反爲妄也，其可用乎？故云不可試也。試，暫用也，猶曰少嘗之也。

上九，无妄，行有眚，无攸利。

上九居卦之終，无妄之極者也。極而復行，過於理也，過於理則妄也。故上九而行，則有過眚，而无所利矣。

象曰：无妄之行，窮之災也。

无妄既極，而復加進，乃爲妄矣，是窮極而爲災害也。

䷙ 乾下艮上

大畜，序卦：「有无妄然後可畜，故受之以大畜。」无妄則爲有實，故可畜聚，大畜所以次无妄也。爲卦，艮上乾下，天而在於山中，所畜至大之象。畜爲畜止，又爲畜聚，止則聚矣。取天在山中之象，則爲蘊畜；取艮之止乾，則爲畜止。止而後有積，故止爲畜義。

大畜：利貞，不家食吉，利涉大川。

莫大於天，而在山中，艮在上而止乾於下，皆蘊畜至大之象也。在人，爲學術道德充積於內，乃所畜之大也。凡所畜聚，皆是專言其大者。人之蘊畜，宜得正道，故云利貞。若夫異端偏學，所畜至多，而不正者固有矣。既道德充積於內，宜在上位以享天祿，施爲於天下，則不獨於〔二〕一身之吉，天下之吉

〔二〕覆元本「於」下小注：「一無於字。」

也。若窮處而自食於家，道之否也，故不家食則吉。所畜既大，宜施之於時，濟天下之艱險，乃大畜之用也，故利涉大川。此只據大畜之義而言，彖更以卦之才德而言，諸爻則惟有止畜之義。蓋易體道隨宜，取明且近者。

彖曰：大畜剛健、篤實、輝光，日新其德。

以卦之才德而言也。乾體剛健，艮體篤實。人之才剛健篤實，則所畜能大，充實而有輝光；畜之不已，則其德日新也。

剛上而尚賢，能止健，大正也。

剛上，陽居上也。陽剛居尊位之上爲尚賢之義。止居健上，爲能止健之義。止乎健者，非大正則安能以剛陽在上與尊尚賢德？能止至健，皆大正之道也。

不家食吉，養賢也。

利涉大川，應乎天也。

大畜之人，所宜施其所畜以濟天下，故不食於家則吉，謂居天位享天禄也。國家養賢，賢者得行其道也。利涉大川，謂大有蘊畜之人，宜濟天下之艱險也。彖更發明卦才云：所以能涉大川者，以應乎天也。六五、君也，下應乾之中爻，乃大畜之君，應乾而行也。所行能應乎天，无艱險之不可濟，況其他乎？

象曰：天在山中，大畜，君子以多識前言往行，以畜其德。

天爲至大而在山之中，所畜至大之象。君子觀象以大其蘊畜。人之蘊畜，由學而大，在多聞前古聖賢之言與行，考跡以觀其用，察言以求其心，識而得之，以畜成其德，乃大畜之義也。

初九，有厲利已。

大畜，艮止畜乾也，故乾三爻皆取被止爲義。艮三爻皆取止之爲義。初以陽剛，又健體而居下，必上進者也；六四在上，畜止於己，安能敵在上得位之勢？若犯之而進，則有危厲，故利在已而不進也。在他卦，則四與初爲正應相援者也；在大畜，則相應乃爲相止畜。上與三皆陽，則爲合志，蓋陽皆上進之物，故有同志之象，而无相止之義。

象曰：有厲利已，不犯災也。

有危則宜已，不可犯災危而行也，不度其勢而進，有災必矣。

九二，輿説輹。

二爲六五所畜止，勢不可進也。五據在上之勢，豈可犯也？二雖剛健之體，然其處得中道，故進止无失，雖志於進，度其勢之不可，則止而不行，如車輿脱去一有其字。輪輹，謂不行也。

象曰：輿説輹，中无尤也。

輿説輹而不行者，蓋其處得中道，動不失宜，故无過尤也。善莫善於剛中。柔中者不至於過柔耳。剛中，中而才也。初九處不得中，故戒以有危宜已。二得中，進止自无過差，故但言輿説輹，謂其能不行也，不行則无尤矣。初與二乾體，剛健而不足以進，四與五陰柔而能止。時之盛衰，勢之强弱，學易者所宜深識也。

九三，良馬逐，利艱貞，曰閑輿衛，利有攸往。

三剛健之極，而上九之陽亦上進之物，又處畜之極而思變也，與三乃不相畜，而志同相應以進者也。三以剛健之才，而在上者與合志而進，其進如良馬之馳逐，言其速也。雖其進之勢速，不可恃其才之健與上之應而忘備與慎也，故宜艱難其事，而由貞正之道。輿者用行之物，衛者所以自防。當自一無自字。曰常閑習其車輿與其防衛，則利有攸往矣。三，乾體而居正能貞者也，當有〔一〕鋭進，故戒以知難與不失其貞也。志既鋭於進，雖剛明，有時而失，不得不誡也。

象曰：利有攸往，上合志也。

所以利有攸往者，以與在上者合志也。上九陽性上進，且畜已極，故不下畜三，而與一有三字。合志上進也。

六四，童牛之牿，元吉。

〔一〕覆元本「有」作「其」，義較長。

以位而言，則四下應於初，畜初者也。初居最下，陽之微者，微而畜之則易制，猶童牛而加牿，大善而吉也。概論畜道，則四艮體居上位而得正，是以正德居大臣之位，當畜之任者也。大臣之任，上畜止人君之邪心，下畜止天下之惡人〔二〕。人之惡，止於初則易，既盛而後禁，則扞格而難勝。故上之惡既甚，則雖聖人救之，不能免違拂；下之惡既甚，則雖聖人治之，不能免刑戮。莫若止之於初，如童牛而加牿，則元吉也。牛之性觝觸以角，故牿以制之。若童犢始角，而加之以牿，使觝觸之性不發，則易而无傷，以況六四能畜止上下之惡於未發之前，則大善之吉也。

象曰：六四元吉，有喜也。

天下之惡，已盛而止之，則上勞於禁制，而下傷於刑誅，故畜止於微小之前，則大善而吉，不勞而无傷，故可喜也。四之畜初是也，上畜亦然。

六五，豶豕之牙，吉。

六五居君位，止畜天下之邪惡。夫以億兆之衆，發其邪欲之心，人君欲力以制之，雖密法嚴刑，不能勝也。夫物有總攝，事有機會，聖人操得其要，則視〔三〕億兆之心猶一心，道之斯行，止之則戢，故不勞而

〔二〕覆元本「惡人」下小注：「一無人字。」
〔三〕覆元本「視」下小注：「一無視字」。

治，其用若豶豕之牙也。豕，剛躁之物，而牙爲猛利，若强制其牙，則用力勞而不能止其躁猛，雖縶之維之，不能使之變也。若豶去其勢，則牙雖存，而剛躁自止，其用如此，所以吉也。君子發豶豕之義，知天下之惡，不可以力制也，則察其機，持其要，塞絶其本原，故不假刑罰嚴峻而惡自止也。且如止盗，民有欲心，見利則動，苟不知教而迫於飢寒，雖刑殺日施，其能勝億兆利欲之心乎？聖人則知所以止之之道，不尚威刑，而修政教，使之有農一作耕。桑之業，知廉恥之道，雖賞之不竊矣。故止惡之道，在知其本，得其要而已。不嚴刑於彼，而修政於此，是猶患豕牙之利，不制其牙而豶其勢也。

象曰：六五之吉，有慶也。

在上者不知止惡之方，嚴刑以敵民欲，則其傷甚而无功。若知其本，制之有道，則不勞无傷而俗革，天下之福慶也。

上九，何天之衢，亨。

予聞之胡先生曰：天之衢亨，誤加「何」字。事極則反，理之常也，故畜極而亨。小畜畜之小，故極而成；大畜畜之大，故極而散。極既〔二〕當變，又陽性上行，故遂散也。天衢，天路也，謂虚空之中，雲氣飛鳥往來，故謂之天衢。天衢之亨，謂其亨通曠闊，无有蔽阻也。在畜道則變矣，變而亨，非畜道

〔二〕覆元本「極既」作「既極」。

之亨也。

象曰：何天之衢？道大行也。

何以謂之天衢？以其无止礙，道路大通行也。以天衢非常語，故象特設問曰：何謂天之衢？以道路大通行，取空豁之狀也。以象有何字，故爻下亦誤加之。

䷚震下艮上

頤，序卦：「物畜然後可養，故受之以頤。」夫物既畜聚，則必有以養之，无養則不能存息，頤所以次大畜也。卦，上艮下震，上下二陽爻，中含四陰，上止而下動，外實而中虛，人頤頷之象也。頤，養也。人口所以飲食養人之身，故名爲頤。聖人設卦，推養之義，大至於天地養育萬物，聖人養賢以及萬民，與人之養生、養形、養德、養人，皆頤養之道也。動息節宣，以養生也；飲食衣服，以養形也；威儀行義，以養德也；推己及物，以養人也。

頤：貞吉，觀頤，自求口實。

頤之道，以正則吉也。人之養身、養德，養人、養於人，皆以正道則吉也。天地造化，養育萬物，各得其宜者，亦正而已矣。觀頤，自求口實：觀人之所頤，與其自求口實之道，則善惡吉凶可見矣。

彖曰：頤貞吉，養正則吉也。觀頤，觀其所養也。自求口實，觀其自養也。

貞吉，所養者正則吉也。所養，謂所養之人與養之之道。自求口實，謂其自求養身之道，皆以正則吉也。

天地養萬物，聖人養賢以及萬民，頤之時大矣哉！

聖人極言頤之道，而贊其大。天地之道，則養育萬物；養育萬物之道，正而已矣。聖人則養賢才，與之共天位，使之食天祿，俾施澤於天下，養賢以及萬民也，養賢所以養萬民也。夫天地之中，品物之衆，非養則不生。聖人裁成天地之道，輔相天地之宜，以養天下，至於鳥獸草木，皆有養之之政，其道配天地，故夫子推頤之道，贊天地與聖人之功曰：「頤之時大矣哉！」或云「義」，或云「用」，或止云「時」，以其大者也。萬物之生與養，時爲大，故云時。

象曰：山下有雷，頤，君子以慎言語，節飲食。

以二體言之，山下有雷，雷震於山下，山之生物，皆動其根荄，發其萌芽，爲養之象。以上下之義言之，艮止而震動，上止下動，頤頷之象。以卦形言之，上下二陽，中含四陰，外實中虛，頤口之象，口所以養身也。故君子觀其象以養其身，慎言語以養其德，節飲食以養其體。不唯就口取養〔一〕義，事之至近而所繫至大者，莫過於言語飲食也。在身爲言語，於天下則凡命令政教出於身者皆是，慎之則必當而

〔一〕覆元本「養」下小注：「一無養字。」

无失；在身爲飲食，於天下則凡貨資財用養於人者皆是，節之則適宜而无傷。推養之道〔二〕，養德養天下，莫不然也。

初九，舍爾靈龜，觀我朵頤，凶。

蒙之初六，蒙者也，爻乃主發蒙而言。頤之初九，亦假外而言，爾謂初也。舍爾之靈龜，乃觀我而朵頤，我對爾而設。初之所以朵頤者四也，然非四謂之也，假設之辭爾。九，陽體剛明，其才智足以養正者也。龜能咽息不食，靈龜喻其明智，而可以不求養於外也。才雖如是，然以陽居動體，而在頤之時，求頤，人所欲也，上應於四，不能自守，志在上行，説所欲而朵頤者也。心既動，則其自失必矣。迷欲而失己，以陽而從陰，則何所不至？是以凶也。朵頤爲朵動其頤頷，人見食而欲之，則動頤垂涎，故以爲象。

象曰：觀我朵頤，亦不足貴也。

九，動體。朵頤，謂其説陰而志動，既爲欲所動，則雖有剛健明智之才，終必自失，故其才亦不足貴也。人之貴乎剛者，爲其能立而不屈於欲也；貴乎明者，爲其能照而不失於正也。既惑所欲而失其正，何剛明之有？爲可賤也。

〔二〕 覆元本「道」下小注：「一有則字。」

六二，顛頤，拂經，于丘頤，征凶。

女不能自處，必從男；陰不能獨立，必從陽。二，陰柔，不能自養，待養於人者也。天子養天下，諸侯養一國，臣食君上之禄，民賴司牧之養，皆以上養下，理之正也。二既不能自養，必求養於剛陽；若反下求於初，則爲顛倒，故云顛頤。顛則拂違經常，不可行也。若求養於丘，則往必有凶。丘，在外而高之物，謂上九也。卦止二陽，既不可顛頤于初，若求頤于上九，往則有凶。在頤之時，相應則相養者也。上非其應而往求養，非道妄動，是以凶也。顛頤則拂經，不獲其養爾；妄求於上，往則得凶也。今有人，才不足以自養，見在上者勢力足以養人，非其族類，妄往求之，取辱得凶必矣。六二中正，在他卦多吉，而凶，何也？曰：時然也。陰柔既不足以自養，初上二爻皆非其與，故往求則悖理而得凶也。

象曰：六二征凶，行失類也。

征而從上則凶者，非其類故也。往求而失其類，得凶宜矣。行，往也。

六三，拂頤，貞凶，十年勿用，无攸利。

頤之道，唯正則吉。三以陰柔之質，而處不中正，又在動之極，是柔邪不正而動者也。其養如此，拂違於頤之正道，是以凶也。得頤之正，則所養皆吉，求養養人則合於義，自養則成其德。三乃拂違正道，故戒以十年勿用。十，數之終，謂終不可用，无所往而利也。

象曰：十年勿用，道大悖也。

所以戒終不可用，以其所由之道，大悖義理也。

六四，顛頤，吉。虎視眈眈，其欲逐逐，无咎。

四在人上，大臣之位；六以陰居之，陰柔不足以自養，況養天下乎？初九以剛陽居下，在下之賢也，與四爲應，四又柔順而正，是能順於初，賴初之養也。以上養下則爲順，今反求下之養，顛倒也，故曰顛頤。然己〔一〕不勝其任，求在下之賢而順從之，以濟其事，則天下得其養，而己无曠敗之咎，故爲吉也。夫居上位者，必有〔二〕才德威望，爲下民所尊畏，則事行而衆心服從。若或下易其上，則政出而人違，刑施而怨起，輕於陵犯，亂之由也。六四雖能順從剛陽，不廢厥職，然質本陰柔，賴人以濟，人之所輕，故必養其威嚴，眈眈然如虎視，則能重其體貌，下不敢易。又從〔三〕於人者必有常，若間或无繼，則其政敗矣。其欲，謂所須用者，必逐逐相繼而不乏，則其事可濟；若取於人而无繼，則困窮矣。既有威嚴，又所施不窮，故能无咎也。二顛頤則拂經，四則吉，何也？曰：二在上而反求養於下，下非其

〔一〕覆元本「己」下有「以」字。
〔二〕覆元本「有」下小注：「一作其。」
〔三〕覆元本「從」作「取」。觀下文「若取於人而無繼，則困窮矣」句，作「取」較長。

應類，故爲拂經。四則居上位，以貴下賤，使在下之賢由己以行其道，上下之志相應而〔一〕施於民，何吉如之？自三以下，養口體者也；四以上，養德義者也。以君而資養於臣，以上位而賴養於下，皆養德也。

象曰：顛頤之吉，上施光也。

顛倒求養，而所以吉者，蓋得剛陽之應以濟其事，致己居上之德施，光明被于天下，吉孰大焉？

六五，拂經，居貞吉，不可涉大川。

六五頤之時，居君位，養天下者也，然其陰柔之質，才不足以養天下，上有剛陽之賢，故順從之，賴其養己以濟天下。君者，養人者也，反賴人之養，是違拂於經常。既以己之不足而順從於賢師傅，上，師傅之位也，必居守貞固，篤於委信，則能輔翼其身，澤及天下，故吉也。陰柔之質，无貞剛之性，故戒以能居貞則吉。以陰柔之才，雖倚賴剛賢，能持循於平時，不可處艱難變故之際，故云不可涉大川也。以成王之才，不至甚柔弱也，當管、蔡之亂，幾不保於周公，况其下者乎？故書曰：「王亦未敢誚公，賴二公得終信。」故艱險之際，非剛明之主，不可恃也。不得已而濟艱險者則有矣。發此義者，所以深戒於爲君也。於上九，則據爲臣致身盡忠之道言，故不同也。

〔一〕覆元本「而」下小注：「一有澤字。」

象曰：居貞之吉，順以從上也。

居貞之吉者，謂能堅固順從於上九之賢，以養天下也。

上九，由頤，厲吉，利涉大川。

上九以剛陽之德，居師傅之任，六五之君，柔順而從於己，賴己之養，是當天下之任，天下由之以養也。以人臣而當是任，必常懷危厲則吉也。如伊尹、周公，何嘗不憂勤兢畏？故得終吉。夫以君之才不足，而倚賴於己，身當天下〔二〕大任，宜竭其才力，濟天下之艱危，成天下之治安，故曰利涉大川。得君如此之專，受任如此之重，苟不濟天下〔三〕艱危，何足稱委遇而謂之賢乎？當盡誠竭力，而不顧慮，然惕厲則不可忘也。

象曰：由頤厲吉，大有慶也。

若上九之當大任如是，能兢畏如是，天下被其德澤，是大有福慶也。

䷛ 巽下兑上

大過，序卦曰：「頤者養也，不養則不可動，故受之以大過。」凡物養而後能成，成則能動，動則有過，

〔二〕覆元本「天下」下小注：「一有之字。」

〔三〕覆元本「天下」二字下有「之」字。

大過所以次頤也。爲卦，上兑下巽，澤在木上，滅木也。澤者潤養於木，乃至滅没於木，爲大過之義。大過者，陽過也，故爲大者過，過之大，與大事過也。聖賢道德功業，大過於人，凡事之大過於常者皆是也。夫聖人盡人道，非過於理也，其制事以天下之正理，矯時之用，小過於中者則有之，如行過乎恭，喪過乎哀，用過乎儉是也。蓋矯之小過，而後能及於中，乃求中之用也。所謂大過者，常事之大者耳，非有過於理也。惟其大，故不常見；以其比常所見者大，故謂之大過。如堯、舜之禪讓，湯、武之放伐，皆由一有此字。道也。道无不中，无不常，以世人所不常見，故謂之大過於常也。

大過：棟橈，利有攸往，亨。

小過，陰過於上下；大過，陽過於中。陽過於中，而上下弱矣，故爲棟橈之象。棟取其勝重，四陽聚於中，可謂重矣。九三九四，皆取棟象，謂任重也。橈取其本末弱，中强而本末弱，是以橈也。陰弱而陽强，君子盛而小人衰，故利有攸往而亨也。棟，今人謂之檁。

彖曰：大過，大者過也。

大者過，謂陽過也。在事爲事之大者過，與其過之大。

棟橈，本末弱也。

謂上下二陰衰弱。陽盛則陰衰，故爲大者過。在小過，則曰小者過，陰過也。

剛過而中，巽而説行，利有攸往，乃亨。

言卦才之善也。剛雖過，而二五皆得中，是處不失〔一〕中道也。下巽上兑，是以巽順和説之道而行也。在大過之時，以中道巽説而行，故利有攸往，乃所以能亨也。

大過之時，大矣哉！

大過之時，其事甚大，故贊之曰「大矣哉」。如立非常之大事，興百〔二〕世之大功，成絶俗之大德，皆大過之事也。

象曰：澤滅木，大過，君子以獨立不懼，遯世无悶。

澤，潤養於木者也，乃至滅没於木，則過甚矣，故爲大過。君子觀大過之象，以立其大過人之行。君子所以大過人者，以其能獨立不懼，遯世无悶也。天下非之而不顧，獨立不懼也。舉世不見知而不悔，遯世无悶也。如此，然後能自守，所以爲大過人一無人字。也。

初六，藉用白茅，无咎。

初以陰柔巽體而處下，過於畏慎者也。以柔在下，用茅藉物之象。不錯諸地，而藉以茅，過於慎也，是以无咎。茅之爲物雖薄而用可重者，以用之能成敬慎之道也。慎守斯術而行，豈有失乎？大過之用

〔一〕覆元本「不失」下小注：「不失一作得。」
〔二〕覆元本「百」作「不」。

也。繫辭云：「苟錯諸地而可矣，藉之用茅，何咎之有？慎之至也。」夫茅之爲物薄而用可重也，慎斯術也以往，其无所失矣，言敬慎之至也。茅雖至薄之物，然用之可甚重。以之藉薦，則爲重慎之道，是用之重也。人之過於敬慎，爲之非難，而可以保其安而无過，苟能慎一有思字。斯道，推而行之於事，其无所失矣。

象曰：藉用白茅，柔在下也。

以陰柔處卑下之道，惟當過於敬慎而已。以柔在下，爲以茅藉物之象，敬慎之道也。

九二，枯楊生稊，老夫得其女妻，无不利。

陽之大過，比陰則合，故二與五皆有生象。九二當大過之初，得中而居柔，與初密比而相與。初既切比於二，二復无應於上，其相與可知。是剛過之人，而能以中自處，用柔相濟者也。過剛則不能有所爲，九三是也。得中用柔，則能成大過之功，九二是也。楊者，陽氣易感之物，陽過則枯矣。楊枯槁而復生稊，陽過而未至於極也。九二陽過而與初，老夫得女妻之象。老夫而得女妻，則能成生育之功。二得中居柔而與初，故能復生稊，而无過極之失，无所不利也。在大過，陽爻居陰則善，二與四是也。二不言吉，方言无所不利，未遽至吉也。稊，根也。劉琨勸進表云：「生繁華於枯荑。」謂枯根也。鄭玄易亦作荑字，與稊同。

象曰：老夫女妻，過以相與也。

老夫之説少女，少女之順老夫，其相與過於常分，謂九二初六陰陽相與之和，過於常也。

九三，棟橈凶。

夫居大過之時，興大過之功，立大過之事，非剛柔得中，取於人以自輔，則不能也。既過於剛强，則不能與人同，常常之功尚不能獨立，況大過之事乎？以聖人之才，雖小事必取於人，當天下之大任，則可知矣。九三以大過之陽，復以剛自居而不得中，剛過之甚者也。以過甚之剛，動則違於中和而拂於衆心，安能當大過之任乎？故不勝其任，如棟之橈，傾敗其室，是以凶也。取棟爲象者，以其无輔，而不能勝重任也。或曰：三，巽體而應於上，豈无用柔之象乎？曰：言易者，貴乎識勢之重輕，時之變易。三居過而用剛，巽既終而且變，豈復有用柔之義？應者，謂志相從也。三方過剛，上能繫其志乎？

象曰：棟橈之凶，不可以有輔也。

剛强之過，則不能取於人，人亦不能〔一〕親輔之，如棟橈折，不可支輔也。棟當室之中，不可加助，是不可以有輔也。

九四，棟隆吉，有它吝。

〔一〕覆元本「能」下小注：「一作肯。」

四居近君之位，當大過之任者也。居柔爲能用柔相濟，既不過剛，則能勝其任，如棟之隆起，是以吉也。隆起，取〔二〕不下橈之義。大過之時，非陽剛不能濟，以剛處柔，爲得宜矣，若又與初六之陰相應，則過也。既剛柔得宜，而志復應陰，是有它也。有它則有累於剛，雖未至於大害，亦可吝也。蓋大過之時，動則過也。有它謂更有它志，吝爲不足之義，謂可少也。或曰：二比初則无不利，四若應初則爲吝，何也？曰：二得中而比於初，爲以柔相濟之義；四與初爲正應，志相繫者也。九既居四，剛柔得宜矣，復牽繫於陰，以害其剛，則可吝也。

象曰：棟隆之吉，不橈乎下也。

棟隆起則吉，不橈曲以就下也，謂不下繫於初也。

九五，枯楊生華，老婦得其士夫，无咎，无譽。

九五當大過之時，本以中正居尊位，然下无應助，固不能成大過之功，而上比過極之陰，其所相濟者，如枯楊之生華。枯楊下生根稊，則能復生，如大過之陽興成事功也；上生華秀，雖有所發，无益於枯也。上六過極之陰，老婦也。五雖非少，比老婦則爲壯矣，於五无所賴也，故反稱婦得。過極之陰，得陽之相濟，不爲无益也。以士夫而得老婦，雖无罪咎，殊非美也，故云无咎无譽，象復言其可醜也。

〔二〕覆元本「取」上小注：「一有兼字。」

象曰：枯楊生華，何可久也！老婦士夫，亦可醜也。

枯楊不生根而生華，旋復枯矣，安能久乎？老婦而得士夫，豈能成生育之功？亦爲可醜也。

上六，過涉滅頂凶，无咎。

上六以陰柔處過極，是小人過常之極者也。小人之所謂大過，非能爲大過人之事也，直過常越理，不恤危亡，履險蹈禍而已。如過涉於水，至滅没其頂，其凶可知。小人狂躁以自禍，蓋其宜也，復將何尤，故曰无咎，言自爲之，无所怨咎也。因澤之象而取涉義。

象曰：過涉之凶，不可咎也。

過涉至溺，乃自爲之，不可以有咎也，言无所怨咎。

䷜ 坎下坎上

習坎，序卦：「物不可以終過，故受之以坎，坎者陷也。」理无過而不已，過極則必陷，坎所以次大過也。習謂重習。他卦雖重，不加其名，獨坎加習者，見其重險，險中復有險，其義大也。卦中一陽上下二陰，陽實陰虚，上下无據，一陽陷於二陰之中，故爲坎陷之義。陽居陰中則爲陷，陰居陽中則爲麗。凡陽：在上者止之象，在中陷之象，在下動之象。陰：在上説之象，在中麗之象，在下巽之象。陷則爲險。習，重也，如學習温習，皆重復之義也。坎，陷也。卦之所言，處險難之道。坎，水也。一始於中，有生之最先者也，故爲水。陷，水之體也。

習坎有孚，維心亨，行有尚。

陽實在中，爲中有孚信。維心亨，維其心誠一，故能亨通。至誠可以通金石，蹈水火，何險難之不可亨也？行有尚，謂以誠一而行，則能出險，有可嘉尚，謂有功也。不行則常在險中矣。

彖曰：習坎，重險也。

水流而不盈，行險而不失其信。

習坎者，謂重險也，上下皆坎，兩險相重也。初六云坎窞，是坎中之坎，重險也。水流而不盈，陽動於險中，而未出於險，乃水性之流行而未盈於坎，既盈則出乎坎矣。行險而不失其信，陽剛中實，居險之中，行險而不失其信者也。坎中實，水就下，皆爲信義有孚也。

維心亨，乃以剛中也。

維其心可以亨通者，乃以其剛中也。中實爲有孚之象。至誠之道，何所不通？以剛中之道而行，則可以濟險難而亨通也。

行有尚，往有功也。

以其剛中之才而往，則有功，故可嘉尚；若止而不行，則常在險中矣。坎以能行爲功。

天險不可升也，地險山川丘陵也。王公設險以守其國。險之時用大矣哉！

高不可升者，天之險也。山川丘陵，地之險也。王公，君人者。觀坎之象，知險之不可陵也，故設爲城郭溝池之險，以守其國，保其民人，是有用險之時，其用甚大，故贊其大矣哉！山河城池，設險之大端也。若夫尊卑之辨，貴賤之分，明等威，異物采，凡所以杜絶陵僭，限隔上下者，皆體險之用也。

象曰：水洊至，習坎，君子以常德行習教事。

坎爲水，水流仍洊而至。兩坎相習，水流仍洊之象也。水自涓滴至于尋丈，至于江海，洊習而不驟者也。其因勢就下，信而有常。故君子觀坎水之象，取其有常，則常久其德行。人之德行，不常則僞也，故當如水之有常，取其洊習相受，則以習熟其教令之事。夫發政行教，必使民熟於聞聽，然後能從，故三令五申之；若驟告未喻，遽責其從，雖嚴刑以驅之不能也，故當如水之洊習。

初六，習坎，入于坎窞，凶。

初以陰柔居坎險之下，柔弱无援，而處不得當，非能出乎險也，唯益陷於深險耳。窞，坎中之陷處。已在習坎中，更入坎窞，其凶可知。

象曰：習坎入坎，失道凶也。

由習坎而更入坎窞，失道也，是以凶。能出於險，乃不失道也。

九二，坎有險，求小得。

二當坎險之時，陷上下二陰之中，乃至險之地，是有險也。然其剛中之才，雖未能出乎險中，亦可小自濟，不至如初益陷入于深險，是所求小得也。君子處險難而能自保者，剛中而已。剛則才足自衛，中則動不失宜。

象曰：求小得，未出中也。

方爲二陰所陷，在險〔二〕之地，以剛中之才，不至陷于深險，是所求小得，然未能出坎中之險也。

六三，來之坎坎，險且枕，入于坎窞，勿用。

六三在坎陷之時，以陰柔而居不中正，其處不善，進退與居，皆不可者也。來下則入于險之中，之上則重險也，退來與進之皆險，故云來之坎坎。既進退皆險，而居亦險。枕謂支倚。居險而支倚以處，不安之甚也。所處如此，唯益入於深險耳，故云入于坎窞。如三所處之道，不可用也，故戒勿用。

象曰：來之坎坎，終无功也。

進退皆險，處又不安，若用此道，當益入于險，終豈能有功乎？以陰柔處不中正，雖平易之地，尚致悔咎，況處險乎？險者人之所欲出也，必得其道，乃能去之。求去而失其道，益困窮耳。故聖人戒如三所處，不可用也。

六四，樽酒簋貳，用缶，納約自牖，終无咎。

六四陰柔而下无助，非能濟天下之險者。以其在高位，故言爲臣處險之道。大臣當險難之時，唯至誠

〔二〕覆元本「險」上有「至」字。觀上文「陷上下二陰之中，乃至險之地」，作「至險」義較長。

見信於君，其交固而不可間，又能開明君心，則可保无咎矣。夫欲上之篤信，唯當盡其質實而已。多儀而尚飾，莫如燕享之禮，故以燕享喻之，言當不尚浮飾，唯以質實。所用一樽之酒，二簋之食，復以瓦缶爲器，質之至也。其質實如此，又須納約自牖。納約謂進結於君之道。牖〔二〕，開通之義。室之暗也，故設牖所以通明。自牖，言自通明之處，以況君心所明處。詩云：「天之牖民，如壎如篪。」毛公訓牖爲道，亦開通之謂〔三〕。人臣以忠信之道結於君心，必自其所明處乃能入也。人心有所蔽，有所通。所蔽者暗處也，所通者明處也。當就其明處而告之，求信則易也，故云納約自牖。能如是，則雖艱險之時，終得无咎也。且如君心蔽於荒樂，唯其蔽也，故爾雖力詆其荒樂之非，如其不省何？必於所不蔽之事，推而及之，則能悟其心矣。自古能諫其君者，未有不因其所明者也。故訐直强勁者率多取忤，而温厚明辯者其説多行。且如漢祖愛戚姬，將易太子，是其所蔽也。羣臣争之者衆矣。嫡庶之義，長幼之序，非不明也，如其蔽而不察何？四老者，高祖素知其賢而重之，此其不蔽之明心也，故因其所明而及其事，則悟之如反手。且四老人之力，孰與張良羣公卿及天下之士？其言之切，孰與周昌、叔孫通？然而不從彼而從此者，由攻其蔽與就其明之異耳。又如趙王太后愛其少子長安君，不肯使質於齊，此其蔽於私愛也。大臣諫之雖强，既曰蔽矣，其能聽乎？愛其子而欲使之長久富貴

〔二〕覆元本「牖」下小注：「一有有字。」
〔三〕覆元本「謂」下小注：「一作義。」

者，其心之所明也。故左師觸龍因其〔二〕明而導之以長久之計，故其聽也如響。非惟告於君者如此，爲教者亦然。夫教必就人之所長，所長者心之所明也，從其心之所明而入，然後推及其餘，孟子所謂成德達才是也。

象曰：樽酒簋貳，剛柔際也。

象只舉首句，如此比多矣。樽酒簋貳，質實之至，剛柔相際，接之道能如此，則可終保无咎。君臣之交，能固而常者，在誠實而已。剛柔指四與五，謂君臣之交際也。

九五，坎不盈，祇既平，无咎。

九五在坎之中，是不盈也，盈則平而出矣。祇宜音柢，抵也，復卦云：「无祇悔。」必抵於已平，則无咎。既曰不盈，則是未平而尚在險中，未得无咎也。以九五剛中之才，居尊位，宜可以濟於險，然下无助也。二陷於險中未能出，餘皆陰柔，无〔三〕濟險之才，人君雖才，安能獨濟天下之險？居君位而不能致天下出於險，則爲有咎，必祇既平，乃得无咎。

象曰：坎不盈，中未大也。

〔二〕覆元本「其」下小注：「一有所字。」義似較長。
〔三〕覆元本「无」下小注：「一作非。」

九五剛中之才，而得尊位，當濟天下之險難，而坎尚不盈，乃未能平乎險難，是其剛中之道未光大也。險難之時，非君臣協力，其能濟乎？五之道未大，以无臣也。人君之道，不能濟天下之險難，則爲未大，不稱其位也。

上六，係用徽纆，寘于叢棘，三歲不得，凶。

上六以陰柔而居險之極，其陷之深者也。以其陷之深，取牢獄爲喻。如繫縛之以徽纆，囚寘于叢棘之中，陰柔而陷之深，其不能出矣。故云至于三歲之久，不得免也，其凶可知。

象曰：上六失道凶，三歲也。

以陰柔而自處極險之地，是其失道也，故其凶至於三歲也。三歲之久，而不得免焉，終凶之辭也。言久，有曰十，有曰三，隨其事也。陷于獄，至于三歲，久之極也。他卦以年數言者，亦各以其事也，如三歲不興，十年乃字是也。

䷝ 離下離上

離，序卦：「坎者陷也，陷必有所麗，故受之以離，離者麗也。」陷於險難之中，則必有所附麗，理自然也，離所以次坎也。離，麗也，明也。取其陰麗於上下之陽，則爲附麗之義；取其中虛，則爲明義。離爲火，火體虛，麗於物而明者也。又爲日，亦以虛明之象。

離：利貞，亨。畜牝牛，吉。

離，麗也。萬物莫不皆有所麗，有形則有麗矣。在人則爲〔二〕所親附之人，所由之道，所主之事，皆其所麗也。人之所麗，利於貞正，得其正則可以亨通，故曰「離，利貞，亨」。畜牝牛，吉：牛之性順，而又牝焉，順之至也，既附麗於正，必能順於正道如牝牛，則吉也。畜牝牛，謂養其順德。人之順德，由養以成，既麗於正，當養習以成其順德也。

彖曰：離，麗也。日月麗乎天，百穀草木麗乎土。

離，麗也：謂附麗也。如日月則麗於天，百穀草木則麗於土。萬物莫不各有所麗，天地之中，无无麗之物，在人當審其所麗，麗得其正則能亨也。

重明以麗乎正，乃化成天下。

以卦才言也。上下皆離，重明也。五二皆處中正，麗乎正也。君臣上下皆有明德，而處中正，可以化天下，成文明之俗也。

柔麗乎中正，故亨，是以畜牝牛吉也。

二五以柔順麗於中正，所以能亨。人能養其至順，以麗中正，則吉，故曰「畜牝牛吉」也。或曰：二

〔二〕覆元本「爲」下小注：「一無爲字。」

則中正矣，五以陰居陽，得爲正乎？曰：離主於〔二〕所麗。五，中正之位，六，麗於正位，乃爲正也。學者知時義而不失輕重，則可以言易矣。

象曰：明兩，作離，大人以繼明照于四方。

若云兩明，則是二明，不見繼明之義，故云明兩，明而重兩，謂相繼也。作離，明兩而爲離，繼明之義也。震巽之類，亦取洊隨之義，然離之義尤重也。大人，以德言則聖人，以位言則王者。大人觀離明相繼之象，以世繼其明德，照臨于四方。大凡以明相繼，皆繼明也。舉其大者，故以世襲繼照言之。

初九，履錯然，敬之无咎。

陽固好動，又居下而離體。陽居下，則欲進。離性炎上，志在上麗，幾於躁動。其履錯然，謂交錯也。雖未進，而跡已動矣，動則失居下之分而有咎也。然其剛明之才，若知其義而敬慎之，則不至於咎矣。初在下，无位者也。明其身之進退，乃所麗之道也。其志既動，不能敬慎則妄動，是不明所麗，乃有咎也。

象曰：履錯之敬，以辟咎也。

履錯然欲動，而知敬慎，不敢進，所以求辟免過咎也。居明而剛，故知而能辟，不剛明則妄動矣。

〔二〕覆元本此句無「於」字。

六二，黃離，元吉。

二居中得正，麗於中正也。黃，中之色，文之美也。文明中正，美之盛也，故云黃離。以文明中正之德，上同於文明中順之君，其明如是，所麗如是，大善之吉也。

象曰：黃離元吉，得中道也。

所以元吉者，以其得中道也。不云正者，離以中爲重。所以成文明，由中也，正在其中矣。

九三，日昃之離，不鼓缶而歌，則大耋之嗟，凶。

八純卦皆有二體之義。乾，内外皆健；坤，上下皆順；震，威震相繼；巽，上下順隨；坎，重險相習；離，二明繼照；艮，内外皆止；兑，彼己相説。而離之義，在人事最大。九三居下體之終，是前明將盡，後明當繼之時，人之始終，時之革易也，故爲日昃之離，日下昃之明也，昃則將没矣。以理言之，盛必有衰，始必有終，常道也。達者順理爲樂。缶，常用之器也。鼓缶而歌，樂其常也。不能如是，則以大耋爲嗟憂，乃爲凶也。大耋，傾没也。人之終盡，達者則知其常理，樂天而已，遇常皆樂，如鼓缶而歌。不達者則恐恒有將盡之悲，乃大耋之嗟，爲其凶也。此處死生之道也。耋與昳同。

象曰：日昃之離，何可久也！

日既傾昃，明能久乎？明者知其然也，故求人以繼其事，退處以休其身，安常處順，何足以爲凶也！

九四，突如其來如，焚如，死如，棄如。

九四，離下體而升上體，繼明之初，故言繼承之義。在上而近君，繼承之地也。以陽居離體而處四，剛躁而不中正，且重剛。以不正而剛盛之勢，突如而來，非善繼者也。夫善繼者，必有巽讓之誠，順承之道，若舜、啟然。今四突如其來，失善繼之道也。又承六五陰柔之君，其剛盛陵爍之勢，氣焰如焚然，故云焚如。四之所行，不善如此，必被禍害，故曰死如。失繼紹之義，承上之道皆逆德也，衆所棄絶，故云棄如。至於死棄，禍之極矣，故不假言凶也。

象曰：突如其來如，无所容也。

上陵其君，不順所承，人惡衆棄，天下所不容也。

六五，出涕沱若，戚嗟若，吉。

六五居尊位而守中，有文明之德，可謂善矣。然以柔居上，在下无助，獨附麗於剛强之閒，危懼之勢也。唯其明也，故能畏懼之深，至於出涕；憂慮之深，至于戚嗟，所以能保其吉也。出涕戚嗟，極言其憂懼之深耳，時當然也。居尊位而文明，知憂畏如此，故得吉。若自恃其文明之德，與所麗中正，泰然不懼，一作慮。則安能保其吉也？

象曰：六五之吉，離王公也。

六五之吉者，所麗得王公之正位也。據在上之勢，而明察事理，畏懼憂虞以持之，所以能吉也。不然，豈能安乎上九，王用出征，有嘉。

九以陽居上，在離之終，剛明之極者也。明則能照，剛則能斷。能照足以察邪惡，能斷足以行威刑，故王者宜用。如是剛明以辨天下之邪惡，而行其征伐，則有嘉美之功也。征伐，用刑之大者。

折首，獲匪其醜，无咎。

夫明極則无微不照，斷極則无所寬宥，不約之以中，則傷於嚴察矣。去天下之惡，若盡究其漸染詿誤，則何可勝誅？所傷殘亦甚矣，故但當折取其魁首，所執獲者非其醜類，則无殘暴之咎也。書曰：「殲厥渠魁，脅從罔治。」

象曰：王用出征，以正邦也。

王者用此上九之德，明照而剛斷，以察除天下之惡，所以正治其邦國，剛明居上之道也。

周易程氏傳卷第三

周易下經上

☱☶艮下兌上

咸，序卦：「有天地然後有萬物，有萬物然後有男女，有男女然後有夫婦，有夫婦然後有父子，有父子然後有君臣，有君臣然後有上下，有上下然後禮義有所錯。」天地萬物之本，夫婦人倫之始，所以上經首乾、坤，下經首咸繼以恒也。天地二物，故二卦分爲天地之道。男女交合而成夫婦，故咸與恒皆二體合爲夫婦之義。咸，感也，以説爲主；恒，常也，以正爲本。而説之道自有正也。正之道固有説焉：巽而動，剛柔皆應，説也。咸之爲卦，兌上艮下，少女少男也。男女相感之深，莫如少者，故二少爲咸也。艮體篤實，止爲誠慤之義。男志篤實以下交，女心説而上應，男感之先也。男先以誠感，則女説而應也。

咸：亨，利貞，取女吉。

咸，感也。不曰感者，咸有皆義，男女交相感也。物之相感，莫如男女，而少復甚焉。凡君臣上下，以至萬物，皆有相感之道。物之相感，則有亨通之理。君臣能相感，則君臣之道通；上下能相感，則上下之志通；以至父子、夫婦、親戚、朋友，皆情意相感，則和順而亨通。事物皆然，故咸有亨之理也。利貞，相感之道利在於正也。不以正，則入於惡矣，如夫婦之以淫姣，君臣之以媚說，上下之以邪僻，皆相感之不以正也。取女吉，以卦才言也。卦有柔上剛下，二氣感應，相與止而說，男下女之義。以此義取女，則得正而吉也。

彖曰：咸，感也。

柔上而剛下，二氣感應，以相與止而說，男下女，是以亨利貞，取女吉也。

咸之義感也。在卦，則柔爻上而剛爻下，柔上變剛而成兑，剛下變柔而成艮，陰陽相交，爲男女交感之義。又兑女在上，艮男居下，亦柔上剛下也。陰陽二氣，相感相應而和合，是相與也。止而說，止於說，爲堅慤之意。艮止於下，篤誠相下也；兑說於上，和說相應也。以男下女，和之至也。相感之道如此，是以能亨通而得正，取女如是則吉也。卦才如此，大率感道利於正也。

天地感而萬物化生，聖人感人心而天下和平。觀其所感，而天地萬物之情可見矣。

既言男女相感之義，復推極感道，以盡天地之理、聖人之用。天地二氣交感而化生萬物，聖人至誠以感億兆之心而天下和平。天下之心所以和平，由聖人感之也。觀天地交感化生萬物之理，與聖人感人心致和平之道，則天地萬物之情可見矣。感通之理，知道者默而觀之可也。

象曰：山上有澤，咸，君子以虛受人。

澤性潤下，土性受潤，澤在山上而其漸潤通徹，是二物之氣相感通也。君子觀山澤通氣之象，而虛其中以受於人。夫人中虛則能受，實則不能入矣。虛中者，无我也。中无私主，則无感不通。以量而容之，擇合一作交。而受之，非聖人有感必通之道也。

初六，咸其拇。

初六在下卦之下，與四相感。以微處初，其感未深，豈能動於人？故如人拇之動，未足以進也。拇，足大指。人之相感，有淺深輕重之異，識其時勢，則所處不失其宜矣。

象曰：咸其拇，志在外也。

初志之動，感於四也，故曰在外。志雖動而感未深，如拇之動，未足以進也。

六二，咸其腓，凶，居吉。

二以陰居下，與五爲應，故設咸腓之戒。腓，足肚，行則先動，足乃舉之，非如腓之自動也。二若不守道，待上之求，而如腓自動，則躁妄自失，所以凶也。安其居而不動，以待上之求，則得進退之道而吉也。二，中正之人，以其在咸而應五，故爲此戒。復云居吉，若安其分，不自動，則吉也。

象曰：雖凶，居吉，順不害也。

二居中得正，所應又中正，其才本善，以其在咸之時，質柔而上應，故戒以先動求君則凶，居以自守則吉。象復明之云：非戒之不得相感，唯順理則不害，謂守道不先動也。

九三，咸其股，執其隨，往吝。

九三以陽居剛，有剛陽之才，而爲主於内，居下之上，是宜自得於正道，以感於物，而乃應於上六。陽好上而説，陰上居感説之極，故三感而從之。股者，在身之下，足之上，不能自由，隨身而動者也，故以爲象，言九三不能自主，隨物而動，如股然，其所執守者隨於物也。剛陽之才，感於所説而隨之，如此而往，可羞吝也。

象曰：咸其股，亦不處也；志在隨人，所執下也。

云亦者，蓋象辭〔一〕本不與易相比，自作一處，故諸爻之象辭，意有相續者。此言亦者，承上爻〔二〕辭也。上云：「咸其拇，志在外也，雖凶居吉，順不害也。」咸其股，亦不處也。前二陰爻皆有感而動，三雖陽爻亦然，故云「亦不處也」。不處謂動也。有剛陽之質，而不能自主〔三〕，志反在於隨人，是所操執者卑下之甚也。

九四，貞吉，悔亡。憧憧往來，朋從爾思。

〔一〕覆元本「辭」下小注：「一作體。」
〔二〕覆元本「爻」下小注：「一有象字。」義較長。
〔三〕覆元本「主」下小注：「一作立，一作處。」

感者，人之動也，故皆就人身取象。拇取在下而動之微，腓取先動，股取其隨。九四无所取，直言感之道，不言咸其心，感乃心也。四在中而居上，當心之位，故爲感之主，而言感之道：貞正則吉而悔亡，感不以正，則有悔也。又四説體，居陰而應初，故戒於貞感之道，无所不通，有所私係，則害於感通，乃有悔也。聖人感天下之心，如寒暑雨暘，无不通，无不應者，亦貞而已矣。貞者，虛中无我之謂也。憧憧往來，朋從爾思：夫貞一則所感无不通，若往來憧憧然，用其私心以感物，則思之所及者有能〔二〕感而動，所不及者不能感也，是其朋類則從其思也，以有係之私心，既主於一隅一事，豈能廓然无所不通乎？繫辭曰：「天下何思何慮？天下同歸而殊塗，一致而百慮，天下何思何慮？」夫子因咸極論感通之道。夫以思慮之私心感物，所感狹矣。天下之理一也，塗雖殊而其歸則同，慮雖百而其致則一。雖物有萬殊，事有萬變，統之以一，則无能違也。故貞其意，則窮天下无不感通焉，故曰：「天下何思何慮？」用其思慮之私心，豈能无所不感也？「日往則月來，月往則日來，日月相推而明生焉。寒往則暑來，暑往則寒來，寒暑相推而歲成焉。往者屈也，來者信也，屈信相感而利生焉。」此以往來屈信明感應之理。屈則有信，信則有屈，所謂感應也。故日月相推而明生，寒暑相推而歲成，功用由是而成，故曰屈信相感而利生焉。感，動也，有感必有應。凡有動皆爲感，感則必有應，所應復爲感，

〔二〕覆元本「能」作「所」，義較長。

感〔一〕復有應，所以不已也。「尺蠖之屈，以求信也。龍蛇之蟄，以存身也。精義入神，以致用也。利用安身，以崇德也。過此以往，未之或知也。」前云屈信之理矣，復取物以明之。尺蠖之行，先屈而後信，蓋不屈則无信，信而後有屈，觀尺蠖則知感應之理矣。龍蛇之〔二〕藏，所以存息其身，而後能奮迅也，不蟄則不能奮矣。動息相感，乃屈信也。君子潛心精微之義，入於神妙，所以致其用也。潛心精微，積也；致用，施也。積與施乃屈信也。「利用安身，以崇德也」，承上文致用而言：利其施用，安處其身，所以崇大其德業也。所爲合理，則事正而身安，聖人〔三〕能事盡於此矣，故云：「過此以往，未之或知也。」「窮神知化，德之盛也。」既云「過此以往，未之或知」，更以此語終之，云窮極至神之妙，知化育之道，德之至盛也，无加於此矣。

象曰：貞吉悔亡，未感害也；憧憧往來，未光大也。

貞則吉而悔亡，未爲私感所害也；係私應則害於感矣。憧憧往來，以私心相感，感之道狹矣，故云未光大也。

九五，咸其脢，无悔。

〔一〕覆元本「感」上小注：「一有所字。」義較長。

〔二〕覆元本「之」作「蟄」，義較長，與下文「不蟄則不能奮」句相應。

〔三〕覆元本「人」下小注：「一作賢。」

九居尊位，當以至誠感天下，而應二比上。若係二而説上，則偏私淺狹，非人君之道，豈能感天下乎？脢，背肉也，與心相背而所不見也。言能背其私心，感非其所見而説者，則得人君感天下之正，而无悔也。

象曰：咸其脢，志末也。

戒使背其心而咸脢者，爲其存心淺末，係二而説上，感於私欲也。

上六，咸其輔頰舌。

上陰柔而説體，爲説之主，又居感之極，是其欲感物之極也，故不能以至誠感物，而發見於口舌之間，小人女子之常態也，豈能動於人乎？不直云口，而云輔頰舌，亦猶今人謂口過曰脣吻，曰頰舌也，輔頰舌皆所用以言也。

象曰：咸其輔頰舌，滕口説也。

唯至誠爲能感人，乃以柔説騰揚於口舌，言説豈能感於人乎？

䷟巽下震上

恒，序卦：「夫婦之道，不可以不久也，故受之以恒。恒，久也。」咸，夫婦之道。夫婦〔一〕終身不〔二〕變者也，故咸之後受之以恒也。咸，少男在少女之下，以男下女，是男女交感之義。恒，長男在長女之上，男尊女卑，夫婦居室之常道也。論交感之情，則少爲親〔三〕切；論尊卑之序，則長當謹正；故兑艮爲咸，而震巽爲恒也。男在女上，男動于外，女順于内，人理之常，故爲恒也。又剛上柔下，雷風相與，巽而動，剛柔相應，皆恒之義也。

恒：亨，无咎；利貞，利有攸往。

恒者，常久也。恒之道可以亨通，恒而能亨，乃无咎也。恒而不可以亨，非可恒之道也，爲有咎矣。如君子之恒於善，可恒之道也；小人恒於惡，失可恒之道也。恒所以能亨，由貞正也，故云利貞。夫所謂恒，謂可恒久之道，非守一隅而不知變也，故利於有往。唯其有往，故能恒也，一定則不能常矣。又常久之道，何往不利？

彖曰：恒，久也。

恒者長久之義。

〔一〕覆元本「婦」下小注：「一有之道字。」
〔二〕覆元本「不」下小注：「一有可字。」
〔三〕覆元本「親」作「深」。

剛上而柔下，雷風相與，巽而動，剛柔皆應，恒。

卦才有此四者，成恒之義也。剛上而柔下，謂乾之初上居於四，坤之初〔二〕下居於初，剛爻上而柔爻下也。二爻易處則成震巽，震上巽下，亦剛上而柔下也。剛處上而柔居下，乃恒道也。雷風相與：雷震則風發，二者相須，交助其勢，故云相與，乃其常也。巽而動：下巽順，上震動，爲以巽而動。天地造化，恒久不已者，順動而已。巽而動，常久之道也。動而不順，豈能常也？剛柔皆應〔三〕：一卦剛柔之爻皆相應。剛柔相應，理之常也。此四者，恒之道也，卦所以爲恒也。

恒亨，无咎，利貞，久於其道也。

恒之道，可致亨而无過咎，但所恒宜得其正，失正則非可恒之道也，故曰久於其道。其道，可恒之正道也。不恒其德，與恒於不正，皆不能亨而有咎也。

天地之道，恒久而不已也。

天地之所以不已，蓋有恒久之道。人能恒於可恒之道，則合天地之理也。

利有攸往，終則有始也。

〔二〕覆元本「初」下小注：「一作四。」義較長。

〔三〕覆元本「應」下小注：「一有恒字。」

天下之理，未有不動而能恒者也。動則終而復始，所以恒而不窮。凡天地所生之物，雖山嶽之堅厚，未有能不變者也，故恒非一定之謂也，一定則不能恒矣。唯隨時變易，乃常道也，故云利有攸往。明理之如是，懼人之泥於常也。

日月得天而能久照，四時變化而能久成，聖人久於其道而天下化成。觀其所恒，而天地萬物之情可見矣。

此極言常理。日月，陰陽之精氣耳，唯其順天之道，往來盈縮，故能久照而不已。得天，順天理也。四時，陰陽之氣耳，往來變化，生成萬物，亦以得天，故常久不已。聖人以常久之道，行之有常，而天下化之以成美俗也。觀其所恒，謂觀日月之久照、四時之久成、聖人之道所以能常久之理。觀此，則天地萬物之情理可見矣。天地常久之道，天下常久之理，非知道者孰能識之？

象曰：雷風，恒，君子以立不易方。

君子觀雷風相與成恒之象，以常久其德，自立於大中常久之道，不變易其方所也。

初六，浚恒，貞凶，无攸利。

初居下而四爲正應，柔暗之人，能守常而不能度勢：四震體而陽性，以剛居高，志上而不下，又爲二三所隔，應初之志異乎常矣，而初乃求望之深，是知常而不知變也。浚，深之也。浚恒，謂求恒之深也。守常而不度勢，求望於上之深，堅固守此，凶之道也。泥常如此，无所往而利矣。世之責望故素而致悔吝〔二〕者，皆浚恒者也。志既上求之深，是不能恒安其處者也。柔微而不恒安其處，亦致凶之道。凡卦之初終，淺與深、微與盛之地也。在下而求深，亦不知時矣。

象曰：浚恒之凶，始求深也。

居恒之始，而求望於上之深，是知常而不知〔三〕度勢之甚也，所以凶。陰暗不得恒之宜也。

九二，悔亡。

在恒之義，居得其正，則常道也。九，陽爻，居陰位，非常理也。處非其常，本當有悔，而九二以中德而應於五，五復居中，以中而應中，其處與動，皆得中也，是能恒久於中也。能恒久於中，則不失正矣。中重於正，中則正矣，正不必中也。九二以剛中之德而應於中，德之勝也，足以亡其悔矣。人能識重輕之勢，則可以言易矣。

象曰：九二悔亡，能久中也。

所以得悔亡者，由其能恒久於中也。人能恒久於中，豈止亡其悔，德之善也。

九三，不恒其德，或承之羞，貞吝。

〔二〕覆元本「悔吝」作「悔咎」，下有小注：「一作吝。」

〔三〕覆元本「不知」下小注：「一無知字。」

三，陽爻，居陽位，處得其位，是其常處也；乃志從於上六，不唯陰陽相應，風復從雷，於恒處而不處，不恒之人也。其德不恒，則羞辱或承之矣。或承之，謂有時而至也。貞吝：固守不恒以爲恒，豈不可羞吝乎？

象曰：不恒其德，无所容也。

人既无恒，何所容處？當處之地，既不能恒，處非其據，豈能恒哉？是不恒之人，无所容處其身也。

九四，田无禽。

以陽居陰，處非其位，處非其所，雖常何益？人之所爲，得其道則久而成功，不得其道則雖久何益？故以田爲喻，言九之居四，雖使恒久，如田獵而无禽獸之獲，謂徒用力而无功也。

象曰：久非其位，安得禽也？

處非其位，雖久何所得乎？以田爲喻，故云安得禽也。

六五，恒其德，貞。婦人吉，夫子凶。

五應於二，以陰柔而應陽剛，居中而所應又中，陰柔之正也，故恒久其德則爲貞也。夫以順從爲恒者，婦人之道，在婦人則爲貞，故吉；若丈夫而以順從於人爲恒，則失其剛陽之正，乃凶也。五，君位，而不以君道言者，如六五之義：在丈夫猶凶，況人君之道乎？在它卦，六居君位而應剛，未爲失也；在恒，故不可耳。君道豈可以柔順爲恒也？

象曰：婦人貞吉，從一而終也；夫子制義，從婦凶也。

如五之從二，在婦人則爲正而吉，婦人以從爲正，以順爲德，當終守於從一。夫子則以義制者也，從婦人之道，則爲凶也。

上六，振恒，凶。

六居恒之極，在震之終，恒極則不常，震終則動極。以陰居上，非其安處，又陰柔不能堅固其守，皆不常之義也，故爲振恒，以振爲恒也。振者，動之速也，如振衣，如振書，抖擻運動之意。在上而其動无節，以此爲恒，其凶宜矣。

象曰：振恒在上，大无功也。

居上之道，必有恒德，乃能有功；若躁動不常，豈能有所成乎？居上而不恒，其凶甚矣。象又言其不能有所成立，故曰大无功也。

䷠艮下乾上

遯，序卦：「恒者久也，物不可以久居其所，故受之以遯。遯者，退也。」夫久則有去，相須之理也，遯所以繼恒也。遯，退也，避也，去之之謂也。爲卦，天下有山。天，在上之物，陽性上進。山，高起之物，形雖高起，體乃止。物有上陵之象而止不進，天乃上進而去之，下陵而上去，是相違遯，故爲遯去之義。二陰生於下，陰長將盛，陽消而退，小人漸盛，君子退而避之，故爲遯也。

遯：亨，小利貞。

遯者，陰長陽消，君子遯藏之時也。君子退藏以伸其道，道不屈則爲亨，故遯所以有亨也。在事，亦有由遯避而亨者。雖小人道長之時，君子知幾退避，固善也。然事有不齊，與時消息，无必同也。陰柔方長，而未至於甚盛，君子尚有遲遲致力之道，不可大貞，而尚利小貞也。

彖曰：遯亨，遯而亨也。

小人道長之時，君子遯退，乃其道之亨也。君子遯藏，所以伸道也。此言處遯之道，自「剛當位而應」以下，則論時與卦才，尚有可爲之理也。

剛當位而應，與時行也。

雖遯之時，君子處之，未有必遯之義。五以剛陽之德，處中正之位，又下與六二以中正相應，雖陰長之時，如卦之才，尚當隨時消息，苟可以致其力，无不至誠自盡以扶持其道，未必於遯藏而不爲，故曰與時行也。

小利貞，浸而長也。

遯之時義大矣哉！

當陰長之時，不可大貞，而尚小利貞者，蓋陰長必以浸漸，未能遽盛，君子尚可小貞其道，所謂小利貞，扶持使未遂亡也。遯者陰之始長，君子知微，故當深戒，而聖人之意未便遽已也，故有「與時行，小利貞」之教。聖賢之於天下，雖知道之將廢，豈肯坐視其亂而不救？必區區致力於未極之間，强此之衰，艱彼之進，圖其暫安，苟得爲之，孔、孟之所屑爲也，王允、謝安之於漢、晉是也。若有可變之道，可亨之理，更不假言也，此處遯時之道也。故聖人贊其時義大矣哉！或久或速，其義皆大也。

象曰：天下有山，遯，君子以遠小人，不惡而嚴。

天下有山，山下起而乃止，天上進而相違，是遯避之象也。君子觀其象，以避遠乎小人，遠小人之道，若以惡聲厲色，適足以致其怨忿，唯在乎矜莊威嚴，使知敬畏，則自然遠矣。

初六，遯尾厲，勿用有攸往。

他卦以下爲初。遯者往遯也，在前者先進，故初乃爲尾。尾，在後之物也，遯而在後，不及者也，是以危也。初以柔處微，既已後矣，不可往也，往則危矣。微者易於晦藏，往既有危，不若不往之无災也。

象曰：遯尾之厲，不往何災也？

見幾先遯，固爲善也；遯而爲尾，危之道也。往既有危，不若不往而晦藏，可免於災，處微故也。古人處微下，隱亂世，而不去者多矣。

六二，執之用黄牛之革，莫之勝説。

二與五爲正應，雖在相違遯之時，二以中正順應於五，五以中正親合於二，其交自固。黄，中色。牛，順物。革，堅固之物。二五以中正順道相與，其固如執係之以牛革也。莫之勝説，謂其交之固，不可勝言也。在遯之時，故極言之。

象曰：執用黄牛，固志也。

上下以中順之道相固結，其心志甚堅，如執之以牛革也。

九三，係遯，有疾厲，畜臣妾吉。

陽志説陰，三與二切比，係乎二者也。遯貴速而遠，有所係累，則安能速且遠也？害於遯矣，故爲有疾也。遯而不速，是以危也。臣妾，小人女子，懷恩而不知義，親愛之則忠其上。係戀之私恩，懷小人女子之道也，故以畜養臣妾，則得其心爲吉也。然君子之待小人，亦不如是也。三與二非正應，以暱比相親，非待君子之道。若以正，則雖係，不得爲有疾，蜀先主之不忍棄士民是也。雖危，爲无咎矣。

象曰：係遯之厲，有疾憊也；畜臣妾吉，不可大事也。

遯而有係累，必以困憊致危；其有疾，乃憊也，蓋力亦不足矣。以此暱愛之心畜養臣妾則吉，豈可以當大事乎？

九四，好遯，君子吉，小人否。

四與初爲正應，是所好愛者也。君子雖有所好愛，義苟當遯，則去而不疑，所謂克己復禮，以道制欲，是以吉也。小人則不能以義處，暱於所好，牽於所私，至於陷辱其身而不能已，故在小人則否也。否，不善也。四，乾體能剛斷者。聖人以其處陰而有係，故設小人之戒，恐其失於正也。

象曰：君子好遯，小人否也。

君子雖有好而能遯，不失於義；小人則不能勝其私意，而至於不善也。

九五，嘉遯，貞吉。

九五中正，遯之嘉美者也。處得中正之道，時止時行，乃所謂嘉美也，故爲貞正而吉。九五非无係應，然與二皆以中正自處，是其心志及乎動止，莫非中正，而无私係之失，所以爲嘉也。在彖則概言遯時，故云「與時行，小利貞」，尚有濟遯之意；於爻至五，遯將極矣，故唯以中正處遯言之。遯非人君之事，故不主君位言，然人君之所避遠乃遯也，亦在中正而已。

象曰：嘉遯貞吉，以正志也。

志正則動必由正，所以爲遯之嘉也。居中得正，而應中正，是其志正也，所以爲吉。人之遯也，止也，唯在正其志而已矣。

上九，肥遯，无不利。

肥者，充大寬裕之意。遯者，唯飄然遠逝，无所係滯之爲善。上九乾體剛斷，在卦之外矣，又下无所係，是遯之遠而无累，可謂寬綽有餘裕也。遯者，窮困之時也，善處則爲肥矣。其遯如此，何所不利？

象曰：肥遯无不利，无所疑也。

其遯之遠，无所疑滯也。蓋在外則已遠，无應則无累，故爲剛決无疑也。

䷡乾下震上

大壯，序卦：「遯者退也，物不可以終遯，故受之以大壯。」遯爲違去之義，壯爲進盛之義。遯者，陰長而陽遯也。大壯，陽之壯盛也。衰則必盛，消息一作長。相須，故既遯則必壯，大壯所以次遯也。爲卦，震上乾下。乾剛而震動，以剛而動，大壯之義也。剛陽大也，陽長已過中矣，大者壯盛也。又雷之威震而在天上，亦大壯之義也。

大壯：利貞。

大壯之道，利於貞正也。大壯而不得其正，强猛之爲耳，非君子之道壯盛也。

彖曰：大壯，大者壯也，剛以動故壯。

所以名大壯者，謂大者壯也。陰爲小，陽爲大。陽長以盛，是大者壯也。下剛而上動，以乾之至剛而動，故爲大壯。爲大者壯，與壯之大也。

大壯利貞，大者正也。正大而天地之情可見矣。

大者既壯，則利於貞正。正而大者道也，極正大之理，則天地之情可見矣。天地之道，常久而不已者，至大至正也。正大之理，學者默識心通可也。不云大正，而云正大，恐疑爲一事也。

象曰：雷在天上，大壯，君子以非禮弗履。

雷震於天上，大而壯也。君子觀大壯之象，以行其壯。君子之大壯者，莫若克己復禮。古人云：「自勝之謂强。」中庸於「和而不流」，「中立而不倚」，皆曰「强哉矯」。「赴湯火」，「蹈白刃」，武夫之勇可能也。至於克己復禮，則非君子之大壯不可能也，故云「君子以非禮弗履」。

初九，壯于趾，征凶有孚。

初，陽剛乾體而處下，壯于進者也。在下而用壯，壯于趾也。趾，在下而進動之物。九在下，用壯而不得其中。夫以剛處壯，雖居上猶不可行，況在下乎？故征則其凶有孚。孚，信也，謂以壯往，則得凶可必也。

象曰：壯于趾，其孚窮也。

在最下而用壯以行，可必信其窮困而凶也。

九二，貞吉。

二雖以陽剛當大壯之時，然居柔而處中，是剛柔得中，不過於壯，得貞正而吉也。或曰：貞非以九居二爲戒乎？曰：易取所勝爲義。以陽剛健體當大壯之時，處得中道，无不正也。在四，則有不正之戒。人能識時義之輕重，則可以學易矣。

象曰：九二貞吉，以中也。

所以貞正而吉者，以其得中道也。中則不失正，況陽剛而乾體乎？

九三，小人用壯，君子用罔，貞厲，羝羊觸藩，羸其角。

九三以剛居陽而處壯，又當乾體之終，壯之極者也。極壯如此，在小人則爲用壯，在君子則爲用罔。小人尚力，故用其壯勇；君子志剛，故用罔。罔，无也。猶云蔑也。以其至剛，蔑視於事，而无所忌憚也。君子小人以地言，如「君子有勇而无義爲亂」。剛柔得中，則不折不屈，施於天下而无不宜。苟剛之太過，則无和順之德，多傷莫與，貞固守此，則危道也。凡物莫不用其壯：齒者齧，角者觸，蹏者踶。羊壯於首，羝爲喜觸，故取爲象。羊喜觸藩籬，以藩籬當其前也。蓋所當必觸，喜用壯如此，必羸困其角矣。猶人尚剛壯，所當必用，必至摧困也。三壯甚如此，而不至凶，何也？曰：如三之爲，其往足以致凶，而方言其危，故未及於凶也。凡可以致凶而未至者，則曰厲也。

象曰：小人用壯，君子罔也。

在小人，則爲用其强壯之力。在君子，則爲用罔：志氣剛强，蔑視於事，靡所顧憚也。

九四，貞吉悔亡，藩決不羸，壯于大輿之輹。

四，陽剛長盛，壯已過中，壯之甚也。然居四爲不正，方君子道長之時，豈可有不正也？故戒以貞則吉而悔亡。蓋方道長之時，小失則害亨進之勢，是有悔也。若在他卦，重剛而居柔，未必不爲善也，大過是也。藩所以限隔也，藩籬決開，不復羸困其壯也。高大之車，輪輹强壯，其行之利可知，故云壯于大輿之輹。輹，輪之要處也。車之敗，常在折輹，輹壯則車强矣。云壯于輹，謂壯于進也。輹與輻同。

象曰：藩決不羸，尚往也。

剛陽之長，必至於極。四雖已盛，然其往未止也。以至盛之陽，用壯而進，故莫有當之。藩決開而不羸困，其力也。尚往，其進不已也。

六五，喪羊于易，无悔。

羊羣行而喜觸，以象諸陽並進。四陽方長而並進，五以柔居上，若以力制，則難勝而有悔，唯和易以待之，則羣陽无所用其剛，是喪其壯于和易也。如此，則可以无悔。五：以位言則正，以德言則中，故能用和易之道，使羣陽雖壯无所用也。

象曰：喪羊于易，位不當也。

所以必用柔和者，以陰柔居尊位故也。若以陽剛中正得〔一〕尊位，則下无壯矣。以六五位不當也，故設喪羊于易之義。然大率治壯不可用剛。夫君臣上下之勢，不相侔也。苟君之權足以制乎下，則雖有强壯跋扈之人，不足謂之壯也。必人君之勢有所不足，然後謂之治壯。故治壯之道，不可以剛也。

上六，羝羊觸藩，不能退，不能遂，无攸利，艱則吉。

羝羊但取其用〔二〕壯，故陰爻亦稱之。六以陰處震終而當壯極，其過可知。如羝羊之觸藩籬，進則礙

〔一〕 覆元本「得」下小注：「一作居。」

〔二〕 覆元本「用」下小注：「一無用字。」

身，退則妨角，進退皆不可也。才本陰柔，故不能勝己以就義，是不能退也。陰柔之人，雖極用壯之心，然必不能終其壯，有摧必縮，是不能遂也。其所爲如此，无所往而利也。陰柔處壯，不能固其守，若遇艱困，必失其壯。失其壯，則反得柔弱之分矣，是艱則得吉也。用壯則不利，知艱而處柔則吉也。居壯之終，有變之義也。

象曰：不能退，不能遂，不詳也；艱則吉，咎不長也。

非其處而處，故進退不能，是其自處之不詳慎也。艱則吉：柔遇艱難，又居壯終，自當變矣，變則得其分，過咎不長乃吉也。

䷢ 坤下離上

晉，序卦：「物不可以終壯，故受之以晉。晉者，進也。」物无壯而終止之理，既盛壯則必進，晉所以繼大壯也。爲卦，離在坤上，明出地上也。日出於地，升而益明，故爲晉。晉，進而光明盛大之意[一]也。凡物漸盛爲進，故彖云晉進也。卦有有德者，有无德者，隨其宜也。乾、坤之外，云元亨者，固有也；云利貞者，所不足而可以有功也。有不同者，革、漸是也，隨卦可見。晉之盛而无德者，无用有[二]

[一] 覆元本「意」下小注：「一作義。」
[二] 覆元本「有」作「者」。

也。晉之明盛，故更不言亨，順乎大明，无用戒正也。

晉康侯，用錫馬蕃庶，晝日三接。

晉爲進盛之時，大明在上，而下體順附，諸侯承王之象也，故爲康侯。康侯者，治安之侯也。上之大明，而能同德，以順附治安之侯也，故受其寵數，錫之馬衆多也。車馬，重賜也；蕃庶，衆多也。不唯錫與之厚，又見親禮，晝日之中，至於三接，言寵遇之至也。晉進盛之時，上明下順，君臣相得。在上而言，則進於明盛；在臣而言，則進升高顯，受其光寵也。

彖曰：晉，進也。

明出地上，順而麗乎大明，柔進而上行，是以康侯用錫馬蕃庶，晝日三接也。

晉，進也，明進而盛也。明出於地，益進而盛，故爲晉。所以不謂之進者，進爲前進，不能包明盛之義。明出地上，離在坤上也。坤麗於離，以順麗於大明，順德之臣上附於大明之君也。柔進而上行：凡卦，離在上者，柔居君位，多云柔進而上行，噬嗑、睽、鼎是也。六五以柔居君位，明而順麗，爲能待下寵遇親密之義，是以爲康侯用錫馬蕃庶，晝日三接也。大明之君，安天下者也。諸侯能順附天子之明德，是康民安國之侯也，故謂之康侯，是以享寵錫而見親禮，晝日之間，三接見於天子也。不曰公卿而曰侯，天子治於上者也，諸侯治於下者也，在下而順附於大明之君，諸侯之象也。

象曰：明出地上，晉，君子以自昭明德。

昭，明之也。傳曰：「昭德塞違，昭其度也。」君子觀明出地上而益明盛之象，而以自昭其明德。去蔽致知，昭明德於己也；明明德於天下，昭明德於外也。明明德在己，故云自昭。

初六，晉如，摧如，貞吉，罔孚，裕无咎。

初居晉之下，進之始也。晉如，升進也。摧如，抑退也。於始進而言，遂其進，不遂其進，唯得正則吉也。罔孚者，在下而始進，豈遽能深見信於上？苟上未見信，則當安中自守，雍容寬裕，无急於求上之信也。苟欲信之心切，非汲汲以失其守，則悻悻以傷於義矣，皆有咎也。故裕則无咎，君子處進退之道也。

象曰：晉如摧如，獨行正也；裕无咎，未受命也。

无進无抑，唯獨行正道也。寬裕則无咎者，始欲進而未當位故也。君子之於進退，或遲或速，唯義所當，未嘗不裕也。聖人恐後之人不達寬裕之義，居位者廢職失守以爲裕，故特云初六裕則无咎者，始進未受命當職任故也，若有官守，不信於上而失其職，一日不可居也。然事非一概，久速唯時，亦容有爲之兆者。

六二，晉如，愁如，貞吉；受茲介福，于其王母。

六二在下，上无應援，以中正柔和〔二〕之德，非强於進者也，故於進爲可憂愁，謂其進之難也。然守其貞正，則當得吉，故云晉如愁如貞吉。王母，祖母也，謂陰之至尊者，指六五也。二以中正之道自守，雖上无應援，不能自進，然其中正之德，久而必彰，上之人自當求之。蓋六五大明之君，與之同德，必當求之，加之寵禄，受介福於王母也。介，大也。

象曰：受兹介福，以中正也。

受兹介福，以中正之道也。人能守中正之道，久而必亨，況大明在上而同德，必受大福也。

六三，衆允，悔亡。

以六居三，不得中正，宜有悔咎〔三〕，而三在順體之上，順之極者也。三陰皆順上者也，是三之順上，與衆同志，衆所允從，其悔所以亡也。有順上向明之志，而衆允從之，何所不利？或曰：不由中正，而與衆同，得爲善乎？曰：衆所允者，必至當也，況順上之大明，豈有不善也？是以悔亡，蓋亡其不中正之失矣。古人曰：「謀從衆，則合天心。」

象曰：衆允之志，上行也。

〔二〕覆元本「和」下小注：「一作順。」

〔三〕覆元本「咎」下小注：「一作吝。」

上行，上順麗於大明也。上從大明之君，衆志之所同也。

九四，晉如鼫鼠，貞厲。

以九居四，非其位也。非其位而居之，貪據其位者也。貪處高位，既非所安，而又與上同德，順麗於上。三陰皆在己下，勢必上進，故其心畏忌之。貪而畏人者，鼫鼠也，故云晉如鼫鼠。貪於非據，而存畏忌之心，貞固守此，其危可知。言貞厲者，開有改之道也。

象曰：鼫鼠貞厲，位不當也。

賢者以正德，宜在高位，不正而處高位，則爲非據。貪而懼失則畏人，固處其地，危可知也。

六五，悔亡，失得勿恤，往吉，无不利。

六以柔居尊位，本當有悔，以大明而下皆順附，故其悔得亡也。下既同德順附，當推誠委任，盡衆人之才，通天下之志，勿復自任其明，恤其失得，如此而往，則吉而无不利也。六五，大明之主，不患其不能明照，患其用明之過，至於察察，失委任之道，故戒以失得勿恤也。夫私意偏任不察則有蔽，盡天下之公，豈當復用私察也？

象曰：失得勿恤，往有慶也。

以大明之德，得下之附，推誠委任，則可以成天下之大功，是往而有福慶也。

上九，晉其角，維用伐邑，厲吉，无咎，貞吝。

角，剛而居上之物。上九以剛居卦之極，故取角爲象，以陽居上剛之極也。在晉之上，進之極也。剛極則有强猛之過，進極則有躁急之失。以剛而極於進，失中之甚也。无所用而可，維獨用於伐邑，則雖厲而吉，且无咎也。伐四方者，治外也；伐其居邑者，治内也。言伐邑，謂内自治也。人之自治，剛極則守道愈固，進極則遷善愈速。如上九者，以之自治，則雖傷於厲，而吉且无咎也。嚴厲非安和之道，而於自治則有功也。復云「貞吝」以盡其義，極於剛進，雖自治有功，然非中和之德，故於貞正之道爲可吝也。不失中正爲貞。

象曰：維用伐邑，道未光也。

維用伐邑，既得吉而无咎，復云「貞吝」者，貞〔一〕道未光大也，以正理言之，猶可吝也。夫道既光大，則无不中正，安有過也？今以過剛，自治雖有功矣，然其道未光大，故亦可吝。聖人言盡善之道。

䷣ 離下坤上

明夷，序卦：「晉者進也，進必有所傷，故受之以明夷。夷者，傷也。」夫進之不已，必有所傷，理自然也，明夷所以次晉也。爲卦，坤上離下，明入地中也。反晉成明夷，故義與晉正相反。晉者明盛之卦，明君在上，羣賢並進之時也。明夷昏暗之卦，暗君在上，明者見傷之時也。日入於地中，明傷而昏暗

〔一〕覆元本「貞」作「其」。

也，故爲明夷。

明夷：利艱貞。

君子當明夷之時，利在知艱難而不失其貞正也。在昏暗艱難之時，而能不失其正，所以爲明君子也。

彖曰：明入地中，明夷。

内文明而外柔順，以蒙大難，文王以之。

明入於地，其明滅也，故爲明夷。内卦離，離者文明之象；外卦坤，坤者柔順之象。爲人，内有文明之德，而外能柔順也。昔者文王如是，故曰「文王以之」。當紂之昏暗，乃明夷之時，而文王内有文明之德，外柔順以事紂，蒙犯大難，而内不失其明聖，而外足以遠禍患〔一〕，此文王所用之道也，故曰「文王以之」。

利艱貞，晦其明也。内難而能正其志，箕子以之。

明夷之時，利於處艱戹而不失其貞正，謂能晦藏其明也。不晦其明，則被禍患；不守其正，則非賢明。箕子當紂之時，身處其國内，切近其難，故云内難。然箕子能藏晦其明，而自守其正志，箕子所用之道也，故曰「箕子以之」。

〔一〕覆元本「患」下小注：「一作害。」

象曰：明入地中，明夷，君子以莅衆，用晦而明。

明所以照，君子无所不照，然用明之過，則傷於察，太察則盡事而无含弘之度。故君子觀明入地中之象，於莅衆也，不極其明察而用晦，然後能容物和衆，衆親而安，是用晦乃所以爲明也。若自任其明，无所不察，則己不勝其忿疾，而无寬厚含容〔二〕之德，人情暌疑而不安，失莅衆之道，適所以爲不明也。古之聖人，設前旒屏樹者，不欲明之，盡乎隱也。

初九，明夷于飛，垂其翼；君子于行，三日不食，有攸往，主人有言。

初九，明體而居明夷之初，見傷之始也。九，陽明上升者也，故取飛象。昏暗在上，傷陽之明，使不得上進，是于飛而傷其翼也。翼見傷，故垂朵。凡小人之害君子，害其所以行者。君子于行，三日不食：君子明照，見事之微，雖始有見傷之端，未顯也，君子則能見之矣，故行去避之。君子于行，謂去其禄位而退藏也；三日不食，言困窮之極也。事未顯而處甚艱，非見幾之明不能也。夫知幾者，君子之獨見，非衆人所能識也。故明夷之始，其見傷未顯而去之，則世俗孰不疑怪？故有所往適，則主人有言也。然君子不以世俗之見怪，而遲疑其行也。若俟衆人盡識，則傷已及而不能去矣。此薛方所以爲明，而楊雄所以不獲其去也。或曰：傷至於垂翼，傷已明矣，何得衆人猶未識也？曰：初

〔二〕覆元本「容」下小注：「一作弘。」

傷之始也，云垂其翼，謂傷其所以飛爾，其事則未顯也。君子見幾，故亟去之。世俗之人未能見也，故異而非之。如穆生之去楚，申公、白公且非之，况世俗之人乎？但譏其責小禮，而不知穆生之去，避胥靡之禍也。當其言曰：「不去，楚人將鉗我於市。」雖二儒者亦以爲過甚之言也。又如袁閎於黨事未起之前，名德之士方鋒起，而獨潛身土室，故人以爲狂生，卒免黨錮之禍。所往而人有言，胡足怪也？

象曰：君子于行，義不食也。

君子遯藏而困窮，義當然也。唯義之當然，故安處而无悶，雖不食可也。

六二，明夷，夷于左股，用拯馬壯吉。

六二以至明之才，得中正而體順，順時自處，處之至善也。雖君子自處之善，然當陰闇小人傷明之時，亦不免爲其所傷，但君子自處有道，故不能深相傷害，終能違避之爾。足者，所以行也，股在脛足之上，於行之用爲不甚切，左又非便用者。手足之用，以右爲便，唯蹶張用左，蓋右立爲本也。夷于左股，謂傷害其行而不甚切也。雖然，亦必自免有道。拯用〔一〕壯健之馬，則獲免之速而吉也。君子爲陰闇所傷，其自處有道，故其傷不甚；自拯有道，故獲免之疾。用拯之道不壯，則被傷深矣，故云馬

〔一〕覆元本「用」下小注：「一作其。」

壯則吉也。二以明居陰闇之下，所謂吉者，得免傷害而已，非謂可以有爲於斯時也。

象曰：六二之吉，順之則也。

六二之得吉者，以其順處而有法則也。則，謂中正之道。能順而得中正，所以處明傷之時而能保其吉也。

九三，明夷于南狩，得其大首，不可疾貞。

九三，離之上，明之極也，又處剛而進。上六，坤之上，暗之極也。至明居下而爲下之上，至暗在上而處窮極之地，正相敵應，將以明去暗者也。斯義也，其湯、武之事乎！南，在前而明方也；狩，畋而去害之事也。南狩謂前進而除害也。當克獲其大首，大首謂暗之魁首上六也。三與上正相應，爲至明克至暗之象。不可疾貞，謂誅其元惡。舊染污俗未能遽革，必有其漸，革之遽，則駭懼而不安。故酒誥云：「惟殷之迪諸臣（惟）〔百〕[一]工，乃湎于酒，勿庸殺之，姑惟教之。」至於既久，尚曰餘風未殄，是漸漬之俗，不可以遽革也，故曰「不可疾貞」，正之不可急也。上六雖非君位，以其居上而暗之極，故爲暗之主，謂之大首。

象曰：南狩之志，乃大得也。

〔一〕「惟」當作「百」。

夫以下之明除上之暗，其志在去害而已。如商、周之湯、武，豈有意於利天下乎？得其大首，是能去害，而大得其志矣。志苟不然，乃悖亂之事也。

六四，入于左腹，獲明夷之心，于出門庭。

六四以陰居陰，而在陰柔之體，處近君之位，是陰邪小人居高位，以柔邪順於君者也。六五，明夷之君位，傷明之主也，四以柔邪順從之，以固其交。夫小人之事君，未有由顯明以道合者也，必以隱僻之道，自結於上。右當用，故爲明顯之所；左不當用，故爲隱僻之所。人之手足，皆以右爲用。世謂僻所爲僻左，是左者隱僻之所也。四由隱僻之道，深入其君，故云「入于左腹」。入腹謂其交深也。其交之深，故得其心。凡姦邪之見信於其君，皆由奪其心也。不奪其心，能无悟乎？于出門庭：既信之於心〔一〕，而後行之於外也。邪臣之事暗君，必先蠱其心，而後能行於外。

象曰：入于左腹，獲心意也。

入于左腹，謂以邪僻之道入于君而得其心意也。得其心，所以終不悟也。

六五，箕子之明夷，利貞。

五爲君位，乃常也。然易之取義，變動隨時。上六處坤之上而明夷之極，陰暗傷明之極者也。五切近

〔一〕覆元本「既信之於心」下小注：「一作既奪其心。」

之，聖人因以五爲切近至暗之人，以見處之之義，故不專以君位言。上六陰暗傷明之極，故以爲明夷之主。五切近傷明之主，若顯其明，則見傷害必矣，故當如箕子之自晦藏，則可以免於難。箕子，商之舊臣，而同姓之親，可謂切近於紂矣，若不自晦其明，被禍可必也，故佯狂爲奴，以免於害。雖晦藏其明，而内守其正，所謂内難而能正其志，所以謂之仁與明也，若箕子，可謂貞矣。以五陰柔，故爲之戒云「利貞」，謂宜如箕子之貞固也。若以君道言，義亦如是。人君有當含晦之時，亦外晦其明，而内正其志也。

象曰：箕子之貞，明不可息也。

箕子晦藏，不失其貞固，雖遭患難，其明自存，不可滅息也。若逼禍患，遂失其所守，則是亡其明，乃滅息也，古之人如楊雄者是也。

上六，不明晦，初登于天，後入于地。

上居卦之終，爲明夷之主，又爲明夷之極。上，至高之地。明在至高，本當遠照，明既夷傷，故不明而反昏晦也。本居于高明，當及遠，初登于天也；乃夷傷其明而昏暗，後入于地也。上，明夷之終，又坤陰之終，明傷之極者也。

象曰：初登于天，照四國也；後入于地，失則也。

初登于天，居高而明，則當照及四方也；乃被傷而昏暗，是後入于地，失明之道也，失則失其道也。

䷤ 離下巽上

家人，序卦：「夷者傷也，傷於外者必反其〔一〕家，故受之以家人。」夫傷困于外，則必反於內，家人所以次明夷也。家人者，家內之道：父子之親，夫婦之義，尊卑長幼之序，正倫理，篤恩義，家人之道也。卦，外巽內離，爲風自火出。火熾則風生，風生自火，自內而出也。自內而出，由家而及於外之象。二與五正男女之位於內外，爲家人之道。明於內而巽於外，處家之道也。夫人有諸身者則能施於家，行於家者則能施於國，至於天下治。治天下之道，蓋治家之道也，推而行之於外耳，故取自內而出之象，爲家人之義也。文中子書以明內齊外爲義，古今善之，非取象之意也。所謂齊乎巽，言萬物潔齊於巽方，非巽有齊義也。如戰乎乾，乾非有戰義也。

家人：利女貞。

家人之道，利在女正，女正則家道正矣。夫夫婦婦而家道正，獨云「利女貞」者，夫正者身正也，女正者家正也，女正則男正可知矣。

彖曰：家人，女正位乎內，男正位乎外，男女正，天地之大義也。

彖以卦才而言。陽居五，在外也；陰居二，處內也，男女各得其正位也。尊卑內外之道，正合天地陰

〔一〕 覆元本「其」作「於」。

陽之大義也。

家人有嚴君焉，父母之謂也。

家人之道，必有所尊嚴而君長者，謂父母也。雖一家之小，无尊嚴則孝敬衰，无君長則法度廢。有嚴君而後家道正，家者國之則也。

父父、子子、兄兄、弟弟、夫夫、婦婦而家道正，正家而天下定矣。

父子兄弟夫婦各得其道，則家道正矣。推一家之道，可以及天下，故家正則天下定矣。

象曰：風自火出，家人，君子以言有物而行有恒。

正家之本，在正其身。正身之道，一言一動，不可易也。君子觀風自火出之象，知事之由内而出，故所言必有物，所行必有恒也。物謂事實，恒謂常度法則也。德業之著於外，由言行之謹於内也。言慎行修，則身正而家治矣。

初九，閑有家，悔亡。

初，家道之始也。閑謂防閑，法度也。治其有家之始，能以法度爲之防閑，則不至於悔矣。治家者，治乎衆人也，苟不閑之以法度，則人情流放，必至於有悔，失長幼之序，亂男女之别，傷恩義，害倫理，无所不至，能以法度閑之於始，則无是矣，故悔亡也。九，剛明之才，能閑其家者也。不云无悔者，羣居必有悔，以能閑故亡耳。

象曰：閑有家，志未變也。

閑之於始，家人志意未變動之前也。正志未流散變動而閑之，則不傷恩，不失義，處家之善也，是以悔亡。志變而後治，則所傷多矣，乃有悔也。

六二，无攸遂，在中饋，貞吉。

人之處家，在骨肉父子之間，大率以情勝禮，以恩奪義，唯剛立之人，則能不以私愛失其正理。故家人卦，大要以剛爲善，初三上是也。六二以陰柔之才而居柔，不能治於家者也，故无攸遂，无所爲而可也。夫以英雄之才，尚有溺情愛而不能自守者，況柔弱之人，其能勝妻子之情乎？如二之才，若爲婦人之道，則其正也。以柔順處中正，婦人之道也，故在中饋則得其正而吉也。婦人，居中而主饋者也，故云中饋。

象曰：六二之吉，順以巽也。

二以陰柔居中正，能順從而卑巽者也，故爲婦人之貞吉也。

九三，家人嗃嗃，悔厲吉；婦子嘻嘻，終吝。

嗃嗃，未詳字義，然以文意及音義觀之，與嗷嗷相類，又若急束之意。九三在内卦之上，主治乎内者也。以陽居剛而不中，雖得正而過乎剛者也。治内過剛，則傷於嚴急，故家人嗃嗃然。治家過嚴，不能无傷，故必悔於嚴厲，骨肉恩勝，嚴過故悔也。雖悔於嚴厲，未得寬猛之中，然而家道齊肅，人心祗畏，猶爲家之吉也。若婦子嘻嘻，則終至羞吝矣。在卦，非有嘻嘻之象，蓋對嗃嗃而言，謂與其失於放肆，寧過於嚴也。嘻嘻，笑樂无節也。自恣无節，則終致敗家，可羞吝也。蓋嚴謹之過，雖於人情不能无傷，然苟法度立，倫理正，乃恩義之所存也。若嘻嘻无度，乃法度之所由廢，倫理之所由亂，安能保其家乎？嘻嘻之甚，則致敗家之凶，但云吝者，可吝之甚，則至於凶，故未遽言凶也。

象曰：家人嗃嗃，未失也；婦子嘻嘻，失家節也。

雖嗃嗃，於治家之道未爲甚失，若婦子嘻嘻，是无禮法，失家之節，家必亂矣。

六四，富家大吉。

六以巽順之體而居四，得其正位，居得其正，爲安處之義。巽順於事而由正道，能保有〔二〕其富者也。居家之道，能保有其富，則爲大吉也。四高位，而獨云富者，於家而言高位，家之尊也，能有其富，是能保其家也，吉孰大焉？

象曰：富家大吉，順在位也。

以巽順而居正位，正而巽順，能保有其富者也。富，家之大吉也。

九五，王假有家，勿恤吉。

〔二〕覆元本「有」下小注：「一無有字。」下「保有」句同。

九五男而在外，剛而處陽，居尊而中正，又其應順正於內，治家之至正至善者也。王假有家：五君位，故以王言；假，至也，極乎有家之道也。夫王者之道，修身以齊家，家正則天下治矣。自古聖王，未有不以恭己正家爲本。故有家之道既至，則不憂勞而天下治矣，勿恤而吉也。五恭己於外，二正家於內，內外同德，可謂至矣。

象曰：王假有家，交相愛也。

王假有家之道者，非止能使之順從而已，必致其心化誠合，夫愛其內助，婦愛其刑家，交相愛也。能如是者，文王之妃乎？若身修法立而家未化，未得爲假有家之道也。

上九，有孚，威如，終吉。

上，卦之終，家道之成也，故極言治家之本。治家之道，非至誠不能也，故必中有孚信，則能常久，而衆人自化爲善。不由至誠，己且不能常守也，況欲使一有衆字。人乎？故治家以有孚爲本。治家者，在妻孥情愛之間，慈過則无嚴，恩勝則掩義，故家之患，常在禮法不足而瀆慢生也。長失尊嚴，少忘恭順，而家不亂者，未之有也，故必有威嚴則能終吉。保家之終，在有孚威如二者而已，故於卦終言之。

象曰：威如之吉，反身之謂也。

治家之道，以正身爲本，故云反身之謂。爻辭謂治家當有威嚴，而夫子又復戒云，當先嚴其身也。威嚴不先行於己，則人怨而不服，故云威如而吉者，能自反於身也。孟子所謂「身不行道，不行於妻子」

也。

䷥兑下離上

睽，序卦：「家道窮必乖，故受之以睽，睽者乖也。」家道窮則睽乖離散，理必然也，故家人之後，受之以睽也。爲卦，上離下兑，離火炎上，兑澤潤下，二體相違，睽之義也。又中少二女，雖同居而所歸各異，是其志不同行也，亦爲睽義。

睽：小事吉。

睽者，睽乖離散之時，非吉道也。以卦才之善，雖處睽時，而小事吉也。

彖曰：睽，火動而上，澤動而下。二女同居，其志不同行。

彖先釋睽義，次言卦才，終言合睽之道，而贊其時用之大。火之性動而上，澤之性動而下，二物之性違異，故爲睽義。中少二女雖同居，其志不同行，亦爲睽義。女之少也同處，長則各適其歸，其志異也。言睽者，本同也，本不同則非睽也。

説而麗乎明，柔進而上行，得中而應乎剛，是以小事吉。

卦才如此，所以小事吉也。兑，説也，離，麗也，又爲明，故爲説順而附麗於明。凡離在上，而彖欲見柔居尊者，則曰柔進而上行，晉、鼎是也。方睽乖之時，六五以柔居尊位，有説順麗明之善，又得中道而應剛，雖不能合天下之睽，成天下之大事，亦可以小濟，是於小事吉也。五以明而應剛，不能致大吉，何也？曰：五，陰柔，雖應二，而睽之時，相與之道未能深固，故二必遇主于巷，五噬膚則无咎也。天下睽散之時，必君臣剛陽中正，至誠協力，而後能合也。

天地睽而其事同也，男女睽而其志通也，萬物睽而其事類也。睽之時用大矣哉！

推物理之同，以明睽之時用，乃聖人合睽之道也。見同之爲同者，世俗之知也。聖人則明物理之本同，所以能同天下而和合萬類也。以天地男女萬物明之：天高地下，其體睽也，然陽降陰升，相合而成化育之事則同也；男女異質，睽也，而相求之志則通也；生物萬殊，睽也，然而得天地之和，稟陰陽之氣，則相類也。物雖異而理本同，故天下之大，羣生之衆，睽散萬殊，而聖人爲能同之。處睽之時，合睽之用，其事至大，故云大矣哉！

象曰：上火下澤，睽，君子以同而異。

上火下澤，二物之性違異，所以爲睽離之象。君子觀睽異之象，於大同之中而知所當異也。夫聖賢之處世，在人理之常，莫不大同，於世俗所同者則有時而獨異，蓋於秉彝則同矣，於世俗之失則異也。不能大同者，亂常拂理之人也；不能獨異者，隨俗習非之人也；要在同而能異耳。中庸曰「和而不流」是也。

初九，悔亡，喪馬，勿逐自復，見惡人无咎。

九居卦初，睽之始也。在睽乖之時，以剛動於下，有悔可知，所以得亡者，九四在上，亦以剛陽，睽離无與，自然同類相合；同是陽爻，同居下，又當相應之位；二陽本非相應者，以在睽故合也，上下相與，故能亡其悔也。在睽，諸爻皆有應。夫合則有睽，本異則何睽？唯初與四，雖非應而同德相與，故相遇。馬者所以行也，陽，上行者也，睽獨无與，則不能行，是喪其馬也。四既與之合，則能行矣，是勿逐而馬復得也。惡人，與己乖異者也。見者，與相通也。當睽之時，雖同德者相與，然小人乖異者至衆，若棄絶之，不幾盡天下以仇君子乎？如此則失含弘之義，致凶咎之道也，又安能化不善而使之合乎？故必見惡人則无咎也。古之聖王所以能化姦凶爲善良，革仇敵爲臣民者，由弗絶也。

象曰：見惡人，以辟咎也。

睽離之時，人情乖違，求和合之，且病其不〔二〕能得也，若以惡人而拒絶之，則將衆仇於君子，而禍咎至矣。故必見之，所以免避怨咎也。无怨咎，則有可合之道。

九二，遇主于巷，无咎。

二與五正應，爲〔三〕相與者也。然在睽乖之時，陰陽相應之道衰，而剛柔相戾之意勝，學易者識此，則知變通矣。故二五雖正應，當委曲以相求也。二以剛中之德居下，上應六五之君，道合則志行，成濟

〔二〕覆元本「不」下小注：「一作未。」
〔三〕覆元本「爲」字在「正應」上。

睽之功矣。而居睽離之時，其交非固，二當委曲求於相遇，覬其得合也，故曰遇主于巷。必能合而後无咎，君臣睽離，其咎大矣。巷者，委曲之途也。遇者，會逢之謂也。當委曲相求，期於會遇，與之合也。所謂委曲者，以善道宛轉將就使合而已，非枉己屈道也。

象曰：遇主於巷，未失道也。

當睽之時，君心未合，賢臣在下，竭力盡誠，期使之信合而已；至誠以感動之，盡力以扶持之，明義理以致其知，杜蔽惑以誠其意，如是宛轉以求其合也。遇非枉道迎逢也，巷非邪僻曲徑也，故夫子特云：遇主于巷，未失道也。未非必也，非必謂失道也。

六三，見輿曳，其牛掣，其人天且劓，无初有終。

陰柔於平時，且不足以自立，況當睽離之際乎？三居二剛之間，處不得其所安，其見侵陵可知矣。三以正應在上，欲進與上合志，而四阻於前，二牽於後。車牛，所以行之具也。輿曳牽於後也，牛掣阻於前也。在後者牽曳之而已，當前者進者之所力犯也，故重傷於上，爲四所傷也。其人天且劓：天，髡首也；劓，截鼻也。三從正應而四隔止之，三雖陰柔處剛而志行，故力進以犯之，是以傷也。天而又劓，言重傷也。三不合於二與四，睽之時自无合義，適合居剛守正之道也。其於正應，則睽極有終合之理：始爲二陽所戹，是无初也；後必得合，是有終也。掣，從制從手，執止之義也。

象曰：見輿曳，位不當也；无初有終，遇剛也。

以六居三，非正也，非正則不安；又在二陽之閒，所以有如是艱戹，由位不當也。无初有終者，終必與上九相遇而合，乃遇剛也。不正而合，未有久而不離者也。合以正道，自无終睽之理。故賢者順理而安行，智者知幾而固守。

九四，睽孤，遇元夫，交孚，厲无咎。

九四當睽時，居非所安，无應而在二陰之閒，是睽離孤處者也。以剛陽之德，當睽離之時，孤立无與，必以氣類相求而合，是以遇元夫也。夫，陽稱；元，善也。初九當睽之初，遂能與同德，而亡睽之悔，處睽之至善者也，故目之爲元夫，猶云善士也。四則過中，爲睽已甚，不若初之善也。四與初皆以陽處一卦之下，居相應之位，當睽乖之時，各无應援，自然同德相親，故會遇也。同德相遇，必須至誠相與交孚，各有孚誠也。上下二陽以至誠相合，則何時之不能行，何危之不能濟？故雖處危厲而无咎也。當睽離之時，孤居二陰之閒，處不當位，危且有咎也。以遇元夫而交孚，故得无咎也。

象曰：交孚无咎，志行也。

初四皆陽剛。君子當睽乖之時，上下以至誠相交，協志同力，則其志可以行，不止无咎而已。卦辭但言无咎，夫子又從而明之，云可以行其志，救時之睽也。蓋以君子陽剛之才，而至誠相輔，何所不能濟也？唯有君子，則能行其志矣。

六五，悔亡。厥宗噬膚，往何咎？

六以陰柔當睽離之時，而居尊位，有悔可知，然而下有九二剛陽之賢，與之爲應以輔翼之，故得悔亡。厥宗，其黨也，謂九二正應也。噬膚，噬齧其肌膚而深入之也。當睽之時，非入之者深，豈能合也？五雖陰柔之才，二輔以陽剛之道而深入之，則可往而有慶，復何過咎之有？以周成之幼稚，而興盛王之治；以劉禪之昏弱，而有中興之勢，蓋由任賢聖之輔，而姬公、孔明所以入之者深也。

象曰：厥宗噬膚，往有慶也。

爻辭但言厥宗噬膚則可以往而无咎，象復推明其義，言人君雖己才不足，若能信任賢輔，使以其道深入於己，則可以有爲，是往而有福慶也。

上九，睽孤，見豕負塗，載鬼一車，先張之弧，後説之弧，匪寇婚媾，往遇雨則吉。

上居卦之終，睽之極也。陽剛居上，剛之極也。在離之上，用明之極也。睽極則咈戾而難合，剛極則躁暴而不詳，明極則過察而多疑。上九有六三之正應，實不孤，而其才性如此，自睽孤也。如人雖有親黨，而多自疑猜，妄生乖離，雖處骨肉親黨之閒，而常孤獨也。上之與三，雖爲正應，然居睽極，无所不疑，其見三如豕之污穢，而又背負泥塗，見其可惡之甚也。既惡之甚，則猜成其罪惡，如見載鬼滿一車也。鬼本无形，而見載之一車，言其以无爲有，妄之極也。物理極而必反，以近明之：如人適東，東極矣，動則西也；如升高，高極矣，動則下也；既極則動而必反也。上之睽乖既極，三之所處者正理。大凡失道既極，則必反正理，故上於三，始疑而終必合也。先張之弧，始疑惡而欲射之也。疑之者妄也，妄安能常？故終必復於正。三實无惡，故後説弧而弗射，睽極而反，故與三非復爲寇讎，乃婚媾也。此匪寇婚媾之語，與他〔一〕卦同，而義則殊也。陰陽交而和暢則爲雨。上於三，始疑而睽，睽極則不疑而合。陰陽合而益和則爲雨，故云往遇雨則吉。往者，自此以往也，謂既合而益和則吉也。

象曰：遇雨之吉，羣疑亡也。

雨者，陰陽和也。始睽而能終和，故吉也。所以能和者，以羣疑盡亡也。其始睽也，无所不疑，故云羣疑；睽極而合，則皆亡矣〔二〕。

䷦ 艮下坎上

蹇，序卦：「睽者乖也，乖必有難，故受之以蹇，蹇者難也。」睽乖之時，必有蹇難，蹇所以次睽也。蹇，險阻之義，故爲蹇難。爲卦，坎上艮下。坎，險也；艮，止也，險在前而止不能進也。前有險陷，後有峻阻，故爲蹇也。

蹇：利西南，不利東北，利見大人，貞吉。

〔一〕覆元本「他」下小注：「一作屯。」
〔二〕覆元本句末有小注：「一作則疑皆亡也。」

西南，坤方。坤，地也，體順而易。東北，艮方。艮，山也，體止而險。在蹇難之時，利於順處平易之地，不利止於危險也。處順易，則難可紓；止於險，則難益甚矣。蹇難之時，必有聖賢之人，則能濟天下之難，故利見大人也。濟難者必以大正之道，而堅固其守，故貞則吉也。凡處難者，必在乎守貞正。設使難不解，不失正德，是以吉也。若遇難而不能固其守，入於邪濫，雖使苟免，亦惡德也，知義命者不爲也。

彖曰：蹇，難也，險在前也。

蹇，難也。蹇之爲難，如乾之爲健，若易之爲難，則義有未足〔二〕。蹇有險阻之義。屯亦難也，困亦難也，同爲難而義則異：屯者始難而未得通，困者力之窮，蹇乃險阻艱難之義，各不同也。險在前也：坎險在前，下止而不得進，故爲蹇。

見險而能止，知矣哉！

以卦才言處蹇之道也。上險而下止，見險而能止也。犯險而進，則有悔咎〔三〕，故美其能止爲知也。方蹇難之時，唯能止爲善，故諸爻除五與二外，皆以往爲失，來爲得也。

〔二〕覆元本「足」下小注：「一作盡。」

〔三〕覆元本「咎」下小注：「一作吝。」

蹇利西南，往得中也；不利東北，其道窮也。

蹇之時，利於處平易。西南坤方爲順易，東北艮方爲險阻。九上居五而得中正之位，是往而得平易之地，故爲利也。五居坎險之中而謂之平易者，蓋卦本坤，由五往而成坎，故但取往而得中，不取成坎之義也。方蹇而又止危險之地，則蹇益甚矣，故不利東北。其道窮也，謂蹇之極也。

利見大人，往有功也；當位貞吉，以正邦也。

蹇難之時，非聖賢〔一〕不能濟天下之蹇，故利於見大人也。大人當位，則成濟蹇之功矣，往而有功也。能濟天下之蹇者，唯大正之道。夫子又取卦才而言，蹇之諸爻，除初外，餘皆當正位，故爲貞正而吉也。初六雖以陰居陽而處下，亦陰之正也。以如〔二〕此正道正其邦，可以濟於蹇矣。

蹇之時用大矣哉！

處蹇之時，濟蹇之道，其用至大，故云大矣哉！天下之難，豈易平也？非聖賢不能，其用可謂大矣。順時而處，量險而行，從平易之道，由至正之理，乃蹇之時用也。

象曰：山上有水，蹇，君子以反身修德。

〔一〕覆元本「聖賢」下小注：「一有大人字。」
〔二〕覆元本「以如」下小注：「一作如以。」

山之峻阻，上復有水，坎水爲險陷之象，上下險阻，故爲蹇也。君子觀蹇難之象，而以反身修德。君子之遇艱阻，必反求諸己而益自修。孟子曰：「行有不得者，皆反求諸己。」故遇艱蹇，必自省於身：有失而致之乎？是反身也。有所未善則改之，无歉於心則加勉，乃自修其德也。君子修德以俟時而已。

初六，往蹇，來譽。

六居蹇之初，往進則益入於蹇，往蹇也。當蹇之時，以陰柔无援而進，其蹇可知。來者，對往之辭。上進則爲往，不進則爲來。止而不進，是有見幾知時之美，來則有譽也。

象曰：往蹇來譽，宜待也。

方蹇之初，進則益蹇，時之未可進也，故宜見幾而止以待時，可行而後行也。諸爻皆蹇往而善來，然則无出蹇之義乎？曰：在蹇而往，則蹇也；蹇終則變矣，故上已[一]有碩義。

六二，王臣蹇蹇，匪躬之故。

二以中正之德，居艮體，止於中正者也；與五相應，是中正之人爲中正之君所信任，故謂之王臣。雖上下同德，而五方在大蹇之中，致力於蹇難之時，其艱蹇至甚，故爲蹇於蹇也。二雖中正，以陰柔之

〔一〕覆元本「已」下小注：「一作六。」

才，豈易勝其任？所以蹇於蹇也。志在濟君於蹇難之中，其蹇蹇者非爲身之故也。雖使不勝，志義可嘉，故稱其忠藎不爲己也。然其才不足以濟蹇也，小可濟，則聖人當盛稱以爲勸矣。

象曰：王臣蹇蹇，終无尤也。

雖艱戹於蹇時，然其志在濟君難，雖未成功，然〔一〕終无過尤也。聖人取其志義，而謂其无尤，所以勸忠藎也。

九三，往蹇來反。

九三以剛居正，處下體之上，當蹇之時，在下者皆柔，必依於三，是爲下所附者也。三與上爲正應，上陰柔而无位，不足以爲援，故上往則蹇也。來，下來也。反，還歸也。三爲下二陰所喜，故來爲反其所也，稍安之地也。

象曰：往蹇來反，内喜之也。

内，在下之陰也。方蹇之時，陰柔不能自立，故皆附於九三之陽而喜愛之。九之處三，在蹇爲得其所也。處蹇而得下之心，可以求安，故以來爲反，猶春秋之言歸也。

六四，往蹇，來連。

〔一〕覆元本「然」下小注：「一無然字。」

往則益入於坎險之深，往蹇也。居蹇難之時，同處艱戹者，其志不謀而同也。又四居上位，而與在下者同有得位之正，又與三相比相親者也，二與初同類相與者也，是與下同志，衆所從附也，故曰來連。來則與在下之衆相連合也，能與衆合，得處蹇之道也。

象曰：往蹇來連，當位實也。

四當蹇之時，居上位，不往而來，與下同志，固足以得衆矣；又以陰居陰，爲得其實，以誠實與下，故能連合而下之。二三亦各得其實，初以陰居下，亦其實也。當同患之時，相交以實，其合可知，故來而連者，當位以實也。處蹇難，非誠實何以濟？當位不曰正而曰實，上下之交，主於誠實，用各有其所也。

九五，大蹇，朋來。

五居君位，而在蹇難之中，是天下之大蹇也。當蹇而又在險中，亦爲大蹇。大蹇之時，而二在下，以中正相應，是其朋助之來也。方天下之蹇，而得中正之臣相輔，其助豈小也？得朋來而无吉，何也？曰：未足以濟蹇也。以剛陽中正之君，而方在大蹇之中，非得剛陽中正之臣相輔之，不能濟天下之蹇也。二之中正，固有助矣，欲以陰柔之助，濟天下之難，非所能也。自古聖王濟天下之蹇，未有不由賢聖之臣爲之助者，湯、武得伊、吕是也。中常之君，得剛明之臣而能濟大難者則有矣，劉禪之孔明，唐肅宗之郭子儀，德宗之李晟是也。雖賢明之君，苟无其臣，則不能濟於難也。故凡六居五、九居二者，則多由助而有功，蒙、泰之類是也；九居五、六居二，則其功〔二〕多不足，屯、否之類是也。蓋臣賢於君，則輔君以君所不能；臣不及君，則贊助之而已，故不能成大功也。

象曰：大蹇朋來，以中節也。

朋者，其朋類也。五有中正之德，而二亦中正，雖大蹇之時，不失其守，蹇於蹇以相應助，是以其中正之節也。上下中正而弗濟者，臣之才不足也。自古守節秉義，而才不足以濟者，豈少乎？漢李固、王允，晉周顗、王導之徒是也。

上六，往蹇，來碩，吉，利見大人。

六以陰柔居蹇之極，冒極險而往，所以蹇也。不往而來，從五求三，得剛陽之助，是以碩也。蹇之道，戹塞窮蹙。碩，大也，寬裕之稱。來則寬大，其蹇紓矣。蹇之極，有出蹇之道。上六以陰柔，故不得出，得剛陽之助，可以紓蹇而已，在蹇極之時，得紓則爲吉矣。非剛陽中正，豈能出乎蹇也？利見大人：蹇極之時，見大德之人則能有濟於蹇也。大人謂五，以相比發此義。五，剛陽中正，而居君位，大人也。在五不言其濟蹇之功，而上六利見之，何也？曰：在五不言，以其居坎險之中，无剛陽之助，故无能濟蹇之義；在上六，蹇極而見大德之人，則能濟於蹇，故爲利也。各爻取義不同，如屯初

〔二〕覆元本「功」下小注：「一作助。」

九之志正，而於六二則目之爲寇也。諸爻皆不言吉，上獨言吉者，諸爻皆得正，各有所善，然皆未能出於蹇，故未足爲吉，唯上處蹇極而得寬裕，乃爲吉也。

象曰：往蹇來碩，志在内也；利見大人，以從貴也。

上六應三而從五，志在内也。蹇既極而有助，是以碩而吉也。六以陰柔當蹇之極，密近剛陽中正之君，自然其志從附，以求自濟，故利見大人，謂從九五之貴也。所以云從貴，恐人不知大人爲指五也。

䷧坎下震上

解，序卦：「蹇者難也，物不可以終難，故受之以解。」物无終難之理，難極則必散，解者散也，所以次蹇也。爲卦，震上坎下。震，動也，坎，險也，動於險外，出乎險也，故爲患難解散之象。又震爲雷，坎爲雨，雷雨之作，蓋陰陽交感，和暢而緩散，故爲解。解者，天下患難解散之時也。

解：利西南，无所往，其來復吉，有攸往，夙吉。

西南，坤方。坤之體，廣大平易。當天下之難方解，人始離艱苦，不可復以煩苛嚴急治之，當濟以寬大簡易，乃其宜也。如是，則人心懷而安之，故利於西南也。湯除桀之虐，而以寬治；武王誅紂之暴，而反商政，皆從寬易也。无所往，其來復吉，有攸往，夙吉：无所往，謂天下之難已解散，无所爲也；有攸往，謂尚有所當解之事也。夫天下國家，必紀綱法度廢亂，而後禍患生。聖人既解其難而安平无事矣，是无所往也；則當修復治道，正紀綱，明法度，進復先代明王之治，是來復也，謂反正理也，天下之吉也。其，發語辭。自古聖王救難定亂，其始未暇遽爲也；既安定，則爲可久可繼之治。自漢以下，亂既除，則不復有爲，姑隨時維持而已，故不能成善治，蓋不知來復之義也。有攸往，夙吉，謂尚有當解之事，則早爲之乃吉也。當解而未盡者，不早去，則將復盛；事之復生者，不早爲，則將漸大，故夙則吉也。

彖曰：解，險以動。動而免乎險，解。

坎險，震動，險以動也。不險則非難，不動則不能出難。動而出於險外，是免乎險難也，故爲解。

解利西南，往得衆也。

解難之道，利在廣大平易，以寬易而往濟解，則得衆心之歸也。

其來復吉，乃得中也。

不云无所往，省文爾。救亂除難，一時之事，未能成治道也，必待難解，无所往，然後來復先王之治，乃得中道，謂合宜也。

有攸往，夙吉，往有功也。

有所爲則夙吉也。早則往而有功，緩則惡滋而害深矣。

天地解而雷雨作，雷雨作而百果草木皆甲坼。解之時大矣哉！

既明處解之道，復言天地之解，以見解時之大。天地之氣開散，交感而和暢，則成雷雨；雷雨作而〔一〕萬物皆生發甲坼。天地之功，由解而成，故贊解之時大矣哉！王者法天道，行寬宥，施恩惠，養育兆民，至於昆蟲草木，乃順解之時，與天地合德也。

象曰：雷雨作，解，君子以赦過宥罪。

天地解散而成雷雨，故雷雨作而爲解也。與明兩而作離，語不同。赦，釋之。宥，寬之。過失則赦之可也，罪惡而赦之，則非義也，故寬之而已。君子觀「雷雨作，解」之象，體其發育，則施恩仁；體其解散，則行寬釋也。

初六，无咎。

六居解初，患難既解之時，以柔居剛，以陰應陽，柔而能剛之義。既无患難，而自處得剛柔之宜。患難既解，安寧无事，唯自處得宜，則爲无咎矣。方解之初，宜安靜以休息之。爻之辭寡，所以示意。

象曰：剛柔之際，義无咎也。

初四相應，是剛柔相際接也。剛柔相際，爲得其宜。難既解而處之剛柔得宜，其義无咎也。

九二，田獲三狐，得黄矢，貞吉。

〔一〕覆元本「而」作「則」。

九二以陽剛得中之才，上應六五之君，用於時者也。天下小人常衆，剛明之君在上，則明足以照之，威足以懼之，剛足以斷之，故小人不敢用其情，然猶常存警戒，慮其有閒而害正也。六五以陰柔居尊位，其明易蔽，其威易犯，其斷不果而易惑，小人一近之，則移其心矣。況難方解而治之初，其變尚易。二既當用，必須能去小人，則可以正君心而行其剛中之道。田者，去害之事。狐者，邪媚之獸。三狐指卦之三陰，時之小人也。獲謂能變化除去之，如田之獲狐也，獲之則得中直之道，乃貞正而吉也。黄，中色。矢，直物。黄矢謂中直也。羣邪不去，君心一入，則中直之道无由行矣。桓敬之不去武三思是也。

象曰：九二貞吉，得中道也。

所謂貞吉者，得其中道也。除去邪惡，使其〔一〕中直之道得行，乃正而吉也。

六三，負且乘，致寇至，貞吝。

六三陰柔，居下之上，處非其位，猶小人宜在下以負荷，而且乘車，非其據也，必致寇奪之至，雖使所爲得正，亦可鄙吝也。小人而竊盛位，雖勉爲正事，而氣質卑下，本非在上之物，終可吝也。若能大正則如何？曰：大正非陰柔所能也，若能之，則是化爲君子矣。三，陰柔小人，宜在下而反處下之上，猶小人宜負而反乘，當致寇奪也。難解之時，而小人竊位，復致寇矣。

〔一〕覆元本「其」下小注：「一無其字。」

象曰：負且乘，亦可醜也。自我致戎，又誰咎也？

負荷之人，而且乘載，爲可醜惡也。處非其據，德不稱其器，則寇戎之致，乃己招取，將誰咎乎？聖人又於繫辭明其致寇之道，謂：「作易者，其知盜乎！」盜者乘釁而至，苟无釁隙，則盜安能犯？負者小人之事，乘者君子之器。以小人而乘君子之器，非其所能安也，故盜乘釁而奪之。小人而居君子之位，非其所能堪也，故滿假而陵慢其上，侵暴其下，盜則乘其過惡而伐之矣。伐者，聲其罪也。盜，横暴而至者也。貨財而輕慢其藏，是教誨乎盜，使取之也。女子而夭冶其容，是教誨淫者，使暴之也。小人而乘君子之器，是招盜使奪之也，皆自取之之謂也。

九四，解而拇，朋至斯孚。

九四以陽剛之才，居上位，承六五之君，大臣也，而下與初六之陰爲應。拇，在下而微者，謂初也。居上位而親小人，則賢人正士遠退矣。斥去小人，則君子之黨進，而誠相得也。四能解去初六之陰柔，則陽剛君子之朋來至而誠合矣。不解去小人，則己之誠未至，安能得人之孚也？初六其應，故謂遠之爲解。

象曰：解而拇，未當位也。

四雖陽剛，然居陰，於正疑不足，若復親比小人，則其失正必矣，故戒必解其拇，然後能來君子，以其處未當位也。解者，本合而離之也，必解拇而後朋孚。蓋君子之交，而小人容於其間，是與君子之誠未至也。

六五，君子維有解吉，有孚于小人。

六五居尊位，爲解之主，人君之解也，以君子通言之。君子所親比者，必君子也；所解去者，必小人也，故君子維有解則吉也。小人去，則君子進矣，吉孰大焉？有孚者，世云見驗也。可驗之於小人。小人之黨去，則是君子能有解也。小人去，則君子自進，正道自行，天下不足治也。

象曰：君子有解，小人退也。

君子之所解者，謂退去小人也。小人去，則君子之道行，是以吉也。

上六，公用射隼于高墉之上，獲之无不利。

上六尊高之地，而非君位，故曰公，但據解終而言也。隼，鷙害之物，象爲害之小人。墉，墻内外之限也。害若在内，則是未解之時也；若出墉外，則是无害矣，復何所解？故在墉上，離乎内而未去也。云高，見防限之嚴；而未去者，上解之極也。解極之時，而獨有未解者，乃害之堅强者也。上居解極，解道已至，器已成也，故能射而獲之。既獲之，則天下之患，解已盡矣，何所不利？夫子於繫辭復伸其義曰：「隼者禽也，弓矢者器也，射之者人也。君子藏器於身，待時而動，何不利之有？動而不括，是以出而有獲，語成器而動者也。」鷙害之物在墉上，苟无其器，與不待時而發，則安能獲之？所以解之之道，器也；事之當解與已解之之道至者，時也。如是而動，故无括結，發而无不利矣。括結謂阻礙。聖人於此發明藏器待時之義。夫行一身至於天下之事，苟无其器，與不以時而動，小則括塞，大則喪敗。自古喜有爲而无成功，或顛覆者，皆由是也。

象曰：公用射隼，以解悖也。

至解終而未解者，悖亂之大者也。射之，所以解之也，解則天下平矣。

䷨ 兑下艮上

損，序卦：「解者緩也，緩必有所失，故受之以損。」縱緩則必有所失，失則損也，損所以繼解也。爲卦，艮上兑下。山體高，澤體深，下深則上益高，爲損下益上之義；又澤在山下，其氣上通，潤及草木百物，是損下而益上也；又下爲兑說，三爻皆上應，是說以奉上，亦損下益上之義；又下兑之成兑，由六三之變也，上艮之成艮，自上九之變也，三本剛而成柔，上本柔而居剛，亦損下益上之義。損上而益於下則爲益，取下而益於上則爲損。在人，上者施其澤以及下則益也，取其下以自厚則損也，譬諸壘土，損於上以培厚其基本，則上下安固矣，豈非益乎？取於下以增上之高，則危墜至矣，豈非損乎？故損者損下益上之義，益則反是。

損：有孚，元吉，无咎，可貞，利有攸往。

損，減損也。凡損抑其過，以就義理，皆損之道也。損之道，必有孚誠，謂至誠順於理也。損而順理，則大善而吉，所損无過差，可貞固常行，而利有所往也。人之所損，或過，或不及，或〔一〕不常〔二〕，皆不合正理，非有孚也。非有孚，則无吉而有咎，非可貞之道，不可行也。

曷之用？二簋可用享。

損者，損過而就中，損浮末而就本實也。聖人以寧儉爲禮之本，故爲〔三〕損發明其義，以享祀言之。享祀之禮，其文最繁，然以誠敬爲本，多儀備物，所以將飾其誠敬之心，飾過其誠，則爲僞矣。損飾所以存誠也，故云「曷之用？二簋可用享」。二簋之約，可用享祭，言在乎誠而已，誠爲本也。天下之害，无不由末之勝也。峻宇雕牆，本於宫室；酒池肉林，本於飲食；淫酷殘忍，本於刑罰；窮兵黷武，本於征討。凡人欲之過者，皆本於奉養，其流之遠，則爲害矣。先王制其本者，天理也；後人流於末者，人欲也。損之義，損人欲以復天理而已。

彖曰：損，損下益上，其道上行。

損之所以爲損者，以損於下而益於上也。取下以益上，故云其道上行。夫損上而益下則爲益，損下而益上則爲損，損基本以爲高者，豈可謂之益乎？

〔一〕覆元本「或」上小注：「一有或常字。」
〔二〕覆元本「常」下小注：「一作當。」
〔三〕覆元本「爲」作「於」，義較長。

損而有孚，元吉，无咎，可貞，利有攸往。

謂損而以至誠，則有此元吉以下四者，損道之盡善也。

曷之用？二簋可用享。二簋應有時，損剛益柔有時。

夫子特釋「曷之用？二簋可用享」，卦辭簡直，謂當損去浮飾。曰何所用哉？二簋可以享也。厚本損末之謂也。夫子恐後人不達，遂以爲文飾當盡去，故詳言之。有本必有末，有實必有文，天下萬事，无不然者。无本不立，无文不行。父子主恩，必有嚴順之體；君臣主敬，必有承接之儀；禮讓存乎内，待威儀而後行；尊卑有其序，非物采則无别；文之與實，相須而不可缺也。及夫文之勝，末之流，遠本喪實，乃當損之時也。故云曷所用哉？二簋足以薦其誠矣。謂當務實而損飾也。夫子恐人之泥言也，故復明之曰，二簋之質，用之當有時，非其所用而用之，不可也。謂文飾未過而損之，與損之至於過甚，則非也。損剛益柔，有時剛爲過，柔爲不足，損益皆損剛益柔也，必順時而行，不當時而損益之，則非也。

損益盈虚，與時偕行。

或損或益，或盈或虚，唯隨時而已。過者損之，不足一作及。者益之，虧者盈之，實者虚之，與時偕行也。

象曰：山下有澤，損，君子以懲忿窒欲。

山下有澤，氣通上潤，與深下以增高，皆損下之象。君子觀損之象，以損於己：在修己之道所當損者唯忿與欲，故以懲戒其忿怒，窒塞其意欲也。

初九，已事遄往，无咎，酌損之。

損之義，損剛益柔，損下益上也。初以陽剛應於四，四以陰柔居上位，賴初之益者也。下之益上，當損己而不自以爲功，所益於上者，事既已，則速去之，不居其功，乃无咎也。若享其成功之美，非損己益上也，於爲下之道爲有咎矣。四之陰柔，賴初者也，故聽於初；初當酌度其宜，而損己以益之，過與不及，皆不可也。

象曰：已事遄往，尚合志也。

尚，上也，時之所崇用爲尚。初之所尚者，與上合志也。四賴於初，初益於四，與上合志也。

九二，利貞，征凶，弗損益之。

二以剛中，當損剛之時，居柔而説體，上應六五陰柔之君，以柔説應上則失其剛中之德，故戒所利在貞正也。征，行也。離乎中，則失其貞正而凶矣，守其中乃貞也。弗損益之：不自損其剛貞，則能益其上，乃益之也；若失其剛貞，而用柔説，適足以損之而已，非損己而益上也。世之愚者，有雖无邪心，而唯知竭力順上爲忠者，蓋不知弗損益之之義也。

象曰：九二，利貞，中以爲志也。

九居二非正也，處説非剛也，而得中爲善。若守其中德，何有不善？豈有中而不正者？豈有中而有過者？二所謂利貞，謂以中爲志也。志存乎中，則自正矣。大率中重於正，中則正矣，正不必中也。能守中，則有益於上矣。

六三，三人行則損一人，一人行則得其友。

損者，損有餘也；益者，益不足也。三人，謂下三陽，上三陰。三陽同行，則損九三以益上；三陰同行，則損上六以爲三，三人行則損一人也。上以柔易剛而謂之損，但言其減一耳。上與三雖本相應，由二爻升降而一卦皆成，兩相與也。初二二陽，四五二陰，同德相比，三與上應，皆兩相與，則其志專，皆爲得其友也。三雖與四相比，然異體而應上，非同行者也。三人則損一人，一人則得其友；蓋天下無不二者，一與二相對待，生生之本也，三則餘而當損矣，此損益之大義也。夫子又於繫辭盡其義曰：「天地絪緼，萬物化醇，男女構精，萬物化生。易曰：『三人行則損一人，一人行則得其友。』言致一也。」絪緼，交密之狀。天地之氣，相交而密，則生萬物之化醇。醇謂醲厚，醲厚猶精一也。男女精氣交構，則化生萬物，唯精醇專一，所以能生也。一陰一陽，豈可三也？故三則當損，言專致乎一也。天地之間，當損益之，明且大者莫過此也。

象曰：一人行，三則疑也。

一人行而得一人，乃得友也。若三人行，則疑所與矣，理當損去其一人，損其餘也。

六四，損其疾，使遄有喜，无咎。

四以陰柔居上，與初之剛陽相應。在損時而應剛，能自損以從剛陽也，損不善以從善也。初之益四，損其柔而益之以剛，損其不善也，故曰損其疾，疾謂疾病不善也。損於不善，唯使之遄速，則有喜而无咎。人之損過，唯患不速，速則不至於深過，爲可喜也。

象曰：損其疾，亦可喜也。

損其所疾，固可喜也。云亦，發語辭。

六五，或益之十朋之龜，弗克違，元吉。

六五於損時，以中順居尊位，虛其中以應乎二之剛陽，是人君能虛中自損，以順從在下之賢也。能如是，天下孰不損己自盡以益之？故或有益之之事，則十朋助之矣。十，衆辭。龜者，決是非吉凶之物。衆人之公論，必合正理，雖龜筴不能違也。如此，可謂大善之吉矣。古人曰：「謀從衆，則合天心。」

象曰：六五元吉，自上祐也。

所以得元吉者，以其能盡衆人之見，合天地之理，故自上天降之福祐也。

上九，弗損益之，无咎，貞吉，利有攸往，得臣无家。

凡損之義有三：損己從人也，自損以益於人也，行損道以損於人也。損己從人，徙於義也；自損益人，及於物也；行損道以損於人，行其義也；各因其時，取大者言之。四五二爻，取損己從人；下體三爻，取自損以益人；損時之用，行損道以損天下之當損者也。上九則取不行其損爲義。九居損之終，損極而當變者也。以剛陽居上，若用〔二〕剛以損削於下，非爲上之道，其咎大矣。若不行其損，變而以剛陽之道益於下，則无咎而得其正，且吉也。如是，則宜有所往，往則有益矣。在上能不損其下而益之，天下孰不服從？從服之衆，无有内外也，故曰得臣无家。得臣，謂得人心歸服；无家，謂无有遠近内外之限也。

象曰：弗損益之，大得志也。

居上，不損下而反益之，是君子大得行其志也。君子之志，唯在益於人而已。

䷩震下巽上

益，序卦：「損而不已必益，故受之以益。」盛衰損益如循環，損極必益，理之自然，益所以繼損也。爲卦，巽上震下。雷風二物，相益者也；風烈則雷迅，雷激則風怒，兩相助益，所以爲益，此以象言也。巽震二卦，皆由下變而成。陽變而爲陰者，損也；陰變而爲陽者，益也。上卦損而下卦益，損上益下，所以爲益，此以義言也。下厚則上安，故益下爲益。

益：利有攸往，利涉大川。

〔二〕 覆元本「用」下小注：「一有其字。」

益者，益於天下之道也，故利有攸往。益之道，可以濟險難，利涉大川也。

彖曰：益，損上益下，民説无疆，自上下下，其道大光。

以卦義與卦才言也。卦之爲益，以其損上益下也。損於上而益下，則民説之无疆，謂无窮極也。自上而降己以下下，其道之大光顯也。陽下居初，陰上居四，爲自上下下之義。

利有攸往，中正有慶。

五以剛陽中正居尊位，二復以中正應之，是以中正之道益天下，天下受其福慶也。

利涉大川，木道乃行。

益之爲〔二〕道，於平常无事之際，其益猶小，當艱危險難，則所益至大，故利涉大川也。於濟艱險，乃益道大行之時也。益誤作木。或以爲上巽下震，故云木道，非也。

益，動而巽，日進无疆。

又以二體言卦才。下動而上巽，動而巽也。爲益之道，其動巽順於理，則其益日進，廣大无有疆限也。動而不順於理，豈能成大益也？

天施地生，其益无方。

〔二〕覆元本「爲」下小注：「一無爲字，一作於。」

以天地之功，言益道之大，聖人體之以益天下也。天道資始，地道生物，天施地生，化育萬物，各正性命，其益可謂无方矣。方，所也。有方所，則有限量。无方，謂廣大无窮極也。天地之益萬物，豈有窮際乎？

凡益之道，與時偕行。

天地之益无窮者，理而已矣。聖人利益天下之道，應時順理，與天地合，與時偕行也。

象曰：風雷，益。君子以見善則遷，有過則改。

風烈則雷迅，雷激則風怒，二物相益者也。君子觀風雷相益之象，而求益於己：爲益之道，无若見善則遷，有過則改也。見善能遷，則可以盡天下之善；有過能改，則无過矣。益於人者，无大於是。

初九，利用爲大作，元吉，无咎。

初九，震動之主，剛陽之盛也。居益之時，其才足以益物，雖居至下，而上有六四之大臣應於己。四，巽順之主，上能巽於君，下能順於賢才也。在下者不能有爲也，得在上者應從之，則宜以其道輔於上，作大益天下之事，利用爲大作也。居下而得上之用，以行其志，必須所爲大善而吉，則无過咎。不能元吉，則不唯在己有咎，乃累乎上，爲上之咎也。在至下而當大任，小善不足以稱也，故必元吉，然後得无咎。

象曰：元吉无咎，下不厚事也。

在下者本不當處厚事，厚事，重大之事也，以爲在上所任，所以當大事，必能濟大事而致元吉，乃爲无咎。能致元吉，則在上者任之爲知人，己當之爲勝任，不然，則上下皆有咎也。

六二，或益之十朋之龜，弗克違，永貞吉，王用享于帝，吉。

六二處中正而體柔順，有虛中之象。人處中正之道，虛其中以求益，而能順從天下，孰不願告而益之？孟子曰：「夫苟好善，則四海之内，皆將輕千里而來，告之以善。」夫滿則不受，虛則來物，理自然也。故或有可益之事，則衆朋助而益之。十者，衆辭。衆人所是，理之至當也。龜者，占吉凶、辨是非之物，言其至是，龜不能違也。永貞吉，就六二之才而言。二，中正虛中，能得衆人之益者也；然而質本陰柔，故戒在常永貞固，則吉也。求益之道，非永貞則安能守也？損之六五，十朋之龜元吉者，蓋居尊自損，應下之剛，以柔而居剛，柔爲虛受，剛爲固守，求益之至善，故元吉也。六二虛中求益，亦有剛陽之應，而以柔居柔，疑益〔二〕之未固也，故戒能常永貞固則吉也。王用享于帝吉：如二之虛中而能永貞，用以享上帝，猶當獲吉，況與人接物，其意有不通乎？求益於人，有不應乎？祭天，天子之事，故云王用也。

象曰：或益之，自外來也。

〔二〕覆元本「疑益」作「疑從益」。

既中正虛中，能受天下之善而固守，則有有益之事，衆人自外來益之矣。或曰：自外來，豈非謂五乎？曰：如二之中正虛中，天下孰不願益之？五爲正應，固在其中矣。

六三，益之，用凶事无咎，有孚，中行，告公用圭。

三居下體之上，在民上者也，乃守令也。居陽應剛，處動之極，居民上而剛決，果於爲益者也。果於爲益，用之凶事則无咎。凶事謂患難非常之事。三居下之上，在下當承禀於上，安得自任，擅爲益乎？唯於患難非常之事，則可量宜應卒，奮不顧身，力庇其民，故无咎也。下專自任，上必忌疾，雖當凶難，以〔二〕義在可爲，然必有其孚誠，而所爲合於中道，則誠意通於上，而上信與之矣。專爲而无爲上愛民之至誠，固不可也；雖有誠意，而所爲不合中行，亦不可也。圭者，通信之物。禮云：大夫執圭而使，所以申信也。凡祭祀朝聘用圭玉，所以通達誠信也。有誠孚而得中道，則能使上信之，是猶告公上用圭玉也，其孚能通達於上矣。在下而有爲之道，固當有孚中行。又三陰爻而不中，故發此義。或曰：三乃陰柔，何得反以剛果任事爲義？曰：三，質雖本陰，然其居陽，乃自處以剛也。應剛乃志在乎剛也。居動之極，剛果於行也。以此行益，非剛果而何？易以所勝爲義，故不論其本質也。

象曰：益用凶事，固有之也。

〔二〕覆元本「以」下小注：「一無以字。」

六三益之獨可用於凶事者，以其固有之也，謂專固自任其事也。居下當稟承於上，乃專任其事，唯救民之凶災，拯時之艱急，則可也。乃處急難變故之權宜，故得无咎，若平時，則不可也。

六四，中行告公從，利用爲依，遷國。

四當益時，處近君之位，居得其正，以柔巽輔上，而下順應於初之剛陽，如是可以益於上也。唯處不得其中，而所應又不中，是不足於中也。故云：若行得中道，則可以益於君上，告於上而獲信從矣。以柔巽之體，非有剛特之操，故利用爲依。遷國爲依，依附於上也。遷國，順下而動也。上依剛中之君而致其益，下順剛陽之才以行其事，利用如是也。自古國邑，民不安其居則遷，遷國者，順下而動也。

象曰：告公從，以益志也。

爻辭但云，得中行則告公而獲從，象復明之曰：告公而獲從者，告之以益天下之志也。志苟在於益天下，上必信而從之。事君者，不患上之不從，患其志之不誠也。

九五，有孚，惠心，勿問元吉，有孚惠我德。

五，剛陽中正，居尊位，又得六二之〔二〕中正相應，以行其益，何所不利？以陽實在中，有孚之象也。以九五之德、之才、之位，而中心至誠，在惠益於物，其至善大吉，不問可知，故云勿問元吉。人君居得

〔二〕覆元本「之」下小注：「一無之字。」

致之位，操可致之權，苟至誠益於〔一〕天下，天下受其大福，其元吉不假言也。有孚惠我德：人君至誠，益於天下，天下之人，无不至誠愛戴，以君之德澤爲恩惠也。

象曰：有孚惠心，勿問之矣；惠我德，大得志也。

人君有至誠惠益天下之心，其元吉不假言也，故云勿問之矣。天下至誠懷吾德以爲惠，是其道大行，人君之志得矣。

上九，莫益之，或擊之，立心勿恒，凶。

上居无位之地，非行益於人者也；以剛處益之極，求益之甚者也；所應者陰，非取善自益者也。利者，衆人所同欲也。專欲益己，其害大矣。欲之甚，則昏蔽而忘義理；求之極，則侵奪而致仇怨。故夫子曰：「放於利而行，多怨。」孟子謂先利則不奪不饜，聖賢之深戒也。九以剛而求益之極，衆人所共惡，故无益之者，而或攻擊之矣。立心勿恒，凶：聖人戒人存心不可專利，云勿恒如是，凶之道也，所當速改也。

象曰：莫益之，偏辭也；或擊之，自外來也。

理者天下之至公，利者衆人所同欲。苟公其心，不失其正理，則與衆同利，无侵於人，人亦欲與之。若

〔一〕覆元本「益於」下小注：「一作於益。」下「益於天下」句同。

切於好利，蔽於自私，求自益以損於人，則人亦與之力爭，故莫肯益之，而有擊奪之者矣。云莫益之者，非其偏己之辭也。苟不偏己，合於公道，則人亦益之，何爲擊之乎？既求益於人，至於甚極，則人皆惡而欲攻之，故擊之者自外來也。人爲善，則千里之外應之。六二中正虚己，益之者自外而至，是也。苟爲不善，則千里之外違之。上九求益之極，擊之者自外而至，是也。繫辭曰：「君子安其身而後動，易其心而後語，定其交而後求，君子修此三者故全也。危以動，則民不與也；懼以語，則民不應也；无交而求，則民不與也；莫之與，則傷之者至矣。易曰：『莫益之，或擊之，立心勿恒，凶。』」君子言動與求，皆以其道，乃完善也；不然，則取傷而凶矣。

䷪ 乾下兌上

夬，序卦：「益而不已必決，故受之以夬。夬者，決也。」益之極，必決而後止，理无常益，益而不已，已乃決也，夬所以次益也。爲卦，兌上乾下。以二體言之：澤，水之聚也，乃上於至高之處，有潰決之象。以爻言之：五陽在下，長而將極；一陰在上，消而將盡；衆陽上進，決去一陰，所以爲夬也。夬者，剛決之義。衆陽進而決去一陰，君子道長，小人消衰將盡之時也。

夬：揚于王庭，孚號有厲。

小人方盛之時，君子之道未勝，安能顯然以正道決去之？故含晦俟時，漸圖消之之道。今既小人衰微，君子道盛，當顯行之於公朝，使人明知善惡，故云揚于王庭。孚，信之在中，誠意也。號者，命衆之辭。君子之道雖長盛，而不敢忘戒備，故至誠以命衆，使知尚有危道，雖以此之甚盛，決彼之甚衰，若易而无備，則有不虞之悔，是尚有危理，必有戒懼之心，則无患也。聖人設戒之意深矣。

告自邑，不利即戎，利有攸往。

君子之治小人，以其不善也，必以己之善道勝革之，故聖人誅亂，必先修己，舜之敷文德是也。邑，私邑。告自邑，先自治也。以衆陽之盛，決於一陰，力固有餘，然不可極其剛至於太過，太過乃如蒙上九之爲寇也。戎兵者，强武之事。不利即戎，謂不宜尚壯武也。即，從也。從戎，尚武也。利有攸往：陽雖盛，未極乎上；陰雖微，猶有未去，是小人尚有存者，君子之道有未至也，故宜進而往也。不尚剛武，而其道益進，乃夬之善也。

彖曰：夬，決也，剛決柔也。健而說，決而和。

夬爲決義，五陽決上之一陰也。健而說，決而和，以二體言卦才也。下健而上說，是健而能說，決而能和，決之至善也。兑說爲和。

揚于王庭，柔乘五剛也。

柔雖消矣，然居五剛之上，猶爲乘陵之象。陰而乘陽，非理之甚。君子勢既足以去之，當顯揚其罪於王朝大庭，使衆知善惡也。

孚號有厲，其危乃光也。

盡誠信以命其衆，而知有危懼，則君子之道，乃无虞而光大也。

告自邑，不利即戎，所尚乃窮也。

當先自治，不宜專尚剛武。即戎，則所尚乃至窮極矣。夬之時所尚，謂剛武也。

利有攸往，剛長乃終也。

陽剛雖盛，長猶未終，尚有一陰，更當決去，則君子之道純一而无害之者矣，乃剛長之終也。

象曰：澤上於天，夬，君子以施禄及下，居德則忌。

澤，水之聚也，而上於天至高之處，故爲夬象。君子觀澤決於上而注溉於下之象，則以施禄及下，謂施其禄澤以及於下也。觀其決潰之象，則以居德則忌。居德，謂安處其德則約也；忌，防也，謂約立防禁，有防禁，則无潰散也。王弼作明忌，亦通。不云澤在天上，而云澤上於天，上於天，則意不安而有決潰之勢；云在天上，乃安辭也。

初九，壯于前趾，往不勝，爲咎。

九，陽爻而乾體，剛健在上之物，乃在下而居決時，壯于前進者也。前趾，謂進行。人之決於行也，行而宜，則其決爲是，往而不宜，則決之過也，故往而不勝則爲咎也。夬之時而往，往決也，故以勝負言。九，居初而壯於進，躁於動者也，故有不勝之戒。陰雖將盡，而己之躁動，自宜有不勝之咎，不計彼也。

象曰：不勝而往，咎也。

人之行，必度其事可爲，然後決之，則无過矣。理不能勝，而且往，其咎可知。凡行而有咎者，皆決之過也。

九二，惕號，莫夜有戎，勿恤。

夬者，陽決陰，君子決小人之時，不可忘戒備也。陽長將極之時，而二處中居柔，不爲過剛，能知戒備，處夬之至善也。内懷兢惕，而外嚴誡號，雖莫夜有兵戎，亦可勿恤矣。

象曰：有戎勿恤，得中道也。

莫夜有兵戎，可懼之甚也，然可勿恤者，以自處之善也。既得中道，又知惕懼，且有戒備，何事之足恤也？九居二，雖得中，然非正，其爲至善，何也？曰：陽決陰，君子決小人，而得中，豈有不正也？知時識勢，學易之大方也。

九三，壯于頄，有凶。君子夬夬，獨行遇雨，若濡，有慍，无咎。

爻辭差錯，安定胡公移其文曰：「壯于頄，有凶，獨行遇雨，若濡有慍，君子夬夬，无咎。」亦未安也。當云：「壯于頄，有凶，獨行遇雨，君子夬夬，若濡有慍，无咎。」夬決，尚剛健之時。三居下體之上，又處健體之極，剛果於決者也。頄，顴骨也，在上而未極於上者也。三居下體之上，雖在上而未爲最上，上有君而自任其剛決，壯于頄者也，有凶之道也。獨行遇雨：三與上六爲正應，方羣陽共決一陰之時，己若以私應之，故不與衆同而獨行，則與上六陰陽和合，故云遇雨。易中言雨者，皆謂陰陽和也。君子道長，決去小人之時，而己獨與之和，其非可知。唯君子處斯時，則能夬夬，謂夬其夬，果決其斷也。雖其私與，當遠絶之，若見濡污，有愠惡之色，如此則无過咎也。三，健體而處正，非必有是失也，因此義以爲教耳。爻文所以交錯者，由有遇雨字，又有濡字，故誤以爲連也[一]。

象曰：君子夬夬，終无咎也。

牽梏於私好，由无決也。君子義之與比，決於當決，故終不至於有咎也。

九四，臀无膚，其行次且，牽羊悔亡，聞言不信。

臀无膚，居不安也。行次且，進不前也。次且，進難之狀。九四以陽居陰，剛決不足，欲止則衆陽並進於下，勢不得安，猶臀傷而居不能安也；欲行則居柔失其剛壯，不能强進，故其行次且也。牽羊悔亡：羊者羣行之物，牽者挽拽之義，言若能自强，而牽挽以從羣行，則可以亡其悔。然既處柔，必不能也，雖使聞是言，亦必不能信用也。夫過而能改，聞善而能用，克己以從義，唯剛明者能之。在它卦，九居四，其失未至如此之甚，在夬而居柔，其害大矣。

象曰：其行次且，位不當也；聞言不信，聰不明也。

九處陰位，不當也；以陽居柔，失其剛決，故不能强進，其行次且。剛然後能明，處柔則遷失其正性，

[一] 覆元本末句下小注：「一作誤而相連也。」

豈復有明也？故聞言而不能信者，蓋其聰聽之不明也。

九五，莧陸夬夬，中行无咎。

五雖剛陽中正，居尊位，然切近於上六，上六説體，而卦獨一陰，陽之所比也。五爲決陰之主，而反比之，其咎大矣。故必決其決，如莧陸然，則於其中行之德，爲无咎也。中行，中道也。莧陸，今所謂馬齒莧是也，曝之難乾，感陰氣之多者也，而脆易折。五若如莧陸，雖感於陰而決斷之易，則於中行无過咎矣，不然，則失其中正也。感陰多之物，莧陸爲易斷，故取爲象。

象曰：中行无咎，中未光也。

卦辭言夬夬，則於中行爲无咎矣。象復盡其義云：中未光也。夫人心正意誠，乃能極中正之道，而充實光輝。五心有所比，以義之不可而決之，雖行於外，不失中正之義，可以无咎，然於中道，未得爲光大也。蓋人心一有所欲，則離道矣，夫子於此，示人之意深矣。

上六，无號，終有凶。

陽長將極，陰消將盡，獨一陰處窮極之地，是衆君子得時，決去危極之小人也，其勢必須消盡，故云无用號咷畏懼，終必有凶也。

象曰：无號之凶，終不可長也。

陽剛君子之道，進而益盛，小人之道，既已窮極，自然消亡，豈復能長久乎？雖號咷，无以爲也，故云終不可長也。先儒以卦中有孚號惕號，欲以无號爲无號，作去聲，謂无用更加號令，非也。一卦中適有兩去聲字，一平聲字，何害？而讀易者率皆疑之。或曰：聖人之於天下，雖大惡，未嘗必絶之也，今直使之无號，謂必有凶，可乎？曰：夬者，小人之道消亡之時也。決去小人之道，豈必盡誅之乎？使之變革，乃小人之道亡也，道亡乃其凶也。

䷫巽下乾上

姤，序卦：「夬，決也，決必有所遇，故受之以姤。姤，遇也。」決，判也，物之決判，則有遇合，本合則何遇？姤所以次夬也。爲卦，乾上巽下。以二體言之：風行天下，天之下者萬物也；風之行，无不經觸，乃遇之象。又一陰始生於下，陰與陽遇也，故爲姤。

姤：女壯，勿用取女。

一陰始生，自是而長，漸以盛矣[一]，是女之將長壯也。陰長則陽消，女壯則男弱，故戒勿用取如是之女。取女者，欲其柔和順從，以成家道。姤乃方進之陰，漸壯而敵陽者，是以不可取也。女漸壯，則失男女之正，家道敗矣。姤雖一陰甚微，然有漸壯之道，所以戒也。

彖曰：姤，遇也，柔遇剛也。

[一] 徐本「矣」作「大」。

姤之義，遇也。卦之爲姤，以柔遇剛也。一陰方生，始與陽相遇也。

勿用取女，不可與長也。

一陰既生，漸長而盛，陰盛則陽衰矣。取女者，欲長久而成家也，此漸盛之陰，將消勝於陽，不可與之長久也。凡女子、小人、夷狄，勢苟漸盛，何可與久也？故戒勿用取如是之女。

天地相遇，品物咸章也。

陰始生於下，與陽相遇，天地相遇也。陰陽不相交遇，則萬物不生。天地相遇，則化育庶類，品物咸章，萬物章明也。

剛遇中正，天下大行也。

以卦才言也。五與二皆以陽剛居中與正，以中正相遇也。君得剛中之臣，臣遇中正之君，君臣以剛陽遇中正，其道可以大行於天下矣。

姤之時義大矣哉！

贊姤之時，與姤之義至大也。天地不相遇，則萬物不生；君臣不相遇，則政治不興；聖賢不相遇，則道德不亨；事物不相遇，則功用不成。姤之時與義，皆甚大也。

象曰：天下有風，姤，后以施命誥四方。

風行天下，无所不周，爲君后者，觀其周徧之象，以施其命令，周誥四方也。風行地上，與天下有風，皆爲周徧庶物之象，而行於地上，徧觸萬物，則爲觀，經歷觀省之象也；行於天下，周徧四方，則爲姤，施發命令之象也。諸象或稱先王，或稱后，或稱君子大人。稱先王者，先王所以立法制建國，作樂省方，敕法閉關，育物享帝皆是也。稱后者，后王之所爲也，財成天地之道，施命誥四方是也。君子則上下之通稱，大人者王公之通稱。

初六，繫于金柅，貞吉；有攸往，見凶，羸豕孚蹢躅。

姤，陰始生而將長之卦。一陰生，則長而漸盛，陰長則陽消，小人道長也，制之當於其微而未盛之時。柅，止車之物，金爲之，堅強之至也。止之以金柅，而又繫之，止之固也。固止使不得進，則陽剛貞正之道吉也。使之進往，則漸盛而害於陽，是見凶也。羸豕孚蹢躅：聖人重爲之戒，言陰雖甚微，不可忽也。豕，陰躁之物，故以爲況。羸弱之豕，雖未能強猛，然其中心在乎蹢躅。蹢躅，跳躑也。陰微而在下，可謂羸矣，然其中心常在乎消陽也。君子小人異道，小人雖微弱之時，未嘗无害君子之心，防於微則无能爲矣。

象曰：繫于金柅，柔道牽也。

牽者，引而進也。陰始生而漸進，柔道方牽也。繫之于金柅，所以止其進也。不使進，則不能消正道，乃貞吉也。

九二，包有魚，无咎，不利賓。

姤，遇也。二與初密比，相遇者也。在他卦則初正應於四，在姤則以遇爲重。相遇之道，主於專一。二之剛中，遇固以誠，然初之陰柔，羣陽在上，而又有所〔一〕應者，其志所求也，陰柔之質，鮮克貞固，二之於初，難得其誠心矣。所遇不得其誠心，遇道之乖也。包者，苴裹也。魚，陰物之美者。陽之於陰，其所悦美，故取魚象。二於初，若能固畜之，如包苴之有魚，則於遇爲无咎矣。賓，外來者也。不利賓：包苴之魚，豈能及賓？謂不可更及外人也。遇道當專一，二則雜矣。

象曰：包有魚，義不及賓也。

二之遇初，不可使有二於外，當如包苴之有魚，包苴之魚，義不及於賓客也。

九三，臀无膚，其行次且，厲无大咎。

二與初既相遇，三説初而密比於二，非所安也，又爲二所忌惡，其居不安，若臀之无膚也。處既不安，則當去之，而居姤之時，志求乎遇，一陰在下，是所欲也，故處雖不安，而其行則又次且也。次且，進難之狀，謂不能遽舍也。然三剛正而處巽，有不終迷之義。若知其不正，而懷危懼，不敢妄動，則可以无大咎也。非義求遇，固已有咎矣；知危而止，則不至於大（一有咎字。）也。

象曰：其行次且，行未牽也。

〔一〕覆元本「所」作「相」。

其始志在求遇於初，故其行遲遲未牽，不促其行也；既知危而改之，故未至於大咎也。

九四，包无魚，起凶。

包者，所裹畜也。魚，所美也。四與初爲正應，當相遇者也，而初已遇於二矣，失其所遇，猶包之无魚，亡其所有也。四當姤遇之時，居上位而失其下，下之離，由己之失德也。四之失者，不中正也。以不中正而失其民，所以凶也。曰：初之從二，以比近也，豈四之罪乎？曰：在四而言，義當有咎，不能保其下，由失道也。豈有上不失道而下離者乎？遇之道，君臣、民主、夫婦、朋友皆在焉。四以下睽，故主民而言。爲上而下離，必有凶變。起者，將生之謂。民心既離，難將作矣。

象曰：无魚之凶，遠民也。

下之離，由己致之。遠民者，己遠之也，爲上者有以使之離也。

九五，以杞包瓜，含章，有隕自天。

九五，下亦无應，非有遇也，然得遇之〔二〕道，故終必有遇。夫上下之遇，由相求也。杞，高木而葉大。處高體大，而可以包物者，杞也。美實之在下者，瓜也。美而居下者，側微之賢之象也。九五尊居君位，而下求賢才，以至高而求至下，猶以杞葉而包瓜，能自降屈如此；又其内藴中正之德，充實章美，

〔二〕覆元本「之」下小注：「一有之字。」

人君如是，則无有不遇所求者也。雖屈己求賢，若其德不正，賢者不屑也，故必含蓄章美，內積至誠，則有隕自天矣，猶云自天而降，言必得之也。自古人君至誠降屈，以中正之道，求天下之賢，未有不遇者也。高宗感於夢寐，文王遇於漁釣，皆由是道也。

象曰：九五含章，中正也。

所謂含章，謂其含蘊一無蘊字。中正之德也。德充實，則成章而有輝光。

有隕自天，志不舍命也。

命，天理也。舍，違也。至誠中正，屈己求賢，存志合於天理，所以有隕自天，必得之矣。

上九，姤其角，吝，无咎。

至剛而在最上者，角也。九以剛居上，故以角爲象。人之相遇，由降屈以相從，和順以相接，故能合也。上九高亢而剛極，人誰與之？以此求遇，固可吝也。己則如是，人之遠之，非他人之罪也。由己致之，故无所歸咎。

象曰：姤其角，上窮吝也。

既處窮上，剛亦極矣，是上窮而致吝也。以剛極居高而求遇，不亦難乎？

䷬坤下兑上

萃，序卦：「姤者遇也，物相遇而後聚，故受之以萃，萃者聚也。」物相會遇則成羣〔一〕，萃所以次姤也。爲卦，兑上坤下，澤上於地，水之聚也，故爲萃。不言澤在地上，而云澤上於地，言上於地，則爲方聚之義也。

萃：亨，王假有廟。

王者萃聚天下之道，至於有廟，極也。羣生至衆也，而可一其歸仰；人心莫知其鄉也，而能致其誠敬；鬼神之不可度也，而能致其來格。天下萃合人心，總攝衆志之道非一，其至大莫過於宗廟，故王者萃天下之道，至於有廟，則萃道之至也。祭祀之報，本於人心，聖人制禮以成其德耳。故豺獺能祭，其性然也。萃下有亨字，羡文也。亨字自在下，與渙不同。渙則先言卦才，萃乃先言卦義，彖辭甚明。

利見大人，亨，利貞。

天下之聚，必得大人以治之。人聚則亂，物聚則争，事聚則紊，非大人治之，則萃所以致争亂也。萃以不正，則人聚爲苟合，財聚爲悖入，安得亨乎？故利貞。

用大牲吉，利有攸往。

萃者，豐厚之時也，其用宜稱，故用大牲吉。事莫重於祭，故以祭享而言。上交鬼神，下接民物，百用

〔一〕覆元本「羣」下有「聚」字。

莫不皆然。當萃之時，而交物以厚，則是享豐富之吉也，天下莫不同其富樂矣。若時之〔二〕厚，而交物以薄，乃不享其豐美，天下莫之與，而悔吝生矣。蓋隨時之宜，順理而行，故彖云順天命也。夫不能有爲者，力之不足也。當萃之時，故利有攸往。大凡興工〔三〕立事，貴得可爲之時，萃而後用，是以動而有裕，天理然也。

彖曰：萃，聚也。順以說，剛中而應，故聚也。

萃之義，聚也。順以說，以卦才言也。上說而下順，爲上以說道使民，而順於人心；下說上之政令，而順從於上。既上下順說，又陽剛處中正之位，而下有應助，如此故能聚也。欲天下之萃，才非如是不能也。

王假有廟，致孝享也。

王者萃人心之道，至於建立宗廟，所以致其孝享之誠也。祭祀，人心之所自盡也，故萃天下之心者，无如孝享。王者萃天下之道，至於有廟，則其極也。

利見大人亨，聚以正也。

〔二〕覆元本「之」下小注：「一無之字。」

〔三〕覆元本「工」作「功」。

萃之時，見大人則能亨，蓋聚以正道也。見大人，則其聚以正道，得其正則亨矣。萃不以正，其能亨乎？

用大牲吉，利有攸往，順天命也。

用大牲，承上有廟之文，以享祀而言。凡事莫不如是。豐聚之時，交於物者當厚，稱其宜也。物聚而力贍，乃可以有爲，故利有攸往。皆天理然也，故云順天命也。

觀其所聚，而天地萬物之情可見矣。

觀萃之理，可以見天地萬物之情也。天地之化育，萬物之生成，凡有者皆聚也。有无動静終始之理，聚散而已。故觀其所以聚，則天地萬物之情可見矣。

象曰：澤上於地，萃，君子以除戎器，戒不虞。

澤上於地，爲萃聚之象。君子觀萃象，以除治戎器，用戒備於不虞。凡物之萃，則有不虞度之事，故衆聚則有争，物聚則有奪。大率既聚則多故矣，故觀萃象而戒也。除謂簡治也，去弊惡也。除而聚之，所以戒不虞也。

初六，有孚不終，乃亂乃萃，若號，一握爲笑，勿恤往，无咎。

初與四爲正應，本有孚以相從者也。然當萃時，三陰聚處，柔无守正之節，若舍正應而從其類，乃有孚而不終也。乃亂，惑亂其心也。乃萃，與其同類聚也。初若守正，不從號呼，以求正應，則一握笑之矣。一握，俗語一團也，謂衆一有聚字。以爲笑也。若能勿恤，而往從剛陽之正應，則无過咎，不然，則入小人之羣矣。

象曰：乃亂乃萃，其志亂也。

其心志爲同類所惑亂，故乃萃於羣陰也。不能固其守，則爲小人所惑亂，而失其正矣。

六二，引吉无咎，孚乃利用禴。

初陰柔，又非中正，恐不能終其孚，故因其才而爲之戒。二雖陰柔，而得中正，故雖戒而微辭〔一〕。凡爻之辭，關得失二端者，爲法爲戒，亦各隨其才而設也。引吉无咎：引者相牽也。人之交，相求則合，相待〔二〕則離。二與五爲正應，當萃者也，而相遠，又在羣陰之閒，必相牽引，則得其萃矣。五居尊位，有中正之德，二亦以中正之道往與之萃，乃君臣和合也。其所共致，豈可量也？是以吉而无咎也。无咎者，善補過也。二與五不相引，則過矣。孚乃利用禴：孚，信之在中，誠之謂也。禴，祭之簡薄者也。菲薄而祭，不尚備物，直以誠意交於神明也。孚乃者，謂有其孚則可不用文飾，專以至誠交於上〔三〕也。以禴言者，謂薦其誠而已，上下相聚而尚飾焉，是未誠也。蓋其中實者，不假飾於外，

〔一〕覆元本「微辭」下小注：「一作其辭微。」
〔二〕覆元本「待」下小注：「一作恃。」
〔三〕覆元本「上」下小注：「一有下字。」

用禴之義也。孚信者，萃之本也。不獨君臣之聚，凡天下之聚，在誠而已。

象曰：引吉无咎，中未變也。

萃之時，以得聚爲吉，故九四爲得上下之萃。二與五雖正應，然異處有間，乃當萃而未合者也，故能相引而萃，則吉而无咎。以其有中正之德，未遽至改變也，變則不相引矣。或曰：二既有中正之德，而象云未變，辭若不足，何也？曰：羣陰比處，乃其類聚。方萃之時，居其間，能自守不變，遠須正應，剛立者能之。二，陰柔之才，以其有中正之德，可覬其未至於變耳，故象含其意以存戒也。

六三，萃如嗟如，无攸利，往无咎，小吝。

三，陰柔不中正之人也，求萃於人，而人莫與求。四則非其正應，又非其類，是以不正爲四所棄也。與二，則二自以中正應五，是以不正爲二所不與也。故欲〔一〕萃如，則爲人棄絶而嗟如，不獲萃而嗟恨也。上下皆不與，无所利也。惟往而從上六，則得其萃，爲无咎也。三與上雖非陰陽正應，然萃之時，以類相從，皆以柔居一體之上，又皆无與，居相應之地，上復處説順之極，故得其萃而无咎也。易道變動无常，在人識之。然而小吝，何也？三始求萃於四與二，不獲而後往從上六，人之動爲如此，雖得所求，亦可小羞吝也。

〔一〕覆元本「欲」下小注：「一無欲字。」

象曰：往无咎，上巽也。

上居柔説之極，三往而无咎者，上六巽順而受之也。

九四，大吉，无咎。

四當萃之時，上比九五之君，得君臣之聚也；下比下體羣陰，得下民之聚也。得上下之聚，可謂善矣。然四以陽居陰，非正也，雖得上下之聚，必得大吉然後爲无咎也。大爲周徧之義，无所不周，然後爲大，无所不正，則爲大吉，大吉則无咎也。夫上下之聚，固有不由正道而得者。非理枉道而得君者，自古多矣；非理枉道而得民者，蓋亦有焉，如齊之陳恒，魯之季氏是也。然得爲大吉乎？得爲无咎乎？故九四必能大吉然後爲〔一〕无咎也。

象曰：大吉无咎，位不當也。

以其位之不當，疑其所爲未能盡善，故云必得大吉然後爲无咎也。非盡善，安得爲大吉乎？

九五，萃有位，无咎。匪孚，元永貞，悔亡。

九五居天下之尊，萃天下之衆而君臨之，當正其位，修其德。以陽剛居尊位，稱其位矣，爲有其位矣，得中正之道，无過咎也。如是而有不信而未歸者，則當自反以修其元永貞之德，則无思不服，而悔亡

〔一〕覆元本「爲」下小注：「一作能。」下文「然後爲无咎」句同。

矣。元永貞者，君之德，民所歸也，故比天下之道與萃天下之道，皆在此三者。王者既有其位，又有其德，中正无過咎，而天下尚有未信服歸附者，蓋其道未光大也，元永貞之道未至也，在脩德以來之。如苗民逆命，帝乃誕敷文德。舜德非不至也，蓋有遠近昏明之異，故其歸有先後，既有未歸，則當脩德也。所謂德，元永貞之道也。元，首也，長也，爲君德首出庶物，君長羣生，有尊大之義焉，有主統之義焉，而又恆永貞固，則通於神明，光於四海，无思不服矣，乃无匪孚而其悔亡也。所謂悔，志之未光，心之未慊也。

象曰：萃有位，志未光也。

象舉爻上句。王者之志，必欲誠信著於天下，有感必通，含生之類，莫不懷歸，若尚有匪孚，是其志之未光大也。

上六，齎咨涕洟，无咎。

六，説之主，陰柔小人，説高位而處之，天下孰肯與也？求萃而人莫之與，其窮至於齎咨而涕洟也。齎咨，咨嗟也。人之絶之，由己自取，又將誰咎？爲人惡絶，不知所爲，則隕穫而至嗟涕，真小人之情狀也。

象曰：齎咨涕洟，未安上也。

小人所處，常失其宜：既貪而從欲，不能自擇安地，至於困窮，則顛沛不知所爲。六之涕洟，蓋不安於處上也。君子慎其所處，非義不居，不幸而有危困，則泰然自安，不以累其心。小人居不擇安，常履非據，及其窮迫，則隕穫躁撓，甚至涕洟，爲可羞也。未者，非遽之辭，猶俗云未便也。未便能安於上也。陰而居上，孤處无與，既非其據，豈能安乎？

䷭巽下坤上

升，序卦：「萃者聚也，聚而上者謂之升，故受之以升。」物之積聚而益高大，聚而上也，故爲升，所以次於萃也。爲卦，坤上巽下，木在地下，爲地中生木。木生地中，長而益高，爲升之象也。

升：元亨，用見大人，勿恤，南征吉。

升者，進而上也。升進則有亨義，而以卦才之善，故元亨也。用此道以見大人，不假憂恤，前進則吉也。南征，前進也。

彖曰：柔以時升。

巽而順，剛中而應，是以大亨。

以二體言，柔升謂坤上行也。巽既體卑而就下，坤乃順時而上升以時也，謂時當升也。柔既上而成升，則下巽而上順，以巽順之道升，可謂時矣。二以剛中之道應於五，五以中順之德應於二，能巽而順，其升以時，是以元亨也。彖文誤作大亨，解在大有卦。

用見大人勿恤，有慶也。

凡升之道，必由大人。升於位則由王公，升於道則由聖賢。用巽順剛中之道以見大人，必遂其升。勿恤，不憂其不遂也。遂其升，則己之〔二〕福慶，而福慶及物也。

南征吉，志行也。

南，人之所向。南征，謂前進也。前進則遂其升，而得行其志，是以吉也。

象曰：地中生木，升，君子以順德，積小以高大。

木生地中，長而上升，爲升之象。君子觀升之象，以順脩其德，積累微小，以至高大也。順則可進，逆乃退也。萬物之進，皆以順道也。善不積不足以成名。學業之充實，道德之崇高，皆由積累而至。積小所以成高大，升之義也。

初六，允升大吉。

初以柔居巽體之下，又巽之主，上承於九二之剛，巽之至者也。二以剛中之德，上應於君，當升之任者也。允者，信從也。初之柔巽，唯信從於二，信二而從之同升，乃大吉也。二以德言，則剛中以力言，則當任。初之陰柔，又无應援，不能自升，從於剛中之賢以進，是由剛中之道也，吉孰大焉？

象曰：允升大吉，上合志也。

〔二〕覆元本「之」下小注：「一作有。」

與在上者合志同升也。上謂九二。從二而升，乃與二同志也。能信從剛中之賢〔一〕，所以大吉。

九二，孚乃利用禴，无咎。

二，陽剛而在下；五，陰柔而居上。夫以剛而事柔，以陽而從陰，雖有時而然，非順道也。以暗而臨明，以剛而事弱，若黽勉於事勢，非誠服也。上下之交不以誠，其可以久乎？其可以有爲乎？五雖陰柔，然居尊位。二雖剛陽，事上者也，當内存至誠，不假文飾於外，誠積於中，則自不事外飾，故曰利用禴，謂尚誠敬也。自古剛强之臣，事柔弱之君，未有不爲矯飾者也。禴，祭之簡質者也。云「孚乃」，謂既孚乃宜不用文飾，專以其誠感通於上也。如是則得无咎。以剛强之臣而事柔弱之君，又當升之時，非誠意相交，其能免於咎乎？

象曰：九二之孚，有喜也。

二能以孚誠事上，則不唯爲臣之道无咎而已，可以行剛中之道，澤及天下，是有喜也。凡象言有慶者，如是則有福慶及於物也；言有喜者，事既善而又有可喜也，如大畜童牛之牿元吉，象云有喜，蓋牿於童則易，又免强制之難，是有可喜也。

九三，升虚邑。

〔一〕覆元本「賢」下小注：「一作道。」

三以陽剛之才，正而且巽，上皆順之，復有援應，以是而升，如入无人之邑，孰禦哉？

象曰：升虛邑，无所疑也。

入无人之邑，其進无疑阻也。

六四，王用亨于岐山，吉，无咎。

四，柔順之才，上順君之升，下順下之進，己則止其所焉，以陰居柔，陰而在下，止其所也。昔者文王之居岐山之下，上順天子，而欲致之有道，下順天下之賢，而使之升進，己則柔順謙恭，不出其位，至德如此，周之王業，用是而亨也。四能如是，則亨而吉，且无咎矣。四之才固自善矣，復有无咎之辭，何也？曰：四之才雖善，而其位當戒也。居近君之位，在升之時，不可復升，升則凶咎可知，故云如文王則吉而无咎也。然處大臣之位，不得无事於升，當上升其君之道，下升天下之賢，己則止其分焉。分雖當止，而德則當升也，道則當亨也。盡斯道者，其唯文王乎！

象曰：王用亨于岐山，順事也。

四居近君之位，而當升時，得吉而无咎者，以其有順德也。以柔居坤，順之至也。文王之亨于岐山，亦以順時而已。上順於上，下順乎下，已順處其義，故云順事也。

六五，貞吉，升階。

五以下有剛中之應，故能居尊位而吉，然質本陰柔，必守貞固，乃得其吉也。若不能貞固，則信賢不篤，任賢不終，安能吉也？階，所由而升也。任剛中之賢，輔之而升，猶登進自階，言有由而易也。指言九二正應，然在下之賢，皆用升之階也，能用賢則彙升矣。

象曰：貞吉升階，大得志也。

倚任賢才，而能貞固，如是而升，可以致天下之大治，其志可大得也。君道之升〔二〕，患無賢才之助爾，有助則猶自階而升也。

上六，冥升，利于不息之貞。

六以陰居升之極，昏冥於升，知進而不知止者也，其爲不明甚矣。然求升不已之心，有時而用於貞正，而當不息之事，則爲宜矣。君子於貞正之德，終日乾乾，自强不息。如〔三〕上六不已之心，用之於此則利也。以小人貪求無已之心，移於進德，則何善如之？

象曰：冥升在上，消不富也。

昏冥於升，極上而不知已，唯有消亡，豈復有加益也？不富，無復增益也。升既極，則有退而無進也。

〔二〕覆元本「升」下小注：「一作興。」

〔三〕覆元本「如」下小注：「一作以。」

周易程氏傳卷第四

周易下經下

䷮坎下兑上

困，序卦：「升而不已必困，故受之以困。」升者自下而上，自下升上，以力進也，不已必困矣，故升之後受之以困也。困者憊乏之義。爲卦，兑上而坎下。水居澤上，則澤中有水也；乃在澤下，枯涸无水之象，爲困乏之義。又兑以陰在上，坎以陽居下，與上六在二陽之上，而九二陷於二陰之中，皆陰柔揜於陽剛，所以爲困也。君子爲小人所揜蔽，窮困之時也。

困：亨，貞大人吉，无咎，有言不信。

如卦之才，則困而能亨，且得貞正，乃大人處困之道也，故能吉而无咎。大人處困，不唯其道自吉，樂天安命〔一〕，乃不失其吉也。況隨時善處，復有裕〔二〕乎？有言不信：當困而言，人誰信之？

彖曰：困，剛揜也。

卦所以爲困，以剛爲柔所掩蔽也。陷於下而掩於上，所以困也。陷亦揜也。剛陽君子而爲陰柔小人所掩蔽，君子之道困窒之時也。

險以説，困而不失其所亨，其唯君子乎！

以卦才言處困之道也。下險而上説，爲處險而能説，雖在困窮艱險之中，樂天安義，自得其説樂也。時雖困也，處不失義，則其道自亨，困而不失其所亨也。能如是者，其唯君子乎！若時當困而反亨，身雖亨，乃其道之困也。君子，大人通稱。

貞大人吉，以剛中也。

困而能貞，大人所以吉也，蓋其以剛中之道也。五與二是也。非剛中，則遇困而失其正矣。

有言不信，尚口乃窮也。

當困而言，人所不信，欲以口免困，乃所以致窮也。以説處困，故有尚口之戒。

〔一〕覆元本「安命」下小注：「一作知命。」

〔二〕覆元本「裕」作「咎」，義似較長。但「有」字疑當作「何」，語法方順。

象曰：澤无水，困，君子以致命遂志。

澤无水，困乏之象也。君子當困窮之時，即盡其防慮之道，而不得免，則命也，當推致其命，以遂其志。知命之當然也，則窮塞禍患不以動其心，行吾義而已。苟不知命，則恐懼於險難，隕穫於窮戹，所守亡矣，安能遂其爲善之志乎？

初六，臀困于株木，入于幽谷，三歲不覿。

六以陰柔處於至卑，又居坎險之下，在困不能自濟者也。必得在上剛明之人爲援助，則可以濟其困矣。初與四爲正應，九四以陽而居陰爲不正，失〔二〕剛而不中，又方困於陰揜，是惡能濟人之困？猶株木之下〔三〕，一無下字。不能蔭覆於物。株木，无枝葉之木也。四近君之位，在他卦不爲无助，以居困而不能庇物，故爲株木。臀，所以居也。臀困于株木，謂无所庇而不得安其居，居安則非困也。入于幽谷：陰柔之人，非能安其所遇，既不能免於困，則益迷暗妄動，入於深困。幽谷，深暗之所也。方益入於困，无自出之勢，故至於三歲不覿，終困者也。不覿，不遇其所亨也。

象曰：入于幽谷，幽不明也。

〔二〕覆元本「失」下小注：「一作夫。」義似較長。
〔三〕覆元本此句無「下」字。

幽，不明也，謂益入昏暗，自陷於深困也。明則不至於陷矣。

九二，困于酒食，朱紱方來，利用享祀，征凶，无咎。

酒食，人所欲而所以施惠也。二以剛中之才，而處困之時，君子安其所遇，雖窮戹險難，无所動其心，不恤其爲困也。所困者，唯困於所欲耳。君子之所欲者，澤天下之民，濟天下之困也。二未得遂其欲、施其惠，故爲困於酒食也。大人君子懷其道而困於下，必得有道之君求而用之，然後能施其所蘊。二以剛中之德困於下，上有九五剛中之君，道同德合，必來相求，故云朱紱方來。方來，方且來也。朱紱，王者之服，蔽膝也。以行來爲義，故以蔽膝言之。利用享祀：享祀，以至誠通神明也。在困之時，利用至誠，如享祀然，其德既誠，自能感通於上。自昔賢哲困於幽遠，而德卒升聞，道卒爲用者，惟自守至誠而已。征凶，无咎：方困之時，若不至誠安處以俟命，征[一]而求之，則犯難得凶，乃自取也，將誰咎乎？不度時而征，乃不安其所，爲困所動也。失剛中之德，自取凶悔，何所怨咎？諸卦二五以陰陽相應而吉，惟小畜與困，乃戹於陰，故同道相求：小畜，陽爲陰所畜；困，陽爲陰所揜也。

象曰：困于酒食，中有慶也。

雖困于所欲，未能施惠於人，然守其剛中之德，必能致亨而有福慶也。雖使時未亨通，守其中德，亦君

〔一〕覆元本、呂本「征」作「往」。

子之道，亨乃有慶也。

六三，困于石，據于蒺藜，入于其宮，不見其妻，凶。

六三以陰柔不中正之質，處險極而用剛。居陽，用剛也，不善處困之甚者也。石，堅重難勝之物。蒺藜，刺不可據之物。三以剛險而上進，則二陽在上，力不能勝，堅不可犯，益自困耳，困于石也。以不善之德，居九二剛中之上，其不安猶藉刺，據于蒺藜也。進退既皆益困，欲安其所，益不能矣。宮，其居所安也。妻，所安之主也。知進退之不可，而欲安其居，則失其所安矣。進退與處皆不可，唯死而已，其凶可知。繫辭曰：「非所困而困焉，名必辱；非所據而據焉，身必危。既辱且危，死期將至，妻其可得見耶？」二陽不可犯也，而犯之以取困，是非所困而困也。名辱，其事惡也。三在二上，固爲據之，然苟能謙柔以下之，則无害矣；乃用剛險以乘之，則不安而取困，如據蒺藜也。如是，死期將至，所安之主可得而一無而字。見乎？

象曰：據于蒺藜，乘剛也；入于其宮，不見其妻，不祥也。

據于蒺藜，謂乘九二之剛，不安猶藉刺也。不祥者，不善之徵；失其所安者，不善之效，故云不見其妻不祥也。

九四，來徐徐，困于金車，吝，有終。

唯力不足故困，亨困之道，必由援助。當困之時，上下相求，理當然也。四與初爲正應，然四以不中正處困，其才不足以濟人之困。初〔二〕比二，二有剛中之才，足以拯困，則宜爲初所從矣。金，剛也。車，載物者也。二以剛在下載己，故謂之金車。四欲從初而阻於二，故其來遲疑而徐徐，是困于金車也。己之所應，疑其少己而之他，將從之，則猶豫不敢遽前，豈不可羞吝乎？有終者，事之所歸者正也。初四正應，終必相從也。寒士之妻，弱國之臣，各安其正而已，苟擇勢而從，則惡之大者，不容於世矣。二與四皆以陽居陰，而二以剛中之才，所以能濟困也。居陰者，尚柔也；得中者，不失剛柔之宜也。

象曰：來徐徐，志在下也，雖不當位，有與也。

四應於初而隔於二，志在下求，故徐徐而來；雖居不當位爲未善，然其正應相與，故有終也。

九五，劓刖，困于赤紱，乃徐有説，利用祭祀。

截鼻曰劓，傷於上也。去足爲刖，傷於下也。上下皆揜於陰，爲其傷害，劓刖之象也。五，君位也。人君之困，由上下无與也。赤紱，臣下之服，取行來之義，故以紱言。人君之困，以天下不來也，天下皆來，則非困也。五雖在困，而有剛中之德，下有九二剛中之賢，道同德合，徐必相應而來，共濟天下之困，是始困而徐有喜説也。利用祭祀：祭祀之事，必致其誠敬，而後受福。人君在困時，宜念天下之困，求天下之賢，若祭祀然，致其誠敬，則能致天下之賢，濟天下之困矣。五與二同德，而云上下无與，

〔二〕覆元本「初」作「初六」。

何也？曰：陰陽相應者，自然相應也，如夫婦骨肉，分定也。五與二皆陽爻，以剛中之德，同而相應，相求而後合者也。如君臣朋友，義合也。方其始困，安有上下之與？有與，則非困，故徐合而後有説也。二云享祀，五云祭祀，大意則宜用至誠，乃受福也。祭與祀享，泛言之則可通，分而言之，祭天神，祀地祇，享人鬼。五君位言祭，二在下言享，各以其所當用也。

象曰：劓刖，志未得也；乃徐有説，以中直也；利用祭祀，受福也。

始爲陰揜，无上下之與，方困未得志之時也。徐而有説，以中直之道，得在下之賢，共濟於困也。不曰中正，與二合者云直乃宜也。直比正意差緩。盡其誠意，如祭祀然，以求天下之賢，則能亨天下之困，而享受其福慶也。

上六，困于葛藟，于臲卼，曰動悔有悔，征吉。

物極則反，事極則變。困既極矣，理當變矣。葛藟，纏束之物。臲卼，危動之狀。六處困之極，爲困所纏束，而居最高危之地，困于葛藟與臲卼也。動悔，動輒有悔，无所不困也。有悔，咎前之失也。曰，自謂也。若能曰，如是動皆得悔，當變前之所爲，有悔也；能悔，則往而得吉也。困極而征，則出於困矣，故吉。三以陰在下卦之上而凶，上居一卦之上而无凶，何也？曰：三居剛而處險，困而用剛，險故凶。上以柔居説，唯爲困極耳，困極則有變困之道也。困與屯之上，皆以无應居卦終，屯則泣血漣如，困則有悔征吉，屯險極而困説體故也，以説順進，可以離乎困也。

象曰：困于葛藟，未當也；動悔有悔，吉行也。

爲困所纏，而不能變，未得其道也，是處之未當也。知動則得悔，遂有悔而去之，可出於困，是其行而吉也。

䷯ 巽下坎上

井，序卦：「困乎上者必反下，故受之以井。」承上「升而不已必困」爲言，謂上升不已而困，則必反於下也。物之在下者莫如井，井所以次困也。爲卦，坎上巽下。坎水也，巽之象則木也，巽之義則入也。木，器之象。木入於水下而上乎水，汲井之象也。

井：改邑不改井，无喪无得，往來井井。

井之爲物，常而不可改也。邑可改而之他，井不可遷也，故曰改邑不改井。汲之而不竭，存之而不盈，无喪无得也。至者皆得其用，往來井井也。无喪无得，其德也常；往來井井，其用也周。常也，周也，井之道也。

汔至，亦未繘井，羸其瓶，凶。

汔，幾也。繘，綆也。井以濟用爲功，幾至而未及用，亦與未下繘於井同也。君子之道，貴乎有成，所以五穀不熟，不如荑稗；掘井九仞而不及泉，猶爲棄井。有濟物之用，而未及物，猶无有也。羸敗其瓶而失之，其用喪矣，是以凶也。羸，毀敗也。

象曰：巽乎水而上水，井。井，養而不窮也。

改邑不改井，乃以剛中也。

巽入於水下而上其水者井也。井之養於物，不有窮已〔二〕，取之而不竭，德有常也。邑可改，井不可遷，亦其德之常也。二五之爻，剛中之德，其常乃如是，卦之才與義合也。

汔至亦未繘井，未有功也；羸其瓶，是以凶也。

雖使幾至，既未爲用，亦與未繘井同。井以濟用爲功，水出乃爲用，未出則何功也？瓶所以上水而致用也，羸敗其瓶，則不爲用矣，是以凶也。

象曰：木上有水，井，君子以勞民勸相。

木承水而上之，乃器汲水而出井之象。君子觀井之象，法井之德，以勞徠其民，而勸勉以相助之道也。勞徠其民，法井之用也；勸民使相助，法井之施也。

初六，井泥不食，舊井无禽。

井與鼎皆物也，就物以爲義。六以陰柔居下，上无應援，无上水之象。不能濟物，乃井之不可食也。井之不可食，以泥汙也。在井之下，有泥之象。井之用，以其水之養人也，无水，則舍置不用矣。井水

〔二〕覆元本「不有窮已」下小注：「一作无有窮也。」

之上，人獲其用，禽鳥亦就而求焉。舊廢之井，人既不食，水不復上，則禽鳥亦不復往矣，蓋无以濟物也。井本濟人之物，六以陰居下，无上水之象，故爲不食。井之不食，以泥也，猶人當濟物之時，而才弱无援，不能及物，爲時所舍也。

象曰：井泥不食，下也；舊井无禽，時舍也。

以陰而居井之下，泥之象也。无水而泥，人所不食也。人不食，則水不上，无以及禽鳥，禽鳥亦不至矣。見其不能濟物，爲時所舍置不用也。若能及禽鳥，是亦有所濟也。舍，上聲，與乾之時舍音不同。

九二，井谷射鮒，甕敝漏。

二雖剛陽之才而居下，上无應而比於初，不上而下之象也。井之道，上行者也；澗谷之水，則旁出而就下。二居井而就下，失井之道，乃井而如谷也。井上出，則養人而濟物，今乃下就污泥，注於鮒而已。鮒，或以爲蝦，或以爲蟇，井泥中微物耳。射，注也，如谷之下流，注於鮒也。甕敝漏，如甕之破漏也。陽剛之才，本可以養人濟物，而上无應援，故不能上而就下，是以无濟用之功。如水之在甕，本可爲用，乃破敝而漏之，不爲用也。井之初二无功，而不言悔咎，何也？曰：失則有悔，過則爲咎。无應援而不能成用，非悔咎也。居二比初，豈非過乎？曰：處中非過也。不能上，由无援，非以比初也。

象曰：井谷射鮒，无與也。

井以上出爲功。二，陽剛之才，本可濟用，以在下而上无應援，是以下比而射鮒。若上有與之者，則當汲引而上，成井之功矣。

九三，井渫不食，爲我心惻，可用汲，王明並受其福。

三以陽剛居得其正，是有濟用之才者也；在井下之上，水之清潔可食者也。井以上爲用，居下，未得其用也。陽之性上，又志應上六，處剛而過中，汲汲於上進，乃有才用而切於施爲；未得其用，則如井之渫治清潔，而不見食，爲一有其字。心之惻怛也〔二〕。三居井之時，剛而不中，故切於施爲，異乎用之則行、舍之則藏者也。然明王用人，豈求備也？故王明則受福矣。三之才足以濟用，如井之清潔，可用汲而食也。若上有明王，則當用之而得其效。賢才見用，則己得行其道，君得享其功，下得被其澤，上下並受其福也。

象曰：井渫不食，行惻也；求王明，受福也。

井渫治而不見食，乃人有才知而不見用，以不得行爲憂惻也。既以不得行爲惻，則豈免有求也？故求王明而受福，志切於行也。

六四，井甃无咎。

〔二〕覆元本此句即作「爲其心之惻怛也」。

四雖陰柔而處正，上承九五之君，才不足以廣施利物，亦可自守者也，故能修治，則得无咎。甃，砌累也，謂修治也。四雖才弱，不能廣濟物之功，修治其事，不至於廢可也。若不能修治，廢其養人之功，則失井之道，其咎大矣。居高位而得剛陽中正之君，但能處正承上，不廢其事，亦可以免咎也。

象曰：井甃无咎，修井也。

甃者，修治於井也。雖不能大其濟物之功，亦能修治不廢也，故无咎，僅能免咎而已。若在剛陽，自不至如是，如是則可咎矣。

九五，井洌寒泉食。

五以陽剛中正，居尊位，其才其德，盡善盡美，井洌寒泉食也。洌，謂甘潔也。井泉以寒爲美。甘潔之寒泉，可爲人食也。於井道爲至善也，然而不言吉者，井以上出爲成功，未至於上，未及用也，故至上而後言元吉。

象曰：寒泉之食，中正也。

寒泉而可食，井道之至善者也。九五中正之德，爲至善之義。

上六，井收勿幕，有孚元吉。

井以上出爲用。居井之上，井道之成也。收，汲取也。幕，蔽覆也。取而不蔽，其利無窮，井之施廣矣，大矣。有孚，有常而不變也。博施而有常，大善之吉也。夫體井之用，博施而有常，非大人孰能？

他卦之終，爲極爲變，唯井與鼎終乃爲成功，是以吉也。

象曰：元吉在上，大成也。

以大善之吉，在卦之上，井道之大成也。井以上爲成功。

䷰ 離下兌上

革，序卦：「井道不可不革，故受之以革。」井之爲物，存之則穢敗，易之則清潔，不可不革者也，故井之後，受之以革也。爲卦，兌上離下，澤中有火也。革，變革也。水火，相息之物，水滅火，火涸水，相變革者也。火之性上，水之性下，若相違行，則睽而已。乃火在下，水在上，相就而相剋，相滅息者也，所以爲革也。又二女同居，而其歸各異，其志不同，爲不相得也，故爲革也。

革：巳日乃孚，元亨，利貞，悔亡。

革者，變其故也。變其故，則人未能遽信，故必巳日，然後人心信從。元亨，利貞，悔亡：弊壞而後革之，革之所以致其通也，故革之而可以大亨；革之而利於正，道則可久而得去故之義；无變動之悔，乃悔亡也。革而无甚益，猶一有有字。可悔也，況反害乎？古人所以重改作也。

彖曰：革，水火相息，二女同居，其志不相得，曰革。

澤火相滅息，又二女志不相得，故爲革。息爲止息，又爲生息。物止而後有生，故爲生義。革之相息，謂止息也。

巳日乃孚，革而信之。

事之變革，人心豈能便信？必終日而後孚。在上者於改爲之際，當詳告申令，至於巳日，使人信之。人心不信，雖强之行，不能成也。先王政令，人心始以爲疑者有矣，然其久也必信。終不孚而成善治者，未之有也。

文明以説，大亨以正，革而當，其悔乃亡。

以卦才言革之道也。離爲文明，兑爲説。文明則理无不盡，事无不察；説則人心和順。革而能照察事理，和順人心，可致大亨，而得貞正。如是，變革得其至當，故悔亡也。天下之事，革之不得其道，則反致弊害，故革有悔之道。惟革之至當，則新舊之悔皆亡也。

天地革而四時成，湯、武革命，順乎天而應乎人。革之時大矣哉！

推革之道，極乎天地變易，時運終始也。天地陰陽推遷改易而成四時，萬物於是生長成終，各得其宜，革而後四時成也。時運既終，必有革而新之者。王者之興，受命於天，故易世謂之革命。湯、武之王，上順天命，下應人心，順乎天而應乎人也。天道變改，世故遷易，革之至大也，故贊之曰「革之時大矣哉」。

象曰：澤中有火，革，君子以治厤明時。

水火相息爲革，革，變也。君子觀變革之象，推日月星辰之遷易，以治厤數，明四時之序也。夫變易之道，事之至大，理之至明，跡之至著，莫如四時；觀四時而順變革，則與天地合其序矣。

初九，鞏用黄牛之革。

變革，事之大也，必有其時，有其位，有其才，審慮而慎動，而後可以无悔。九，以時則初也，動於事初，則无審慎之意，而有躁易之象；以位則下也，无時无援而動於下，則有僭妄之咎，而无體勢之重；以才則離體而陽也，離性上而剛體健，皆速於動也。其才如此，有爲則凶咎至矣，蓋剛不中而體躁，所不足者中與順也，當以中順自固而无妄動則可也。鞏，局束也。革，所以包束。黄，中色。牛，順物。鞏用黄牛之革，謂以中順之道自固，不妄動也。不云吉凶，何也？曰：妄動則有凶咎，以中順自固，則不革而已，安得便有吉凶乎？

象曰：鞏用黄牛，不可以有爲也。

以初九時，位才皆不可以有爲，故當以中順自固也。

六二，已日乃革之，征吉，无咎。

以六居二，柔順而得中正，又文明之主，上有剛陽之君，同德相應。中正則无偏蔽，文明則盡事理，應上則得權勢，體順則无違悖。時可矣，位得矣，才足矣，處革之至善者也。然臣道不當爲革之先，又必待上下之信，故已日乃革之也。如二之才德，所居之地，所逢之時，足以革天下之弊，新天下之治，當進而上輔於君，以行其道，則吉而无咎也。不進則失可爲之時，爲有咎也。以二體柔而處當位，體柔則其進緩，當位則其處固。變革者，事之大，故有此戒。二得中而應剛，未至失於柔也。聖人因其有可戒之疑，而明其義耳，使賢才不失可爲之時也。

象曰：已日革之，行有嘉也。

巳日而革之，征則吉而无咎者，行則有嘉慶也。謂可以革天下之弊，新天下之事，處而不行，是无救弊濟世之心，失時而有咎也。

九三，征凶，貞厲，革言三就，有孚。

九三以剛陽爲下之上，又居離之上而不得中，躁動於革者也。在下而躁於變革，以是而行，則有凶也。然居下之上，事苟當革，豈可不爲也？在乎守貞正而懷危懼，順從公論，則可行之不疑。革言，謂當革之論。就，成也，合也。審察當革之言，至於三而皆合，則可信也。言重慎之至能如是，則必得至當，乃有孚也。己可信而衆所信也如此，則可以革矣。在革之時，居下之上，事之〔二〕當革，若畏懼而不爲，則失時爲害；唯當慎重之至，不自任其剛明，審稽公論，至於三就而後革之，則无過矣。

象曰：革言三就，又何之矣？

稽之衆論，至於三就，事至當也。又何之矣，乃俗語更何往也。如是而行，乃順理時行，非己之私意所

〔二〕覆元本「之」下小注：「一作有。」

欲爲也，必得其宜矣。

九四，悔亡，有孚，改命吉。

九四，革之盛也。陽剛，革之才也。離下體而進上體，革之時也。居水火之際，革之勢也。得近君之位，革之任也。下无係應，革之志也。以九居四，剛柔相際，革之用也。四既具此，可謂當革之時也。事之可悔而後革之，革之而當，其悔乃亡也。革之既當，唯在處之以至誠，故有孚則改命吉。改命，改爲也，謂革之也。既事當而弊革，行之以誠，上信而下順，其吉可知。四非中正，而至善，何也？曰：唯其處柔也，故剛而不過，近而不逼，順承中正之君，乃中正之人也。易之取義无常也，隨時而已。

象曰：改命之吉，信志也。

改命而吉，以上下信其志也。誠既至，則上下信矣。革之道，以上下之信爲本。不當不孚則不信。當而不信，猶不可行也，況不當乎？

九五，大人虎變，未占有孚。

九五以陽剛之才，中正之德，居尊位，大人也。以大人之道，革天下之事，无不當也，无不時也；所過變化，事理炳著，如虎之文采，故云虎變。龍虎，大人之象也。變者，事物之變。曰虎，何也？曰：大人變之，乃大人之變也。以大人中正之道一作德。變革之，炳然昭著，不待占決，知其至當而天下必信也。天下蒙大人之革，不待占決，知其至當而信之也。

象曰：大人虎變，其文炳也。

事理明著，若虎文之炳煥明盛也，天下有不孚乎？

上六，君子豹變，小人革面，征凶，居貞吉。

革之終，革道之成也。君子謂善人，良善則已從革而變，其著見若豹之彬蔚也。小人，昏愚難遷者，雖未能心化，亦革其面以從上之教令也。龍虎，大人之象，故大人云虎，君子云豹也。人性本善，皆可以變化，然有下愚，雖聖人不能移者。以堯、舜爲君，以聖繼聖百有餘年，天下被化，可謂深且久矣，而有苗、有象，其來格烝乂，蓋亦革面而已。小人既革其外，革道可以爲成也。苟更從而深治之，則爲已甚，已甚非道也。故至革之終而又征，則凶也，當貞固以自守。革至於極，而不守以貞，則所革隨復變矣。天下之事，始則患乎難革，已革則患乎不能守也，故革之終戒以居貞則吉也。居貞非爲六戒乎？曰：爲革終言也，莫不在其中矣。人性本善，有不可革者，何也？曰：語其性則皆善也，語其才則有下愚之不移。所謂下愚有二焉：自暴也，一無也字。自棄也。人苟以善自治，則无不可移者，雖昏愚之至，皆可漸磨而進也。唯自暴者，拒之以不信；自棄者，絶之以不爲，雖聖人與居，不能化而入也，仲尼之所謂下愚也。然天下自棄自暴者，非必皆昏愚也，往往强戾而才力有過人者，商辛是也。聖人以其自絶於善，謂之下愚，然考其歸，則誠愚也。既曰下愚，其能革面，何也？曰：心雖絶於善道，其畏威而寡罪，則與人同也。唯其有與人同，所以知其非性之罪也。

象曰：君子豹變，其文蔚也；小人革面，順以從君也。

君子從化遷善，成文彬蔚，章見於外也。中人以上，莫不變革，雖不移之小人，則亦不敢肆其惡，革易其外，以順從君上之教令，是革面也。至此，革道成矣。小人勉而假善，君子所容也，更往而治之，則凶矣。

䷱巽下離上

鼎，序卦：「革物者莫若鼎，故受之以鼎。」鼎之爲用，所以革物也，變腥而爲熟，易堅而爲柔，水火不可同處也，能使相合爲用而不相害，是能革物也，鼎所以次革也。爲卦，上離下巽。所以爲鼎，則取其象焉，取其義焉。取其象者有二：以全體言之，則下植爲足，中實爲腹，受物在中之象，對峙於上者耳也，横亘乎上者鉉也，鼎之象也；以上下二體言之，則中虚在上，下有足以承之，亦鼎之象也。取其義，則木從火也，巽入也，順從之義，以木從火，爲然之象。火之用惟燔與烹，燔不假器，故取烹象而爲鼎，以木巽火，烹飪之象也。制器取其（一作諸。）象也，乃象器以爲卦乎？曰：制器取於象也，象存乎卦，而卦不必先器。聖人制器，不待見卦而後知象，以衆人之不能知象也，故設卦以示之。卦器之先後，不害於義也。或疑鼎非自然之象，乃人爲也。曰：固人爲也，然烹飪可以成物，形制如是則可用，此非人爲，自然也。在井亦然。器雖在卦先，而所取者乃卦之象，卦復用器以爲義也。

鼎：元吉亨。

以卦才言也。如卦之才，可以致元亨也。止當云元亨，文羨吉字。卦才可以致元亨，未便有元吉也。

彖復止云元亨，其羨明矣。

象曰：鼎，象也。

卦之爲鼎，取鼎之象也。鼎之爲器，法卦之象也〔一〕。有象而後有器，卦復用器而爲義也。鼎，大器也，重寶也，故其制作形模，法象尤嚴。鼎之名正也，古人訓方，方實正也。以形言，則耳對植於上，足分峙於下，周圓内外，高卑厚薄，莫不有法而至正，至正然後成安重之象。故鼎者法象之器，卦之爲鼎，以其象也。

以木巽火，亨飪也；聖人亨以享上帝，而大亨以養聖賢。

以二體言鼎之用也。以木巽火，以木從火，所以亨飪也。鼎之爲器，生人所賴至切者也。極其用之大，則聖人亨以享上帝，大亨以養聖賢。聖人，古之聖王。大，言其廣。

巽而耳目聰明，柔進而上行，得中而應乎剛，是以元亨。

上既言鼎之用矣，復以卦才言。人能如卦之才，可以致元亨也。下體巽，爲巽順於理；離明而中虚於上，爲耳目聰明之象。凡離在上者，皆云柔進而上行。柔，在下之物，乃居尊位，進而上行也。以明

〔一〕覆元本「法卦之象也」下小注：「一作法象之器也。」

居尊，而得中道，應乎剛，能用剛陽之道也。五居中，而又以柔而應剛，爲得中道。其才如是，所以能元亨也。

象曰：木上有火，鼎，君子以正位凝命。

木上有火，以木巽火也，烹飪之象，故爲鼎。君子觀鼎之象，以正位凝命。鼎者法象之器，其形端正，其體安重。取其端正之象，則以正其位，謂正其所居之位。君子所處必正，其小至於席不正不坐，毋跛毋倚。取其安重之象，則凝其命令，安重其命令也。凝，聚止之義，謂安重也。今世俗有凝然之語，以命令而言耳，凡動爲皆當安重也。

初六，鼎顛趾，利出否，得妾以其子，无咎。

六在鼎下，趾之象也，上應於四，趾而向上，顛之象也。鼎覆則趾顛，趾顛則覆其實矣，非順道也。然有當顛之時，謂傾出敗惡以致潔取新，則可也。故顛趾利在於出否。否，惡也。四近君，大臣之位，初在下之人，而相應，乃上求於下，下從其上也。上能用下之善，下能輔上之爲，可以成事功，乃善道，如鼎之顛趾，有當顛之時，未爲悖理也。得妾以其子无咎：六陰而卑，故爲妾，得妾謂得其人也；若得良妾，則能輔助其主使无過咎也；子，主也，以其子，致其主於无咎也。六陰居下，而卑巽從陽，妾之象也。以六上應四爲顛趾，而發此義。初六本无才德可取，故云得妾，言得其人則如是也。

象曰：鼎顛趾，未悖也。

鼎覆而趾顛，悖道也。然非必爲悖者，蓋有傾出否惡之時也。

利出否，以從貴也。

去故而納新，瀉惡而受美，從貴之義也。應於四，上從於貴者也。

九二，鼎有實，我仇有疾，不我能即，吉。

二以剛實居中，鼎中有實之象。鼎之有實，上出則爲用。二，陽剛有濟用之才，與五相應，上從六五之君，則得正而其道可亨。然與初密比，陰從陽者也。九二居中而應中，不至失正，己雖自守，彼必相求，故戒能遠之，使不來即我，則吉也。仇，對也。陰陽相對之物，謂初也。相從則非正而害義，是有疾也。二當以正自守，使之不能來就己。人能自守以正，則不正不能就之矣，所以吉也。

象曰：鼎有實，慎所之也。

鼎之有實，乃人之有才業也，當慎所趨向，不慎所往，則亦陷於非義。二能不暱於初，而上從六五之正應，乃是慎所之也。

我仇有疾，終无尤也。

我仇有疾，舉上文也。我仇，對己者，謂初也。初比己而非正，是有疾也。既自守以正，則彼不能即我，所以終无過尤也。

九三，鼎耳革，其行塞，雉膏不食，方雨，虧悔終吉。

鼎耳，六五也，爲鼎之主。三以陽居巽之上，剛而能巽，其才足以濟務，然與五非應而不同。五，中而非正。三，正而非中，不同也，未得於君者也。不得於君，則其道何由而行？革，變革爲異也，三與五異而不合也。其行塞，不能亨也。不合於君，則不得其任，无以施其用。膏，甘美之物，象禄位。雉指五也，有文明之德，故謂之雉。三有才用而不得六五之禄位，是不得雉膏食之也。君子藴其德，久而必彰，守其道，其終必亨。五有聰明之象，而三終上進之物，陰陽交暢則雨。方雨，且將雨也，言五與三方將和合。虧悔終吉，謂不足之悔，終當獲吉也。三懷才而不偶，故有不足之悔，然其有陽剛之德，上聰明而下巽正，終必相得，故吉也。三雖不中，以巽體，故无過剛之失。若過剛，則豈能終吉？

象曰：鼎耳革，失其義也。

始與鼎耳革異者，失其相求之義也。與五非應，失求合之道也；不中，非同志之象也，是以其行塞而不通。然上明而下才，終必和合，故方雨而吉也。

九四，鼎折足，覆公餗，其形渥，凶。

四，大臣之位，任天下之事者也。天下之事，豈一人所能獨任？必當求天下之賢智，與之協力。得其人，則天下之治，可不勞而致也；用非其人，則敗國家之事，貽天下之患。四下應於初，初，陰柔小人，不可用者也，而四用之，其不勝任而敗事，猶鼎之折足也。鼎折足，則傾覆公上之餗。餗，鼎實也。居大臣之位，當天下之任，而所用非人，至於覆敗，乃不勝其任，可羞愧之甚也。其形渥，謂赧汗也，其凶可知。繫辭曰：「德薄而位尊，知小而謀大，力小而任重，鮮不及矣。」言不勝其任也。蔽於所私，德薄知小也。

象曰：覆公餗，信如何也？

大臣當天下之任，必能成天下之治安，則不誤君上之所倚，下民之所望，與己致身任道之志，不失所期，乃所謂信也。不然，則失其職，誤上之委任，得爲信乎？故曰信如何也？

六五，鼎黃耳，金鉉，利貞。

五在鼎上，耳之象也。鼎之舉措在耳，爲鼎之主也。五有中德，故云黃耳。鉉，加耳者也。二應於五，來從於耳一作五。者，鉉也。二有剛中之德，陽體剛中色黃，故爲金鉉。五文明得中而應剛，二剛中巽體而上應，才无不足也，相應至善矣，所利在貞固而已。六五居中應中，不至於失正，而質本陰柔，故戒以貞固於中也。

象曰：鼎黃耳，中以爲實也。

六五以得中爲善，是以中爲實德也。五之所以聰明應剛，爲鼎之主，得鼎之道，皆由得中也。

上九，鼎玉鉉，大吉，无不利。

井與鼎以上出爲用。處終，鼎功之成也。在上，鉉之象。剛而温者玉也。九雖剛陽，而居陰履柔，不極剛而能温者也。居成功之道，唯善處而已。剛柔適宜，動静不過，則爲大吉，无所不利矣。在上爲鉉，雖居无位之地，實當用也，與他卦異矣。井亦然。

象曰：玉鉉在上，剛柔節也。

剛而温，乃有節也。上居成功致一作无。用之地，而剛柔中節，所以大吉无不利也。井、鼎皆以終爲成功，而鼎不云元吉，何也？曰：井之功用，皆在上出，又有博施有常之德，是以元吉。鼎以烹飪爲功，居上爲成德，與井異，以剛柔節，故得大吉也。

䷲震下震上

震，序卦：「主器者莫若長子，故受之以震。」鼎者器也，震爲長男，故取主器之義，而繼鼎之後。長子，傳國家，繼位號者也，故爲主器之主。序卦取其一義之大者，爲相繼之義。震之爲卦，一陽生於二陰之下，動而上者也，故爲震。震，動也。不曰動者，震有動而奮發震驚之義。乾坤之交，一索而成震，生物之長也，故爲長男。其象則爲雷，其義則爲動。雷有震奮之象，動爲驚懼之義。

震：亨。

陽生於下而上進，有亨之義。又震爲動，爲恐懼，爲有主。震而奮發，動而進，懼而修，有主而保大，皆可以致亨，故震則有亨。

震來虩虩，笑言啞啞；

當震動之來，則恐懼不敢自寧，周旋顧慮，虩虩然也。虩虩，顧慮不安之貌。蝿虎謂之虩者，以其周環顧慮，不自寧也。處震如是，則能保其安裕，故笑言啞啞。啞啞，笑言和適之貌。

震驚百里，不喪匕鬯。

言震動之大，而處之之道。動之大者，莫若雷。震爲雷，故以雷言。雷之震動，驚及百里之遠，人無不懼而自失，雷聲所及百里也。唯宗廟祭祀，執匕鬯者，則不至於喪失。人之致其誠敬，莫如祭祀。匕以載鼎實，升之於俎；鬯以灌地而降神。方其酌祼以求神，薦牲而祈享，盡其誠敬之心，則雖雷震之威，不能使之懼而失守。故臨大震懼，能安而不自失者，唯誠敬而已，此處震之道也。卦才无取，故但言處震之道。

彖曰：震，亨。

震來虩虩，恐致福也；笑言啞啞，後有則也。

震自有亨之〔一〕義，非由卦才。震來而能恐懼，自修自慎，則可反致福吉也。笑言啞啞，言自若也，由能恐懼而後自處有法則也。有則則安而不懼矣，處震之道也。

震驚百里，驚遠而懼邇也。

雷之震及於百里，遠者驚，邇者懼，言其威遠大也。

〔一〕覆元本「之」下小注：「一无之字。」

出可以守宗廟社稷，以爲祭主也。

彖文脱「不喪匕鬯」一句。卦辭云「不喪匕鬯」，本爲〔二〕誠敬之至，威懼不能使之自失。彖以長子宜如是，因承上文用長子之義通解之。謂其誠敬能不喪匕鬯，則君出而可以守宗廟社稷爲祭主也。長子如是，而後可以守世祀，承國家也。

象曰：洊雷震，君子以恐懼修省。

洊，重襲也。上下皆震，故爲洊雷。雷重仍則威益盛。君子觀洊雷威震之象，以恐懼自修飭循省也。君子畏天之威，則修正其身，思省其過，咎而改之。不唯雷震，凡遇驚懼之事，皆當如是。

初九，震來虩虩，後笑言啞啞，吉。

初九，成震之主，致震者也；在卦之下，處震之初也。知震之來，當震之始，若能以爲恐懼而周旋顧慮，虩虩然不敢寧止，則終必保其安吉，故〔三〕後笑言啞啞也。

象曰：震來虩虩，恐致福也；笑言啞啞，後有則也。

震來而能恐懼周顧，則无患矣，是能因恐懼而反致福也。因恐懼而自修省，不敢違於法度，是由震而

〔二〕覆元本「爲」作「謂」，義較長。
〔三〕覆元本「故」下小注：「一作然。」

後有法則，故能保其安吉，而笑言啞啞也。

六二，震來厲，億喪貝，躋于九陵，勿逐，七日得。

六二居中得正，善處震者也，而乘初九之剛，九震之主。震剛動而上奮，孰能禦之？厲，猛也，危也。彼來既猛，則己處危矣。億，度也。貝，所有之資也。躋，升也。九陵，陵之高也。逐，往追也。以震來之厲，度不能當，而必喪其所有，則升至高以避之也。九言其重。岡陵之重，高之至也。九，重之多也，如九天九地也。勿逐，七日得：二之所貴者中正也，遇震懼之來，雖量勢巽避，當守其中正，无自失也。億之必喪也，故遠避以自守，過則復其常矣，是勿逐而自得也。逐，即物也。以己即物，失其守矣，故戒勿逐。避遠自守，處震之大方也。如二者，當危懼而善處者也。卦位有六，七乃更始，事既終，時既易也。不失其守，雖一時不能禦其來，然時過事已，則復其常，故云七日得。

象曰：震來厲，乘剛也。

當震而乘剛，是以彼厲而己危。震剛之來，其可禦乎？

六三，震蘇蘇，震行無眚。

蘇蘇，神氣緩散自失之狀。三以陰居陽，不正。處不正於平時，且不能安，況處震乎？故其震懼而蘇蘇然。若因震懼而能行，去不正而就正，則可以无過。眚，過也。三行則至四，正也。動以就正爲善，故二勿逐則自得，三能行則无眚。以不〔二〕正而處震懼，有眚可知。

象曰：震蘇蘇，位不當也。

其恐懼自失蘇蘇然，由其所處不當故也。不中不正，其能安乎？

九四，震遂泥。

九四，居震動之時，不中不正，處柔失剛健之道，居四无中正之德，陷溺於重陰之閒，不能自震奮者也，故云遂泥。泥，滯溺也。以不正之陽，而上下重陰，安能免於泥乎？遂，無反之意。處震懼，則莫能守也；欲震動，則莫能奮也。震道亡矣，豈復能光亨也？

象曰：震遂泥，未光也。

陽者剛物，震者動義。以剛處動，本有光亨之道，乃失其剛正，而陷於重陰，以致遂泥，豈能光也？云未光，見陽剛本能震也，以失德故泥耳。

六五，震往來厲，億无喪有事。

六五雖以陰居陽，不當位爲不正，然以柔居剛，又得中，乃有中德者也。不失中，則不違於正矣，所以中爲貴也。諸卦二五雖不當位，多以中爲美；三四雖當位，或以不中爲過，中常重於正也。蓋中則

〔二〕覆元本「不」下小注：「一有中字。」

不違於正，正不必中也。天下之理，莫善於中，於六二、六五可見。五之動，上往則柔不可居動之極，下來則犯剛，是往來皆危也。當君位，爲動之主，隨宜應變，在中而已，故當億度，无喪失其所有之事而已。所有之事，謂中德。苟不失中，雖有危，不〔二〕至於凶也。億度，謂圖慮求不失中也。五所以危，由非剛陽而无助。若以剛陽有助爲動之主，則能亨矣。往來皆危，時則甚難〔三〕，但期於不失中，則可自守。以柔主動，固不能致亨濟也。

象曰：震往來厲，危行也。其事在中，大无喪也。

往來皆厲，行則有危也。動皆有危，唯在无喪其事而已。其事謂中也。能不失其中，則可自守也。大无喪，以无喪爲大也。

上六，震索索，視矍矍，征凶。震不于其躬，于其鄰，无咎，婚媾有言。

索索，消索不存之狀，謂其志氣如是。六以陰柔居震動之極，其驚懼之甚，志氣殫索也。矍矍，不安定貌。志氣索索，則視瞻徊徨。以陰柔不中正之質，而處震動之極，故征則凶也。震之及身，乃于其躬也。不于其躬，謂未及身也。鄰者，近於身者也。能震懼於未及身之前，則不至於極矣，故得无咎。

〔二〕覆元本「不」上小注：「一有終字。」

〔三〕覆元本「難」下小注：「一作艱。」

苟未至於極，尚有可改之道。震終當變，柔不固守，故有畏鄰戒而能變之義。聖人於震，終示人知懼能改之義，爲勸深矣。婚媾，所親也，謂同動者。有言，有怨咎之言也。六居震之上，始爲衆動之首，今乃畏鄰戒而不敢進，與諸處震者異矣，故婚媾有言也。

象曰：震索索，中未得也。雖凶无咎，畏鄰戒也。

所以恐懼自失如此，以未得於中道也，謂過中也。使之得中，則不至於索索矣。極而復征，則凶也。若能見鄰戒而知懼變於未極之前，則无咎也。上六動之極，震極則有變義也。

䷳ 艮下艮上

艮，序卦：「震者動也，物不可以終動，止之，故受之以艮。艮者，止也。」動靜相因，動則有靜，靜則有動。物无常動之理，艮所以次震也。艮者止也。不曰止者，艮，山之象，有安重堅實之意，非止義可盡也。乾坤之交，三索而成艮，一陽居二陰之上。陽動而上進之物，既至於上則止矣。陰者靜也，上止而下靜，故爲艮也。然則與畜止之義何異？曰：畜止者，制畜之義，力止之也；艮止者，安止之義，止其所也。

艮其背，不獲其身；行其庭，不見其人，无咎。

人之所以不能安其止者，動於欲也。欲牽於前而求其止，不可得也。故艮之道，當艮其背。所見者在前，而背乃背之，是所不見也。止於所不見，則无欲以亂其心，而止乃安。不獲其身，不見其身也，謂忘我也。无我則止矣。不能无我，无可止之道。行其庭不見其人：庭除之間，至近也。在背，則雖至近不見，謂不交於物也。外物不接，内欲不萌，如是而止，乃得止之道，於止爲无咎也。

彖曰：艮，止也。時止則止，時行則行，動静不失其時，其道光明。

艮爲止。止之道，唯其時；行止動静不以時則妄也。不失其時，則順理而合義。在物爲理，處物爲義。動静合理義，不失其時也，乃其道之光明也。君子所貴乎時，仲尼行止久速是也。艮體篤實，有光明之義。

艮其止，止其所也。

艮其止，謂止之而止也。止之而能止者，由止得其所也。止而不得其所，則无可止之理。夫子曰：「於止知其所止。」謂當止之所也。夫有物必有則，父止於慈，子止於孝，君止於仁，臣止於敬，萬物庶事莫不各有其所，得其所則安，失其所則悖。聖人所以能使天下順治，非能爲物作則也，唯止之各於其所而已。

上下敵應，不相與也。

以卦才言也。上下二體，以敵相應，无相與之義。陰陽相應則情通而相與，乃以其敵，故不相與也。

不相與，則相背，爲〔一〕艮其背，止之義〔二〕也。

是以不獲其身，行其庭不見其人，无咎也。

相背故不獲其身，不見其人，是以能止，能止則无咎也。

象曰：兼山艮，君子以思不出其位。

上下皆山，故爲兼山。此而并彼爲兼，謂重復也，重艮之象也。君子觀艮止之象，而思安所止，不出其位也。位者，所處之分也。萬事各有其所，得其所則止而安。若當行而止，當速而久，或過或不及，皆出其位也，況踰分非據乎？

初六，艮其趾，无咎，利永貞。

六在最下，趾之象。趾，動之先也。艮其趾，止於動之初也。事止於初，未至失正，故无咎也。以柔處下，當止之時也。行則失其正矣，故止乃无咎。陰柔患其不能常也，不能固也，故方止之初，戒以利在常永貞固，則不失止之道也。

象曰：艮其趾，未失正也。

〔一〕覆元本「爲」下小注：「一作興。」

〔二〕覆元本「義」下小注：「一有同字。」

當止而行，非正也。止之於初，故未至失正。事止於始則易，而未至於失也。

六二，艮其腓，不拯其隨，其心不快。

六二居中得正，得止之道者也。上无應援，不獲其君矣。三居下之上，成止之主，主乎止者也，乃剛而失中，不得止之宜，剛止於上，非能降而下求，二雖有中正之德，不能從也。二之行止，係乎所主，非得自由，故爲腓之象。股動則腓隨，動止在股而不在腓也。二既不得以中正之道拯救三之不中，則必勉而隨之。不能拯而唯隨也，雖咎不在已，然豈其所欲哉？言不聽，道不行也，故其心不快，不能〔一〕行其志也。士之處高位，則有拯而无隨；在下位，則有當拯，有當隨，有拯之不得而後隨。

象曰：不拯其隨，未退聽也。

所以不拯之而唯隨者，在上者未能下從也。退聽，下從也。

九三，艮其限，列其夤，厲薰心。

限，分隔也，謂上下之際。三以剛居剛而不中，爲成艮之主，决止之極也。已在下體之上，而隔上下之限，皆爲止義，故爲艮其限，是確乎止而不復能進退者也。在人身，如列其夤。夤，膂也，上下之際也。列絶其夤，則上下不相從屬，言止於下之堅也。止道貴乎得宜，行止不能以時，而定於一，其堅强如

〔一〕覆元本「能」作「得」。

此，則處世乖戾，與物睽絶，其危甚矣。人之固止一隅，而舉世莫與宜者，則艱蹇忿畏，焚撓其中，豈有安裕之理？厲薰心，謂不安之勢薰爍其中〔一〕也。

象曰：艮其限，危薰心也。

謂其固止不能進退，危懼之慮常薰爍其中心也。

六四，艮其身，无咎。

四，大臣之位，止天下之當止者也。以陰柔而不遇剛陽之君，故不能止物，唯自止其身，則可无咎。所以能无咎者，以止於正也。言止其身无咎，則見其不能止物，施於政則有咎矣。在上位而僅能善其身，无取之甚也。

象曰：艮其身，止諸躬也。

不能爲天下之止，能止於其身而已，豈足稱大臣之位也？

六五，艮其輔，言有序，悔亡。

五，君位，艮之主也，主天下之止者也，而陰柔之才，不足以當此義，故止以在上取輔義〔二〕言之。人之

〔一〕覆元本「中」下小注：「一有心字。」

〔二〕覆元本「輔」下小注：「一有之字。」

所當慎而止者，惟言行也。五在上，故以輔言。輔，言之所由出也。艮於〔一〕輔，則不妄出而有序也。言輕發而无序，則有悔。止之於輔，則悔亡也。有序，中節有次序也。輔與頰舌，皆言所由出，而輔在中。艮其輔，謂止於中也。

象曰：艮其輔，以中正也。

五之所善者中也。艮其輔，謂止於中也。言以得中爲正，止之於輔，使不失中，乃得正也。

上九，敦艮吉。

九以剛實居上，而又成艮之主，在艮之終，止之至堅篤者也。敦，篤實也。居止之極，故不過而爲敦。人之止，難於久終，故節或移於晚，守或失於終，事或廢於久，人之所同患也。上九能敦厚於終，止道之至善，所以吉也。六爻之德，唯此爲吉。

象曰：敦艮之吉，以厚終也。

天下之事，唯終守之爲難。能敦於止，有終者也。上之吉，以其能厚於終也。

䷴ 艮下巽上

漸，序卦：「艮者止也，物不可以終止，故受之以漸。漸者，進也。」止必有進，屈伸消息之理也。止

〔一〕覆元本「於」下小注：「一作其。」義較長。

之所生亦進也，所反亦進也，漸所以次艮也。進以序爲漸。今人以緩進爲漸進，以序不越次，所以緩也。爲卦，上巽下艮。山上有木，木之高而因山，其高有因也。其高有因，乃其進有序也，所以爲漸也。

漸：女歸吉，利貞。

以卦才兼漸義而言也。乾坤之變爲巽艮，巽艮重而爲漸。在漸體而言，中二爻交也。由二爻之交，然後男女各得正位。初終二爻，雖不當位，亦陽上陰下，得尊卑之正。男女各得其正，亦得位也。與歸妹正相對。女之歸，能如是之正，則吉也。天下之事，進必以漸者，莫如女歸。臣之進於朝，人之進於事，固當有序，不以其序，則陵節犯義，凶咎隨之。然以義之輕重，廉恥之道，女之從人，最爲大也，故以女歸爲義。且男女，萬事之先也〔一〕。諸卦多有利貞，而所施或不同，有涉不正之疑而爲之戒者，有其事必貞乃得其宜者，有言所以利者以其有貞也。所謂涉不正之疑而爲之戒者，損之九二是也，處陰居説，故戒以宜貞也。有其事必貞乃得宜者，大畜是也，言所畜利於貞也。有言所以利者以其有貞者，漸是也，言女歸之所以吉，利於如此貞正也，蓋其固有，非設戒也。漸之義宜能亨，而不云亨者，蓋亨者通達之義，非漸進之義也。

彖曰：漸之進也，女歸吉也。

〔一〕覆元本「也」下小注：「一有利貞字。」

如漸之義而進，乃女歸之吉也，謂正而有漸也。女歸爲大耳，他進亦然。

進得位，往有功也。

漸進之時，而陰陽各得正位，進而有功也。四復由上進而得正位，三離下而爲上，遂得正位，亦爲進得位之義。

進以正，可以正邦也。

以正道而進，可以正邦國，至於天下也。凡進於事、進於德、進於位，莫不皆當以正也。

其位，剛得中也。

上云「進得位，往有功也」，統言陰陽得位，是以進而有功。復云「其位剛得中也」，所謂位者，五以剛陽中正得尊位也。諸爻之得正，亦可謂之得位矣，然未若五之得尊位，故特言之。

止而巽，動不窮也。

内艮止，外巽順。止爲安静之象，巽爲和順之義。人之進也，若以欲心之動，則躁而不得其漸，故有困窮。在漸之義，内止静而外巽順，故其進動不有一作至。困窮也。

象曰：山上有木，漸，君子以居賢德善俗。

山上有木，其高有因，漸之義也。君子觀漸之象，以居賢善之德，化美於風俗。人之進於賢德，必有其漸，習而後能安，非可陵節而遽至也。在己且然，教化之於人，不以漸，其能入乎？移風易俗，非一朝一夕所能成，故善俗必以漸也。

初六，鴻漸于干，小子厲，有言无咎。

漸諸爻皆取鴻象。鴻之爲物，至有時而羣有序，不失其時序，乃爲漸也。干，水湄。水鳥止於水之湄，水至近也，其進可謂漸矣。行而以時，乃所謂漸。漸進不失，漸得其宜矣。六居初，至下也；陰之才，至弱也，而上无應援，以此而進，常情之所憂也。君子則深識遠照，知義理之所安，時事之所宜，處之不疑。小人幼子唯能見已然之事，從衆人之一有所字。知，非能燭理也，故危懼而有言。蓋不知在下所以有進也，用柔所以不躁也，无應所以能漸也，於義自无咎也。若漸之初而用剛急進，則失漸之義，不能進，而有咎必矣。

象曰：小子之厲，義无咎也。

雖小子以爲危厲，在義理實无咎也。

六二，鴻漸于磐，飲食衎衎，吉。

二居中得正，上應於五，進之安裕者也；但居漸，故進不速。磐，石之安平者，江河之濱所有，象進之安。自干之磐，又漸進也。二與九五之君，以中正之道相應，其進之安固平易莫加焉，故其飲食和樂衎衎然，吉可知也。

象曰：飲食衎衎，不素飽也。

爻辭以其進之安平，故取飲食和樂爲言。夫子恐後人之未喻，又釋之云：中正君子，遇中正之主，漸進于上，將行其道以及天下。所謂飲食衎衎，謂其得志和樂，不謂空飽飲一無飲字。食而已。素空也。

九三，鴻漸于陸，夫征不復，婦孕不育，凶，利禦寇。

平高曰陸，平原也。三在下卦之上，進至於陸也。陽，上進者也。居漸之時，志將漸進，而上无應援，當守正以俟時，安處平地，則得漸之道。若或不能自守，欲有所牽，志有所就，則失漸之道。四，陰在上而密比，陽所説也。三，陽在下而相親，陰所從也。二爻相比而无應。相比則相親而易合，无應則无適而相求，故爲之戒。夫，陽也。夫謂三。三若不守正，而與四合，是知征而不知復。征，行也。復，反也。不復謂不反顧義理。婦謂四。若以不正而合，則雖孕而不育，蓋非其道也，如是則凶也。三之所利，在於禦寇。非理一作禮。而至者，寇也。守正以閑邪，所謂禦寇也。不能禦寇，則自失而凶矣。

象曰：夫征不復，離羣醜也。婦孕不育，失其道也。利用禦寇，順相保也。

夫征不復，則失漸之正。從欲而失正，離叛其羣類，爲可醜也。卦之諸爻，皆无不善。若獨失正，是離其羣類。婦孕不由其道，所以不育也。所利在禦寇，謂以順道相保。君子之與小人比也，自守以正。豈唯君子自完其己而已乎？亦使小人得不陷於非義。是以順道相保，禦止其惡，故曰禦寇。

六四，鴻漸于木，或得其桷，无咎。

當漸之時，四以陰柔進據剛陽之上，陽剛而上進，豈能安處陰柔之下？故四之處非安地，如鴻之進一作漸。于木也。木漸高矣，而有不安之象。鴻趾連，不能握枝，故不木棲。桷，横平之柯。唯平柯之上，乃能安處。謂四之處本危，或能自得安寧之道，則无咎也。如鴻之於木，本不安，或得平柯而處之，則安也。四居正而巽順，宜无咎者也。必以得失言者，因得失以明其義也。

象曰：或得其桷，順以巽也。

桷者，平安之處。求安之道，唯順與巽。若其義順正，其處卑巽，何處而不安？如四之順正而巽，乃得桷也。

九五，鴻漸于陵，婦三歲不孕，終莫之勝，吉。

陵，高阜也。鴻之所止，最高處也，象君之位。雖得尊位，然漸之時，其道之行，固亦非遽。與二爲正應，而中正之德同，乃隔於三四。三比二，四比五，皆隔其交者也。未能即合，故三歲不孕。然中正之道，有必亨之理，不正豈能隔害之？故終莫之能勝，但其合有漸耳，終得其吉也。以不正而敵中正，一時之爲耳，久其能勝乎？

象曰：終莫之勝吉，得所願也。

君臣以中正相交，其道當行，雖有閒其閒者，終豈能勝哉？徐必得其所願，乃漸之吉也。

上九，鴻漸于陸，其羽可用爲儀，吉。

安定胡公以陸爲逵，逵，雲路也，謂虚空之中。爾雅：九達謂之逵。逵，通達无阻蔽之義也。上九在至高之位，又益上進，是出乎位之外。在他時則爲過矣，於漸之時，居巽之極，必有其序，如鴻之離所止而飛于雲空，在人則超逸乎常事之外者也。進至於是，而不失其漸，賢達之高致也，故可用爲儀法而吉也。羽，鴻之所用進也。以其進之用，況上九進之道也。

象曰：其羽可用爲儀，吉，不可亂也。

君子之進，自下而上，由微而著，跬步造次，莫不有序。不失其序，則无所不得其吉，故九雖窮高而不失其吉。可用爲儀法者，以其有序而不可亂也。

䷵ 兑下震上

歸妹，序卦：「漸者進也，進必有所歸，故受之以歸妹。」進則必有所至，故漸有歸義，歸妹所以繼漸也。歸妹者，女之歸也。妹，少女之稱。爲卦，震上兑下，以少女從長男也。男動而女説，又以説而動，皆男説女、女從男之義。卦有男女配合之義者四：咸，恒，漸，歸妹也。咸，男女之相感也，男下女，二氣感應，止而説，男女之情相感之象。恒，常也，男上女下，巽順而動，陰陽皆相[一]應，是男女居室夫婦倡隨之常道。漸，女歸之得其正也，男下女而各得正位，止静而巽順，其進有漸，男女配合得其

[一] 覆元本「相」作「得」。

道也。歸妹，女之嫁，歸也，男上女下，女從男也，而有説少之義。以説而動，動以説則不得其正矣，故位皆不當。初與上雖當陰陽之位，而陽在下，陰在上，亦不當位也，與漸正相對。咸、恒夫婦之道，漸、歸妹女歸之義。咸與歸妹，男女之情也，咸止而説，歸妹動於説，皆以説也。恒與漸，夫婦之義也，恒巽而動，漸止而巽，皆以巽順也。男女之道，夫婦之義，備於是矣。歸妹爲卦，澤上有雷，雷震而澤動，從之象也。物之隨動，莫如水。男動於上而女從之，嫁歸從男之象。震長男，兑少女。少女從長男，以説而動，動而相説也。人之所説者少女，故云妹爲女歸之象。又有長男説少女之義，故爲歸妹也。

歸妹：征凶，无攸利。

以説而動，動而不當，故凶。不當，位不當也。征凶，動則凶也。如卦之義，不獨女歸，无所往而利也。

彖曰：歸妹，天地之大義也。

一陰一陽之謂道。陰陽交感，男女配合，天地之常理也。歸妹，女歸於男也，故云天地之大義也。男在女上，陰從陽動，故爲女歸之象。

天地不交而萬物不興，歸妹，人之終始也。

天地不交，則萬物何從而生？女之歸男，乃生生相續之道。男女交而後有生息，有生息而後其終不窮。前者有終，而後者有始，相續不窮，是人之終始也。

説以動，所歸妹也。

征凶，位不當也。

以二體釋歸妹之義。男女相感，説而動者，少女之事，故以説而動，所歸者妹也。所以征則凶者，以諸爻皆不當位也。所處皆不正，何動而不凶？大率以説而動，安有不失正者？

无攸利，柔乘剛也。

不唯位不當也，又有乘剛之過。三五皆乘剛。男女有尊卑之序，夫婦有倡隨之禮，此常理也，如恒是也。苟不由常正之道，徇情肆欲，惟説是動，則夫婦瀆亂，男牽欲而失其剛，婦狃説而忘其順，如歸妹之乘剛是也。所以凶，无所往而利也。夫陰陽之配合，男女之交媾，理之常也。然從欲而流放，不由義理，則淫邪无所不至，傷身敗德，豈人理哉？歸妹之所以一有征字。凶也。

象曰：澤上有雷，歸妹，君子以永終知敝。

雷震於上，澤隨而動，陽動於上，陰説而從，女從男之象也，故爲歸妹。君子觀男女配合，生息相續之象，而以永其終，知有敝也。永終謂生息嗣續，永久其傳也。知敝謂知物有敝壞，而爲相繼之道也。女歸則有生息，故有永終之義。又夫婦之道，當常永有終，必知其有敝壞之理而戒慎之。敝壞謂離隙。歸妹，説以動者也，異乎恒之巽而動，漸之止而巽也。少女之説，情之感動，動則失正，非夫婦正而可常之道，久必敝壞。知其必敝，則當思永其終也。天下之反目者，皆不能永終者也。不獨夫婦之道，天下之事，莫不有終有敝，莫不有可繼可久之道。觀歸妹，則當思永終之戒也。

初九，歸妹以娣，跛能履，征吉。

女之歸，居下而无正應，娣之象也。剛陽在婦人爲賢一作堅。貞之德，而處卑順，娣之賢正者也。處説居下爲順義。娣之卑下，雖賢，何所能爲？不過自善其身，以承助其君而已。如跛之能履，言不能及遠也。然在其分爲善，故以是而行則吉也。

象曰：歸妹以娣，以恒也；跛能履吉，相承也。

歸妹之義，以説而動，非夫婦能常之道。九乃剛陽，有賢一作堅。貞之德，雖娣之微，乃能以常者也。雖在下，不能有所爲，如跛者之能履，然征而吉者，以其能相承助也。能助其君，娣之吉也。

九二，眇能視，利幽人之貞。

九二陽剛而得中，女之賢正一作貞。者也。上有正應，而反陰柔之質，動於説者也。乃女賢而配不良，故二雖賢，不能自遂以成其内助之功，適可以善其身而小施之，如眇者之能視而已，言不能及遠也。男女之際，當以正禮。五雖不正，二自守其幽静貞正，乃所利也。二有剛正之德，幽静之人也。二之才如是，而言利貞者，利，言宜於如是之貞，非不足而爲之戒也。

象曰：利幽人之貞，未變常也。

守其幽貞，未失夫婦常正之道也。世人以媟狎爲常，故以貞静爲變常，不知乃常久之道也。

六三，歸妹以須，反歸以娣。

三居下之上，本非賤者，以失德而无正應，故爲欲有歸而未得其歸。須，待也。待者，未有所適也。六居三，不當位，德不正也。柔而尚剛，行不順也。爲説之主，以説求歸，動非禮也。上无應，无受之者也。无所適故須也。女子之處如是，人誰取之？不可以爲人配矣。當反歸而求爲娣媵則可也，以不正而失其所也。

象曰：歸妹以須，未當也。

未當者，其處、其德、其求歸之道皆不當，故无取之者，所以須也。

九四，歸妹愆期，遲歸有時。

九以陽居四，四上體，地之高也。陽剛在女子爲正德，賢明者也。无正應，未得其歸也。過時未歸，故云愆期。女子居貴高之地，有賢明之資，人情所願娶，故其愆期乃爲有時，蓋自有待，非不售也，待得佳配而後行也。九居四，雖不當位，而處柔乃婦人之道。一有也字。以无應故爲愆期之義，而聖人推理，以女賢而愆期，蓋有待也。

象曰：愆期之志，有待而行也。

所以愆期者，由己而不由彼。賢女，人所願娶，所以愆期，乃其志欲有所待，待得佳配而後行也。

六五，帝乙歸妹，其君之袂，不如其娣之袂良。月幾望吉。

六五居尊位，妹之貴高者也。下應於二，爲下嫁之象。王姬下嫁，自古而然。至帝乙而後正婚姻之禮，明男女之分，雖至貴之女，不得失柔巽之道，有貴驕之志。故易中陰尊而謙降者，則曰「帝乙歸妹」，泰六五是也。貴女之歸，唯謙降以從禮，乃尊高之德也，不事容飾以說於人也。娣媵者，以容飾爲事者也。衣袂所以爲容飾也。六五尊貴之女，尚禮而不尚飾，故其袂不及其娣之袂良也。良，美好也。月望，陰之盈也，盈則敵陽矣。幾望，未至於盈也。五之貴高，常不至於盈極，則不亢其夫，乃爲吉也。女之處尊貴之道也。

象曰：帝乙歸妹，不知其娣之袂良也；其位在中，以貴行也。

以帝乙歸妹之道言。其袂不如其娣之袂良，尚禮而不尚飾也。五以柔中，在尊高之位，以尊貴而行中道也。柔順降屈，尚禮而不尚飾，乃中道也。

上六，女承筐无實，士刲羊无血，无攸利。

上六，女歸之終而无應，女歸之无終者也。歸者，所以承先祖，奉祭祀。不能奉祭祀，則不可以爲婦矣。筐篚之實，婦職所供也。古者房中之俎葅歜〔二〕之類，后夫人職之。諸侯之祭，親割牲，卿大夫皆然，割取血以祭。禮云血祭，盛氣也。女當承事筐篚而无實，无實則无以祭，謂不能奉祭祀也。夫婦共承宗廟，婦不能奉祭祀，乃夫不能承祭祀也，故刲羊而无血，亦无以祭也，謂不可以承祭祀也。婦不

〔二〕覆元本「歜」下小注：「一作醢。」

能奉祭祀，則當離絶矣，一無矣字。是夫婦之无終者也，何所往而利哉？

象曰：上六无實，承虚筐也。

筐无實，是空筐也。空筐可以祭乎？言不可以奉祭祀也。女不可以承祭祀，則離絶而已，是女歸之无終者也。

䷶離下震上

豐，序卦：「得其所歸者必大，故受之以豐。」物所歸聚，必成其大，故歸妹之後，受之以豐也。豐，盛大之義。爲卦，震上離下。震，動也。離，明也。以明而動，動而能明，皆致豐之道；明足以照，動足以亨，然後能致豐大也。

豐：亨，王假之，勿憂，宜日中。

豐爲盛大，其義自亨。極天下之光大者，唯王者能至之。假，至也。天位之尊，四海之富，羣生之衆，王道之大，極豐之道，其唯王者乎！豐之時，人民之繁庶，事物之殷盛，治之豈易周？爲可憂慮。宜如日中之盛明廣照，无所不及，然後无憂也。

象曰：豐，大也，明以動故豐。

豐者盛大之義。離明而震動，明動相資，而成豐大也。

王假之，尚大也。

王者有四海之廣，兆民之衆，極天下之大也，故豐大之道，唯王者能致之。所有既大，其保之治之之道亦當大也，故王者之所尚至大也。

勿憂，宜日中，宜照天下也。

所有既廣，所治既衆，當憂慮其不能周及，宜如日中之盛明，普照天下，无所不至，則可勿憂矣。如是，然後能保其豐大。保有豐大，豈小才小知之所能也？

日中則昃，月盈則食，天地盈虚，與時消息，而況于人乎？況于鬼神乎？

既言豐盛之至，復言其難常，以爲誡也。日中盛極，則當昃昳；月既盈滿，則有虧缺。天地之盈虚，尚與時消息，況人與鬼神乎？盈虚謂盛衰，消息謂進退。天地之運，亦隨時進退也。鬼神謂造化之迹，於萬物盛衰，可見其消息也。於豐盛之時而爲此誡，欲其守中，不至過盛。處豐之道，豈易也哉？

象曰：雷電皆至，豐，君子以折獄致刑。

雷電皆至，明震並行也。二體相合，故云皆至。明動相資，成豐之象。離，明也，照察之象。震，動也，威斷之象。折獄者必照其情實，唯明克允；致刑者以威於姦惡，唯斷乃成。故君子觀雷電明動之象，以折獄致刑也。噬嗑言先王飭法，豐言君子折獄。以明在上而麗於威震，王者之事，故爲制刑立法。以明在下而麗於威震，君子之用，故爲折獄致刑。旅，明在上，而云君子者，旅取慎用刑與不留獄，君子皆當然也。

初九，遇其配主，雖旬无咎，往有尚。

雷電皆至，成豐之象；明動相資，致豐之道。非明无以照，非動无以行，相須猶形影，相資猶表裏。初九明之初，九四動之初，宜相須以成其用，故雖旬而相應。位則相應，用則相資，故初謂四爲配主，己所配也。配雖匹稱，然就之者也。如配天以配君子，故初於四云配，四於初云夷也。雖旬无咎：旬，均也。天下之相應者，常非均敵。如陰之應陽，柔之從剛，下之附上，敵則安肯相從？唯豐之初四，其用則相資，其應則相成，故雖均是陽剛，相從而无過咎也。蓋非明則動无所之，非動則明无所用，相資而成用。同舟則胡、越一心，共難則仇怨協力，事勢使然也。往而相從，則能成其豐，故云有尚，有可嘉尚也。在他卦，則不相下而離隙矣。

象曰：雖旬无咎，過旬災也。

聖人因時而處宜，隨事而順理。夫勢均則不相下者，常理也。然有雖敵而相資者，則相求也，初四是也，所以雖旬而无咎也。與人同而力均者，在乎降己以相求，協力〔一〕以從事。若懷先己之私，有加上之意，則患當至矣，故曰過旬災也。均而先己，是過旬也。一求勝，則不能同矣。

六二，豐其蔀，日中見斗，往得疑疾，有孚發若，吉。

〔一〕覆元本「力」下小注：「一作心。」義似較長。

明動相資，乃能成豐。二爲明之主，又得中正，可謂明者也，而五在正應之地，陰柔不正，非能動者。二五雖皆陰，而在明動相資之時，居相應之地，五才不足，既其應之才不足資，則獨明不能成豐，既不能成豐，則喪其明功，故爲豐其蔀。日中見斗：二，至明之才，以所應不足與而不能成其豐，喪其明功，无明功則爲昏暗，故云見斗。斗，昏見者也。蔀，周匝之義，用障蔽之物掩晦於明者也。斗屬陰而主運，平〔一〕象。五以陰柔而當君位，日中盛明之時，乃見斗，猶豐大之時，乃一作而。遇柔弱之主。斗以昏見，言見斗，則是明喪而暗矣。二雖至明中正之才，所遇乃柔暗不正之君，既不能下求於己，若往求之，則反得疑猜忌疾，暗主如是也。然則如之何而可？夫君子之事上也，不得其心，則盡其至誠，以感發其志意而已。苟誠意能動，則雖昏蒙可開也，雖柔弱可輔也，雖不正可正也。古人之事庸君常主，而克行其道者，己之誠意一無意字。上達，而君見信之篤耳。管仲之相桓公，孔明之輔後主是也。若能以誠信發其志意，則得行其道，乃爲吉也。

象曰：有孚發若，信以發志也。

有孚發若，謂以己之孚信，感發上之心志也。苟能發，則其吉可知，雖柔暗，有可發之道也。

九三，豐其沛，日中見沬，折其右肱，无咎。

〔一〕 覆元本、呂本、徐本「平」作「乎」，屬上爲句，義似較長。

沛字，古本有作旆字者。王弼以爲幡幔，則是旆也。幡幔，圍蔽於内者。豐其沛，其暗更甚於蔀也。三，明體，而反暗於四者，所應陰暗故也。三居明體之上，陽剛得正，本能明者也。豐之道，必明動相資而成。三應於上，上陰柔，又无位而處震之終，既終則止矣，不能動者也。他卦至終則極，震至終則止矣。三无上之應，則不能成豐。沬，星之微小无名數者。見沬，暗之甚也。豐之時而遇上六，日中而見沬者也。右肱，人之所用，乃折矣，其无能爲可知。賢智之才，遇明君則能有爲於天下。上无可賴之主，則不能有爲，如人之折其右肱也。人之爲有所失，則有所歸咎，曰由是故致是。若欲動而无右肱，欲爲而上无所賴，則不能而已，更復何言？无所歸咎也。

象曰：豐其沛，不可大事也；折其右肱，終不可用也。

三應於上，上陰而无位，陰柔无勢力，而處既終，其可共濟大事乎？既无所賴，如右肱之折，終不可用矣。

九四，豐其蔀，日中見斗，遇其夷主，吉。

四雖陽剛，爲動之主，又得大臣之位，然以不中正，遇陰暗柔弱之主，豈能致豐大也？故爲豐其蔀。蔀，周圍掩蔽之物。周圍則不大，掩蔽則不明。日中見斗，當盛明之時，反昏暗也。夷主，其等夷也，相應故謂之主。初四皆陽而居初，是其德同，又居相應之地，故爲夷主。居大臣之位，而得在下之賢，同德相輔，其助豈小也哉？故吉也。如四之才，得在下之賢爲之助，則能致豐大乎？曰：在下者上有當位爲之與，在上者下有賢才爲之助，豈无益乎？故吉也。然而致天下之豐，有君而後能也。五陰柔居尊，而震體，无虛中巽順下賢之象，下雖多賢，亦將何爲？蓋非陽剛中正，不能致天下之豐也。

象曰：豐其蔀，位不當也。

位不當，謂以不中正居高位，所一作非。以闇而不能致豐。一有乎字。

日中見斗，幽不明也。

謂幽暗不能光明，君陰柔而臣不中正故也。

遇其夷主，吉行也。

陽剛相遇，吉之行也。下就於初，故云行：下求則爲吉也。

六五，來章有慶譽，吉。

五以陰柔之才，爲豐之主，固不能成其豐大。若能來致在下章美之才而用之，則有福慶，復得美譽，所謂吉也。六二，文明中正，章美之才也。爲五者，誠能致之在位而委任之，可以致豐大之慶、名譽之美，故吉也。章美之才，主二而言。然初與三四，皆陽剛之才，五能用賢，則彙征矣。二雖陰，有文明中正之德，大賢之在下者也。五與二雖非陰陽正應，在明動相資之時，有相爲用之義。五若能來章，則有慶譽而吉也。然六五无虛己下賢之義，聖人設此義以爲教耳。

象曰：六五之吉，有慶也。

其所謂吉者，可以有慶福及于天下也。人君雖柔暗，若能用賢才，則可以爲天下之福，唯患不能耳。

上六，豐其屋，蔀其家，闚其户，闃其无人，三歲不覿，凶。

六以陰柔之質，而居豐之極，處動之終，其滿假躁動甚矣。處豐大之時，宜乎謙屈，而處極高；致豐大之功，在乎剛健，而體陰柔；當豐大之任，在乎得時，而不當位。如上六者，處无一當，其凶可知。豐其屋，處太高也。蔀其家，居不明也。以陰柔居豐大，而在无位之地，乃高亢昏暗，自絶於人，人誰與之？故闚其户，闃其无人也。至於三歲之久而不知變，其凶宜矣。不覿，謂尚不見人，蓋不變也。六居卦終，有變之義，而不能遷，是其才不能也。

象曰：豐其屋，天際翔也。闚其户，闃其无人，自藏也。

六處豐大之極，在上而自高，若飛翔於天際，謂其高大之甚。闚其户而无人者，雖居豐大之極，而實无位之地，人以其昏暗自高大，故皆棄絶之，自藏避而弗與親也。

䷷艮下離上

旅，序卦：「豐大也，窮大者必失其居，故受之以旅。」豐盛至於窮極，則必失其所安，旅所以次豐也。爲卦，離上艮下。山止而不遷，火行而不居，違去而不處之象，故爲旅也。又麗乎外，亦旅之象。

旅：小亨，旅貞吉。

以卦才言也。如卦之才，可以小亨，得旅之貞正而吉也。

彖曰：旅，小亨，柔得中乎外，而順乎剛，止而麗乎明，是以「小亨，旅貞吉」也。

六上居五，柔得中乎外也。麗乎上下之剛，順乎剛也。下艮止，上離麗，止而麗於明也。柔順而得在外之中，所止能麗於明，是以小亨，得旅之貞正而吉也。旅困之時，非陽剛中正，有助於下，不能致大亨也。所謂得在外之中，中非一揆，旅有旅之中也。止麗於明，則不失時宜，然後得處旅之道。

旅之時義大矣哉！

天下之事，當隨時各適其宜，而旅爲難處，故稱其時義之大。

象曰：山上有火，旅，君子以明慎用刑，而不留獄。

火之在高，明无不照。君子觀明照之象，則以明慎用刑，明不可恃，故戒於慎明，而止亦慎象。觀火行不處之象，則不留獄。獄者不得已而設，民有罪而入，豈可留滯淹久也？

初六，旅瑣瑣，斯其所取災。

六以陰柔在旅之時，處於卑下，是柔弱之人，處旅困而在卑賤，所存污下者也。志卑之人，既處旅困，鄙猥瑣細，无所不至，乃其所以致悔辱，取災咎也。瑣瑣，猥細之狀。當旅困之時，才質如是，上雖有援，无能爲也。四，陽性而離體，亦非就下者也，又在旅，與他卦爲大臣之位者異矣。

象曰：旅瑣瑣，志窮災也。

志意窮迫，益自取災也。災眚，對言則有分，獨言則謂災患耳。

六二，旅即次，懷其資，得童僕貞。

二有柔順中正之德，柔順則衆與之，中正則處不失當，故能保其所有，童僕亦盡其忠信。雖不若五有文明之德，上下之助，亦處旅之善者也。次舍，旅所安也。財貨，旅所資也。童僕，旅所賴也。得就次舍，懷畜其資財，又得童僕之貞良，旅之善也。柔弱在下者童也，强壯處外者僕也。二，柔順中正，故得内外之心。在旅所親比者，童僕也。不云吉者，旅寓之際，得免於災厲，則已善矣。

象曰：得童僕貞，終无尤也。

羇旅之人所賴者童僕也，既得童僕之忠貞，終无尤悔矣。

九三，旅焚其次，喪其童僕貞，厲。

處旅之道，以柔順謙下爲先。三，剛而不中，又居下體之上，與艮之上，有自高之象。在旅而過剛自高，致困災之道也。自高則不順於上，故上不與而焚其次，失所安也。上離爲焚象，過剛則暴下，故下離而喪其童僕之貞信，謂失其心也。如此，則〔一〕危厲之道也。

象曰：旅焚其次，亦以傷矣；以旅與下，其義喪也。

〔一〕覆元本「則」下小注：「一作者。」

旅焚失其次舍，亦以困傷矣。以旅之時，而與下之道如此，義當喪也。在旅而以過剛自高待下，必喪其忠貞，謂失其心也。在旅而失其童僕之心，爲可危也。

九四，旅于處，得其資斧，我心不快。

四，陽剛，雖不居中，而處柔在上體之下，有用柔能下之象，得旅之宜也。以剛明之才，爲五所與，爲初所應，在旅之善者也。然四非正位，故雖得其處止，不若二之就次舍也。有剛明之才，爲上下所與，乃旅而得貨財之資，器用之利也。雖在旅爲善，然上无剛陽之與，下唯陰柔之應，故不能伸其才，行其志，其心不快也。云我者，據四而言。

象曰：旅于處，未得位也；得其資斧，心未快也。

四以近君爲當位，在旅，五不取君義，故四爲未得位也。曰：然則以九居四不正爲有咎矣。曰：以剛居柔，旅之宜也。九以剛明之才，欲得時而行其志，故雖得資斧，於旅爲善，其心志未快也。

六五，射雉，一矢亡，終以譽命。

六五有文明柔順之德，處得中道，而上下與之，處旅之至善者也。人之處旅，能合文明之道，可謂善矣。羈旅之人，動而或失，則困辱隨之；動而无失，然後爲善。離爲雉，文明之物。射雉，謂取則於文明之道而必合。如射雉，一矢而亡之，發无不中，則終能致譽命也。譽，令聞也。命，福禄也。五居文明之位，有文明之德，故動必中文明之道也。五，君位，人君无旅，旅則失位，故不取君義。

象曰：終以譽命，上逮也。

有文明柔順之德，則上下與之。逮，與也。能順承於上而上與之，爲上所逮也。言〔二〕一作在。上而得乎下，爲下所上〔三〕逮也。在旅而上下與之，所以致譽命也。旅者，困而未得所安之時也。終以譽命，終當致譽命也。已譽命，則非旅也。困而親寡則爲旅，不必在外也。

上九，鳥焚其巢，旅人先笑，後號咷，喪牛于易，凶。

鳥，飛騰處高者也。上九，剛不中而處最高，又離體，其亢可知，故取鳥象。在旅之時，謙降柔和，乃可自保，而過剛自高，失其所宜安矣。巢，鳥所安止。焚其巢，失其所安，无所止也。在離上爲焚象。陽剛自處於至高，始快其意，故先笑；既而失安莫與，故號咷。輕易以喪其順德，所以凶也。牛，順物。喪牛于易，謂忽易以失其順也。離火性上，爲躁易之象。上承鳥焚其巢，故更加旅人字。不云旅人，則是鳥笑哭也。

象曰：以旅在上，其義焚也；喪牛于易，終莫之聞也。

以旅在上，而以尊高自處，豈能保其居？其義當有焚巢之事。方以極剛自高，爲得志而笑，不知喪其

〔二〕覆元本「言」即作「在」。

〔三〕覆元本「上」下小注：「一无上字。」

順德於躁易，是終莫之聞，謂終不自聞知也。使自覺知，則不至於極而號咷矣。陽剛不中而處極，固有高亢躁動之象，而火復炎上，則又甚焉。

䷸ 巽下巽上

巽，序卦：「旅而无所容，故受之以巽。巽者，入也。」羇旅親寡，非巽順何所取容？苟能巽順，雖旅困之中，何往而不能入？巽所以次旅也。爲卦，一陰在二陽之下，巽順於陽，所以爲巽也。

巽：小亨，利有攸往，利見大人。

卦之才可以小亨，利有攸往，利見大人也。巽與兑皆剛，中正巽説，一作兑。義亦相類，而兑則亨，巽乃小亨者，兑陽之爲也，巽陰之爲也，兑柔在外用柔也，巽柔在內性柔也，巽之亨所以小也。

彖曰：重巽以申命。

重巽者，上下皆巽也。上順道以出命，下奉命而順從，上下皆順，重巽之象也。又重爲重復之義。君子體重巽之義，以申復其命令。申，重復也，丁寧之謂也。

剛巽乎中正而志行，柔皆順乎剛，是以小亨。

以卦才言也。陽剛居巽，而得中正，巽順於中正之道也。陽性上，其志在以中正之道上行也。又上下之柔，皆巽順於剛，其才如是，雖內柔，可以小亨也。

利有攸往，利見大人。

巽順之道，无往不能入，故利有攸往。巽順雖善道，必知所從，能巽順於陽剛中正之大人，則爲利，故利見大人也。如五二之陽剛中正，大人也。巽順不於大人，未必不爲過也。

象曰：隨風巽，君子以申命行事。

兩風相重，一作從。隨風也。隨，相繼之義。君子觀重巽相繼以順之象，而以申命令，行政事。隨與重，上下皆順也。上順下而出之，下順上而從之，上下皆順，重巽之義也。命令政事，順理則合民心，而民順從矣。

初六，進退，利武人之貞。

六以陰柔居卑，巽而不中，處最下而承剛，過於卑巽者也。陰柔之人，卑巽太過，則志意恐畏而不安，或進或退，不知所從，其所利在武人之貞。若能用武人剛貞之志，則爲宜也。勉爲剛貞，則无過卑恐畏之失矣。

象曰：進退，志疑也。利武人之貞，志治也。

進退不知所安者，其志疑懼也。利用武人之剛貞以立其志，則其志治也。治謂修立也。

九二，巽在牀下，用史巫紛若，吉无咎。

二居巽時，以陽處陰而在下，過於巽者也。牀，人之所安。巽在牀下，是過於巽，過所安矣。人之過於卑巽，非恐怯，則諂說，皆非正也。二實剛中，雖巽體而居柔，爲過於巽，非有邪心也。恭巽之過，雖非正禮，可以遠耻辱、絶怨咎，亦吉道也。史巫者，通誠意於神明者也。紛若，多也。苟至誠安於謙巽，能使通其誠意者多，則吉而无咎，謂其誠足以動人也。人不察其誠意，則以過巽爲諂矣。

象曰：紛若之吉，得中也。

二以居柔在下，爲過巽之象，而能使通其誠意者衆多紛然，由得中也。陽居中，爲中實之象。中既誠實，則一無則字。人自當信之。以誠意，則非諂畏也，所以吉而无咎。

九三，頻巽，吝。

三以陽處剛，不得其中，又在下體之上，以剛亢之質而居巽順之時，非能巽者，勉而爲之，故屢失也。居巽之時，處下而上臨之以巽，又四以柔巽相親，所乘者剛，而上復有重剛，雖欲不巽，得乎？故頻失而頻巽，是可吝也。

象曰：頻巽之吝，志窮也。

三之才質，本非能巽，而上臨之以巽，承重剛而履剛勢，不得行其志，故頻失而頻巽，是其志窮困，可吝之甚也。

六四，悔亡，田獲三品。

陰柔无援，而承乘皆剛，宜有悔也。而四以陰居陰，得巽之正，在上體之下，居上而能下也。居上之下，巽於上也。以巽臨下，巽於下也。善處如此，故得悔亡。所以得悔亡，以如田之獲三品也。田獲三品，及於上下也。田獵之獲分三品，一爲乾豆，一供賓客與充庖，一頒徒御。四能巽於上下之陽，如田之獲三品，謂遍及上下也。四之地本有悔，以處之至善，故悔亡而復有功。天下之事，苟善處，則悔或可以爲功也。

象曰：田獲三品，有功也。

巽於上下，如田之獲三品而遍及上下，成巽之功也。

九五，貞吉悔亡，无不利，无初有終，先庚三日，後庚三日，吉。

五居尊位，爲巽之主，命令之所出也。處得中正，盡巽之善，然巽者柔順之道，所利在貞，非五之不足，在巽當戒也。既貞則吉而悔亡，无所不利。貞，中正也。處巽出令，皆以中正爲吉。柔巽而不貞，則有悔，安能无所不利也？命令之出，有所變更也。无初，始未善也。有終，更之使善也。若已善，則何用命也？何用更也？先庚三日，後庚三日，吉：出命更改之道當如是也。甲者，事之端也。庚者，變更之始也。十干戊己爲中，過中則變，故謂之庚。事之改更，當原始要終，如先甲後甲之義，如是則吉也。解在蠱卦。

象曰：九五之吉，位正中也。

九五之吉，以處正中也。得正中之道則吉，而其悔亡也。正中，謂不過无不及〔一〕，正得其中也。處柔巽與出命令，唯得中爲善，失中則悔也。

上九，巽在牀下，喪其資斧，貞凶。

牀，人所安也。在牀下，過所安之義也。九居巽之極，過於巽者一無者字。也。資，所有也。斧，以斷也。陽剛本有斷，以過巽而失其剛斷，失其所有，喪資斧也。居上而過巽，至於自失，在正道爲凶也。

象曰：巽在牀下，上窮也；喪其資斧，正乎？凶也。

巽在牀下，過於巽也。處卦之上，巽至於窮極也。居上而過極於巽，至於自失，得爲正乎？乃凶道也。巽本善行，故疑之曰得爲正乎？復斷之曰乃凶也。

䷹ 兑下兑上

兑，序卦：「巽者入也，入而後説之，故受之以兑。兑者，説也。」物相入則相説，相説則相入，兑所以次巽也。

兑：亨，利貞。

兑，説也。説，致亨之道也。能説於物，物莫不説而與之，足以致亨。然爲説之道，利於貞正。非道求

〔一〕覆元本「不過无不及」下小注：「一作无過不及。」義較長。

說，則爲邪諂而有悔咎〔二〕，故戒利貞也。

彖曰：兑，說也。剛中而柔外，說以利貞，是以順乎天而應乎人。說以先民，民忘其勞；說以犯難，民忘其死。說之大，民勸矣哉！

兑之義，說也。一陰居二陽之上，陰說於陽，而爲陽所說也。陽剛居中，中心誠實之象；柔爻在外，接物和柔之象；故爲說而能貞也。利貞，說之道宜正也。卦有剛中之德，能貞者也。說而能貞，是以上順天理，下應人心，說道之至正至善者也。若夫違道以干百姓之譽者，苟說之道，違道不順天，干譽非應人，苟取一時之説耳，非君子之正道。君子之道，其說於民，如天地之施，感於其心而說服无斁。故以之先民，則民心說隨而忘其勞；率之以犯難，則民心說服於義而不恤其死。說道之大，民莫不知勸。勸謂信之，而勉力順從。人君一作君人。之道，以人心說服爲本，故聖人贊其大。

象曰：麗澤兑，君子以朋友講習。

麗澤，二澤相附麗也。兩澤相麗，交相浸潤，互有滋益之象。故君子觀其象，而以朋友講習。朋友講習，互相益也。先儒謂天下之可說，莫若朋友講習。朋友講習，固可說之大者，然當明相益之象。

〔二〕覆元本「咎」下小注：「一作吝。」

初九，和兑吉。

初雖陽爻，居説體而在最下，无所繫應，是能卑下和順以爲説，而无所偏私者也。以和爲説而无所偏私，説之正也。陽剛則不卑，居下則能巽，處説則能和，无應則不偏，處説如是，所以吉也。

象曰：和兑之吉，行未疑也。

有求而和，則涉於邪諂。初隨時順處，一作處順。心无所繫，无所爲也，以和而已，是以吉也。象又以其處説在下而非中正，故云行未疑也。其行未有可疑，謂未見其有失也，若得中正，則无是言也。説以中正爲本，爻直陳其義，象則推而盡之。

九二，孚兑吉，悔亡。

二承比陰柔，陰柔，小人也，説之則當有悔。二，剛中之德孚信内充，雖比小人，自守不失。君子和而不同，説而不失剛中，故吉而悔亡。非二之剛中，則有悔矣，以自守而亡也。

象曰：孚兑之吉，信志也。

心之所存爲志。二，剛實居中，孚信存於中也。志存誠信，豈至説小人而自失乎？是以吉也。

六三，來兑，凶。

六三陰柔不中正之人，説不以道者也。來兑，就之以求説也。比於在下之陽，枉己非道，就以求説，所以凶也。之内爲來。上下俱陽，而獨之内者，以同體而陰性下也，失道下行也。

象曰：來兑之凶，位不當也。

自處不中正，无與而妄求説，所以凶也。

九四，商兑未寧，介疾有喜。

四上承中正之五，而下比柔邪之三，雖剛陽而處非正。三，陰柔，陽所説也，故不能決而商度。未寧，謂擬議所從而未決，未能有定也。兩閒謂之介，分限也。地之界則加田，義乃同也。故人有節守謂之介。若介然守正，而疾遠邪惡，則有喜也。從五正也，説三邪也。四，近君之位，若剛介守正，疾遠邪惡，將得君以行道，福慶及物爲有喜也。若四者，得失未有定，繫所從耳。

象曰：九四之喜，有慶也。

所謂喜者，若守正而君説之，則得行其剛陽之道，而福慶及物也。

九五，孚于剥，有厲。

九五得尊位而處中正，盡説道之善矣，而聖人復設有厲之戒，蓋堯、舜之盛，未嘗无戒也，戒所當戒而已。雖聖賢在上，天下未嘗无小人，然不敢肆其惡也，聖人亦説其能勉而革面也。彼小人者，未嘗不知聖賢之可説也。如四凶處堯朝，隱惡而順命是也。聖人非不知其終惡也，取其畏罪而强仁耳。五若誠心信小人之假善爲實善，而不知其包藏，則危道也。小人者，備之不至則害於善，聖人爲戒之意深矣。剥者，消陽之名。陰，消陽者也，蓋指上六，故孚于剥則危也。以五在説之時，而密比於上六，故爲之戒。雖舜之聖，且畏巧言令色，安得不戒也？説之惑人，易入而可懼也如此。

象曰：孚于剥，位正當也。

戒孚于剥者，以五所處之位正當戒也。密比陰柔，有相説之道，故戒在信之也。

上六，引兑。

他卦至極則變，兑爲説極則愈説。上六成説之主，居説之極，説不知已者也。故説既極矣，又引而長之。然而不至悔咎，何也？曰：方言其説不知已，未見其所説善惡也；又下乘九五之中正，无所施其邪説。六三則承乘皆非正，是以有凶。

象曰：上六引兑，未光也。

説既極矣，又引而長之，雖説之之心不已，而事理已過，實无所説。事之盛，則有光輝。既極而强引之長，其无意味甚矣，豈有光也？未，非必之辭，象中多用。非必能有光輝，謂不能光也。

䷺ 坎下巽上

涣，序卦：「兑者説也，説而後散之，故受之以涣。」説則舒散也，人之氣憂則結聚，説則舒散，故説有散義，涣所以繼兑也。爲卦，巽上坎下。風行於水上，水遇風則涣散，所以爲涣也。

涣：亨，王假有廟，利涉大川，利貞。

涣，離散也。人之離散，由乎中；人心離，則散矣。治乎散，亦本於中；能收合人心，則散可聚也。

故卦之義，皆主於中。利貞，合渙散之道在乎正固也。

象曰：渙，亨，剛來而不窮，柔得位乎外，而上同。

渙之能亨者，以卦才如是也。渙之成渙，由九來居二，六上居四也。剛陽之來，則不窮極於下而處得其中；柔之往，則得正位於外而上同於五之中。巽順於五，乃上同也。四、五，君臣之位，當渙而比，其義相通，同五乃從中也。當渙之時而守其中，則不至於離散，故能亨也。

王假有廟，王乃在中也。

王假有廟之義，在萃卦詳矣。天下離散之時，王者收合人心，至於有廟，乃是在其中也。在中謂求得其中，攝其心之謂也。中者心之象。剛來而不窮，柔得位而上同，卦才之義，皆主於中也。王者拯渙之道，在得其中而已。孟子曰：「得其民有道，得其心斯得民矣。」享帝立廟，民心所歸從也。歸人心之道，无大於此，故云至于有廟，拯渙之道極於此也。

利涉大川，乘木有功也。

治渙之道，當濟於險難，而卦有乘木濟川之象。上巽，木也；下坎，水，大川也。利涉險以濟渙也。木在水上，乘木之象，乘木所以涉川也。涉則有濟渙之功，卦有是義，有是象也。

象曰：風行水上，渙，先王以享于帝，立廟。

風行水上，有渙散之象。先王觀是象，救天下之渙散，至于享帝立廟也。收合人心，无如宗廟。祭祀之報，出于其心。故享帝立廟，人心之所歸也。繫人心，合離散之道，无大於此。

初六，用拯馬壯，吉。

六居卦之初，涣之始也。始涣而拯之，又得馬壯，所以吉也。六爻獨初不云涣者，離散之勢，辨之宜早，方始而拯之，則不至於涣也，爲教深矣。馬，人之所託也。託於壯馬，故能拯涣。馬謂二也。二有剛中之才，初陰柔順，兩皆无應，无應則親比相求。初之柔順，而託於剛中之才，以拯其涣，如得壯馬以致遠，必有濟矣，故吉也。涣拯於始，爲力則易，時之順也。

象曰：初六之吉，順也。

初之所以吉者，以其能順從剛中之才也。始涣而用拯，能順乎時也。

九二，涣奔其机，悔亡。

諸爻皆云涣，謂涣之時也。在涣離之時，而處險中，其有悔可知。若能奔就所安，則得悔亡也。机者，俯凴以爲安者也。俯，就下也。奔，急往也。二與初雖非正應，而當涣離之時，兩皆无與，以陰陽親比相求，則相賴者也。故二目初爲机，初謂二爲馬。二急就於初以爲安，則能亡其悔矣。初雖坎體，而不在險中也。或疑初之柔微，何足賴？蓋涣之時，合力爲一作而。勝。先儒皆以五爲机，非也。方涣離之時，二陽豈能同也？若能同，則成濟涣之功當大，一有吉字。豈止悔亡而已？机謂俯就也。

象曰：涣奔其机，得願也。

涣散之時，以合爲安。二居險中，急就於初，求安也。賴之如机而亡其悔，乃得所願也。

六三，涣其躬，无悔。

三在涣時，獨有應與，无涣散之悔也。然以陰柔之質，不中正之才，上居无位之地，豈能拯時之涣而及人也？止於其身，可以无悔而已。上加涣字，在涣之時，躬无涣之悔也。

象曰：涣其躬，志在外也。

志應於上，在外也。與上相應，故其身得免於涣而无悔。悔亡者，本有而得亡；无悔者，本无也。

六四，涣其羣，元吉。涣有丘，匪夷所思。

涣，四五二爻義相須，故通言之，象故曰「上同」也。四，巽順而正，居大臣之位；五，剛中而正，居君位。君臣合力，剛柔相濟，以拯天下之涣者也。方涣散之時，用剛則不能使之懷附，用柔則不足爲之依歸。四以巽順之正道，輔剛中正之君，君臣同功，所以能濟涣也。天下涣散，而能使之羣聚，可謂大善之吉也。涣有丘，匪夷所思：贊美之辭也。丘，聚之大也。方涣散而能致其大聚，其功甚大，其事甚難，其用至妙。夷，平常也。非平常之見所能思及也。非大賢智，孰能如是？

象曰：涣其羣，元吉，光大也。

稱元吉者，謂其功德光大也。元吉光大不在五而在四者，二爻之義通言也。於四言其施用，於五言其成功，君臣之分也。

九五，涣汗其大號，涣王居，无咎。

五與四君臣合德，以剛中正巽順之道，治涣得其道矣。唯在浹洽於人心，則順從也。當使號令洽於民心，如人身之汗浹於四體，則信服而從矣。如是，則可以濟天下之涣，居王位爲稱而无咎。大號，大政令也，謂新民之大命，救涣之大政。再云涣者，上謂涣之時，下謂處涣如是則无咎也。在四已言元吉，五唯言稱其位也。涣之四五通言者，涣以離散爲害，拯之使合也。非君臣同功合力，其能濟乎？爻義相須，時之宜也。

象曰：王居无咎，正位也。

王居，謂正位，人君之尊位也。能如五之爲，則居尊位爲稱而无咎也。

上九，涣其血去逖出，无咎。

涣之諸爻皆无繫應，亦涣離之象。惟上應於三，三居險陷之極，上若下從於彼，則不能出於涣也。險有傷害畏懼之象，故云血惕。然九以陽剛處涣之外，有出涣之象，又居巽之極，爲能巽順於事理，故云若能使其血去，其惕出，則无咎也。其者，所有也。涣之時，以能合爲功，獨九居涣之極，有繫而臨險，故以能出涣遠害爲善也。

象曰：涣其血，遠害也。

若如象文爲涣其血，乃與「屯其膏」同也，義則不然。蓋血字下脱去字，血去惕出，謂能遠害則无咎也。

䷻兑下坎上

節，序卦：「涣者離也，物不可以終離，故受之以節。」物既離散，則當節止之，節所以次涣也。爲卦，澤上有水。澤之容有限，澤上置水，滿則不容，爲有節之象，故爲節。

節：亨，苦節不可貞。

事既有節，則能致亨通，故節有亨義。節貴適中，過則苦矣。節至於苦，豈有常也？不可固守以爲常，不可貞也。

彖曰：節，亨，剛柔分而剛得中。

節之道，自有亨義，事有節則能亨也。又卦之才，剛柔分處，剛得中而不過，亦所以爲節，所以能亨也。

苦節不可貞，其道窮也。

節至於極而苦，則不可堅固常守，其道已窮極也。

説以行險，當位以節，中正以通。

以卦才言也。内兑外坎，説以行險也。人於所説則不知已，遇艱險則思止。方説而止，爲節之義。當位以節，五居尊當位也，在澤上，有節也。當位而以節，主節者也。處得中正，節而能通也。中正則通，過則苦矣。

天地節而四時成，節以制度，不傷財，不害民。

推言節之道。天地有節故能成四時，无節則失序也。聖人立制度以爲節，故能不傷財害民。人欲之无窮也，苟非節以制度，則侈肆，至於傷財害民矣。

象曰：澤上有水，節，君子以制數度，議德行。

澤之容水有限，過則盈溢，是有節，故爲節也。君子觀節之象，以制立數度。凡物之大小、輕重、高下、文質，皆有數度，所以爲節也。數，多寡。度，法制。議德行者，存諸中爲德，發於外爲行。人之德行當義則中節。議，謂商度求中節也。

初九，不出户庭，无咎。

户庭，户外之庭；門庭，門内之庭。初以陽在下，上復有應，非能節者也；又當節之初，故戒之謹守，至於不出户庭，則无咎也。初能固守，終或渝之。不謹於初，安能有卒？故於節之初，爲戒甚嚴也。

象曰：不出户庭，知通塞也。

爻辭於節之初，戒之謹守，故云不出户庭則无咎也。象恐人之泥於言也，故復明之云：雖當謹守，不出户庭，又必知時之通塞也。通則行，塞則止，義當出則出矣。尾生之信，水至不去，不知通塞也。故君子貞而不諒。繫辭所解，獨以言者，在人所節，唯言與行，節於吉則行可知，言當在先也。

九二，不出門庭，凶。

二雖剛中之質，然處陰居説而承柔。處陰，不正也；居説，失剛也；承柔，近邪也。節之道，當以剛中正。二失其剛中之德，與九五剛中正異矣。不出門庭，不之於外也，謂不從於五也。二五非陰陽正應，故不相從。若以剛中之道相合，則可以成節之功。唯其失德失時，是以凶也。不合於五，乃不正之節也。以剛中正爲節，如懲忿窒慾，損過抑有餘〔二〕是也。不正之節，如嗇節於用，懦節於行是也。

象曰：不出門庭凶，失時極也。

不能上從九五剛中正之道，成節之功，乃繫於私暱之陰柔，是失時之至極，所以凶也。失時，失其所宜也。

六三，不節若則嗟若，无咎。

六三不中正，乘剛而臨險，固宜有咎。然柔順而和説，若能自節而順於義，則可以无過。不然，則凶咎必至，可傷嗟也。故不節若則嗟若，己所自致，无所歸咎也。

象曰：不節之嗟，又誰咎也？

節則可以免過，而不能自節，以致可嗟，將誰咎乎？

六四，安節，亨。

〔二〕覆元本「抑有餘」下小注：「一作益不及。」

四順承九五剛中正之道，是以中正爲節也。以陰居陰，安於正也。當位爲有節之象，下應於初。四，坎體，水也。水上溢爲无節，就下有節也。如四之義，非強節之，安於節者也，故能致亨。節以安爲善。強守而不安，則不能常，豈以亨也？

象曰：安節之亨，承上道也。

四能安節之義非一，象獨舉其重者。上承九五剛中正之道以爲節，足以亨矣，餘善亦不出於中正也。

九五，甘節吉，往有尚。

九五剛中正，居尊位，爲節之主，所謂當位以節，中正以通者也。在己則安，行天下則說，從節之甘美者也，其吉可知。以此而行，其功大矣，故往則有可嘉尚也。

象曰：甘節之吉，居位中也。

既居尊位，又得中道，所以吉而有功。節以中爲貴，得中則正矣，正不能盡中也。

上六，苦節，貞凶，悔亡。

上六居節之極，節之苦者也。居險之極，亦爲苦義。固守則凶，悔則凶亡。悔，損過從中之謂也。節之悔亡，與他卦之悔亡，辭同而義異也。

象曰：苦節貞凶，其道窮也。

節既苦而貞固守之則凶，蓋節之道至於窮極矣。

䷼兑下巽上

中孚，序卦：「節而信之，故受之以中孚。」節者爲之制節，使不得過越也。信而後能行，上能信守之，下則信從之，節而信之也，中孚所以次節也。爲卦，澤上有風。風行澤上，而感于水中，爲中孚之象。感謂感而動也。内外皆實而中虚，爲中孚之象。又二五皆陽，一有而字。中實，亦爲孚義。在二體則中實，在全體則中虚；中虚信之本，中實信之質。

中孚：豚魚，吉，利涉大川，利貞。

豚躁魚冥，物之難感者也。孚信能感於豚魚，則无不至矣，所以吉也。忠信可以蹈水火，況涉川乎？守信之道，在乎堅正，故利於貞也。

彖曰：中孚，柔在内而剛得中，

二柔在内，中虚，爲誠之象；二剛得上下體之中，中實，爲孚之象，卦所以爲中孚也。

説而巽，孚乃化邦也。

以二體言，卦之用也。上巽下説〔一〕，爲上至誠以順巽於下，下有孚以説從其上，如是，其孚乃能化於邦國也。若人不説從，或違拂事理，豈能化天下乎？

〔一〕覆元本「説」作「兑」，義較長。

豚魚吉，信及豚魚也。

信能及於豚魚，信道至矣，所以吉也。

利涉大川，乘木舟虛也。

以中孚涉險難，其利如乘木濟川，而以虛舟也。舟虛則无沈覆之患。卦，虛中爲虛舟之象。

中孚以利貞，乃應乎天也。

中孚而貞，則應乎天矣。天之道，孚貞而已。

象曰：澤上有風，中孚，君子以議獄緩死。

澤上有風，感于澤中。水體虛，故風能入之。人心虛，故物能感之。風之動乎澤，猶物之感于中，故爲中孚之象。君子觀其象，以議獄與緩死。君子之於議獄，盡其忠而已；於決死，極其惻而已，故誠意常求於緩。緩，寬也。於天下之事，无所不盡其忠，而議獄緩死，最其大者也。

初九，虞吉，有他不燕。

九當中孚之初，故戒在審其所信。虞，度也，度其可信而後從也。雖有至信，若不得其所，則有悔咎，故虞度而後信則吉也。既得所信，則當誠一，若有他，則不得其燕安矣。燕，安裕也。有他，志不定也。人志不定，則惑而不安。初與四爲正應，四巽體而居正，无不善也。爻以謀始之義大，故不取相應之義。若用應，則非虞也。

象曰：初九虞吉，志未變也。

當信之始，志一無志字。未有所從，而虞度所信，則得其正，是以吉也。蓋其志未有變動。志有所從，則是變動，虞之不得其正矣。在初言求所信之道也。

九二，鳴鶴在陰，其子和之，我有好爵，吾與爾靡之。

二剛實於中，孚之至者也，孚至則能感通。鶴鳴於幽隱之處，不聞也，而其子相應和，中心之願相通也。好爵我有，而彼亦繫慕，説好爵之意同也。有孚於中，物无不應，誠同故也。至誠无遠近幽深之閒，故繫辭云：「善則千里之外應之，不善則千里違之。」言誠通也。至誠感通之理，知道者爲能識之。

象曰：其子和之，中心願也。

中心願，謂誠意所願也，故通而相應。

六三，得敵，或鼓，或罷，或泣，或歌。

敵，對敵也，謂所交孚者，正應上九是也。三四皆以虚中爲成孚之主，然所處則異。四得位居正，故亡匹以從上；三不中失正，故得敵以累志。以柔説之質，既有所繫，唯所信是從，或鼓張，或罷廢，或悲泣，或歌樂，動息憂樂，皆繫乎所信也。唯繫所信，故未知吉凶，然非明達君子之所爲也。

象曰：或鼓或罷，位不當也。

居不當位，故无所主，唯所信是從。所處得正，則所信有方矣。

六四，月幾望，馬匹亡，无咎。

四爲成孚之主，居近君之位，處得其正而上信之至，當孚之任者也。如月之幾望，盛之至也。已望則敵矣，臣而敵君，禍敗必至。故以幾望爲至盛。馬匹亡：四與初爲正應，匹也。古者駕車用四馬，不能備純色，則兩服兩驂各一色，又小大必相稱，故兩馬爲匹，謂對也。馬者，行物也。初上應四，而四亦進從五，皆上行，故以馬爲象。孚道在一，四既從五，若復下繫於初，則不一而害於孚，爲有咎矣。故馬匹亡，則无咎也。上從五而不繫於初，是亡其匹也。繫初則不進，不能成孚之功也。

象曰：馬匹亡，絶類上也。

絶其類而上從五也。類，謂應也。

九五，有孚攣如，无咎。

五居君位。人君之道，當以至誠感通天下，使天下之心信之，固結如拘攣然，則爲无咎也。人君之孚，不能使天下固結如是，則億兆之心，安能保其不離乎？

象曰：有孚攣如，位正當也。

五居君位之尊，由中正之道，能使天下信之，如拘攣之固，乃稱其位，人君之道當如是也。

上九，翰音登于天，貞凶。

翰音者，音飛而實不從。處信之終，信終則衰，忠篤内喪，華美外颺，故云翰音登天，正亦滅矣。陽性上進，風體飛颺。九居中孚之時，處於最上，孚於上進而不知止者也。其極至於羽翰之音，登聞於天，貞固於此而不知變，凶可知矣。夫子曰：「好信不好學，其蔽也賊」，固守而不通之謂也。

象曰：翰音登于天，何可長也！

守孚至於窮極而不知變，豈可長久也？固守而不通，如是則凶也。

䷽艮下震上

小過，序卦：「有其信者必行之，故受之以小過。」人之所信則必行，行則過也，小過所以繼中孚也。爲卦，山上有雷。雷震於高，其聲過常，故爲小過。又陰居尊位，陽失位而不中，小者過其常也。蓋爲小者過，又爲小事過，又爲過之小。

小過：亨，利貞。

過者，過其常也。若矯枉而過正，過所以就正也。事有時而當，然有待過而後能亨者，故小過自有亨義。利貞者，過之道利於貞也。不失時宜之謂正。

可小事，不可大事。飛鳥遺之音，不宜上，宜下，大吉。

過，所以求就中也。所過者小事也，事之大者，豈可過也？於大過論之詳矣。飛鳥遺之音，謂過之不遠也。不宜上宜下，謂宜順也。順則大吉，過以就之，蓋順理也。過而順理，其吉必大。

彖曰：小過，小者過而亨也。

陽大陰小。陰得位，剛失位而不中，是小者過也，故爲小事過，過之小。小者與小事，有時而當過，過之亦小，故爲小過。事固有待過而後能亨者，過之所以能亨也。

過以利貞，與時行也。

過而利於貞，謂與時行也。時當過而過，乃非過也，時之宜也，乃所謂正也。

柔得中，是以小事吉也。

剛失位而不中，是以不可大事也。

有飛鳥之象焉。

小過之道，於小事有過則吉者，而彖以卦才言吉義。柔得中，二五居中也。陰柔得位，能致小事吉耳，不能濟大事也。剛失位而不中，是以不可大事，大事非剛陽之才不能濟，三不中，四失位，是以不可大事。小過之時，自不可大事，而卦才又不堪大事，與時合也。「有飛鳥之象焉」此一句，不類彖體，蓋解者之辭，誤入彖中。中剛外柔，飛鳥之象，卦有此象，故就飛鳥爲義。

飛鳥遺之音，不宜上，宜下，大吉，上逆而下順也。

事有時而當過，所以從宜，然豈可甚過也？如過恭、過哀、過儉，大過則不可。所以在小過也，所過當如飛鳥之遺音。鳥飛迅疾，聲出而身已過，然豈能相遠也？事之當過者，亦如是。身不能甚遠於聲，事不可〔一〕遠過其常，在得宜耳。不宜上，宜下，更就鳥音取宜順之義。過之道，當如飛鳥之遺音。夫聲逆而上則難，順而下則易，故在高則大，山上有雷，所以爲過也。過之道，順行則吉，如飛鳥之遺音宜順也。所以過者，爲順乎宜也。能順乎宜，所以大吉。

象曰：山上有雷，小過，君子以行過乎恭，喪過乎哀，用過乎儉。

雷震於山上，其聲過常，故爲小過。天下之事，有時當過，而不可過甚，故爲小過。君子觀小過之象，事之宜過者則勉之，行過乎恭，喪過乎哀，用過乎儉是也。當過而過，乃其宜也，不當過而過，則過矣。

初六，飛鳥以凶。

初六，陰柔在下，小人之象；又上應於四，四復動體。小人躁易而上有應助，於所當過，必至過甚，況不當過而過乎？其過如飛鳥之迅疾，所以凶也。躁疾如是，所以過之速且遠，救止莫及也。

象曰：飛鳥以凶，不可如何也。

其過之疾，如飛鳥之迅，豈容救止也？凶其宜矣。不可如何，无所用其力也。

六二，過其祖，遇其妣，不及其君，遇其臣，无咎。

陽之在上者，父之象；尊於父者，祖之象。四在三上，故爲祖。二與五居相應之地，同有柔中之德，

〔一〕覆元本「可」下小注：「一作能。」

志不從於三四，故過四而遇五，是過其祖也。五陰而尊，祖妣之象；與二同德相應，在他卦則陰陽相求，過之時必過其常，故異也。无所不過，故二從五，亦戒其過。不及其君，遇其臣：謂上進而不陵及於君，適當臣道，則无咎也。遇，當也。過臣之分，則其咎可知。

象曰：不及其君，臣不可過也。

過之時，事无不過其常，故於上進則戒及其君，臣不可過臣之分也。

九三，弗過防之，從或戕之，凶。

小過，陰過陽失位之時，三獨居正，然在下无所能爲，而爲陰所忌惡，故有〔二〕當過者，在過防於小人。若弗過防之，則或從而戕害之矣，如是則凶也。三於陰過之時，以陽居剛，過於剛也。既戒之過防，則過剛亦在所戒矣。防小人之道，正己爲先。三不失正，故无必凶之義，能過防則免矣。三居下之上，居上爲下，皆如是也。

象曰：從或戕之，凶如何也！

陰過之時，必害於陽，小人道盛，必害君子，當過爲之防，防之不至，則爲其所戕矣，故曰凶如何也，言其甚也。

〔二〕覆元本「有」下小注：「一作所。」義似較長。

九四，无咎，弗過，遇之，往厲必戒，勿用永貞。

四當小過之時，以剛處柔，剛不過也，是以无咎。既弗過，則合其宜矣，故云遇之，謂得其道也。若往則有危，必當戒懼也。往，去柔而以剛進也。勿用永貞：陽性堅剛，故戒以隨宜，不可固守也。方陰過之時，陽剛失位，則君子當隨時順處，不可固守其常也。四居高位，而无上下之交，雖比五應初，方陰過之時，彼豈肯從陽也？故往則有厲。

象曰：弗過遇之，位不當也。往厲必戒，終不可長也。

位不當，謂處柔。九四當過之時，不過剛而反居柔，乃得其宜，故曰遇之，遇其宜也。以九居四，位不當也，居柔乃遇其宜也。當陰過之時，陽退縮自保足矣，終豈能長而盛也？故往則有危，必當戒也。長，上聲，作平聲則大失易意，以夬與剥觀之可見。與夬之象，文同而音異也。

六五，密雲不雨，自我西郊，公弋取彼在穴。

五以陰柔居尊位，雖欲過爲，豈能成功？如密雲而不能成雨。所以不能成雨，自西郊故也。陰不能成雨，小畜卦中已解。公弋取彼在穴：弋，射取之也，射止是射，弋有取義；穴，山中之空，中虚乃空也，在穴指六二也。五與二本非相應，乃弋而取之。五當位，故云公，謂公上也。同類相取，雖得之，兩陰豈能濟大事乎？猶密雲之不能成雨也。

象曰：密雲不雨，已上也。

陽降陰升，合則和而成雨。陰已在上，雲雖密，豈能成雨乎？陰過不能成大之義也。

上六，弗遇，過之，飛鳥離之，凶，是謂災眚。

六，陰而動體，處過之極，不與理遇，動皆過之，其違理過常，如飛鳥之迅速，所以凶也。離，過之遠也。是謂災眚，是當有災眚也。災者天殃，眚者人爲。既過之極，豈唯人眚？天災亦至，其凶可知，天理人事皆然也。

象曰：弗遇過之，已亢也。

居過之終，弗遇於理而過之，過已亢，極其凶，宜也。

䷾離下坎上

既濟，序卦：「有過物者必濟，故受之以既濟。」能過於物，必可以濟，故小過之後，受之以既濟也。爲卦，水在火上。水火相交，則爲用矣。各當其用，故爲既濟，天下萬事已濟之時也。

既濟：亨小，利貞，初吉終亂。

既濟之時，大者既已亨矣，小者尚〔二〕有亨也。雖既濟之時，不能无小未亨也。小字在下，語當然也。若言小亨，則爲亨之小也。利貞，處既濟之時，利在貞固以守之也。初吉，方濟之時也；終亂，濟極

〔二〕覆元本「尚」下小注：「一有未字。」

則反也。

彖曰：既濟，亨，小者亨也。

利貞，剛柔正而位當也。

既濟之時，大者固已亨矣，唯有小者〔一〕亨也。時既濟矣，固宜貞固以守之。卦才剛柔正當其位，當位者其常也，乃正固之義，利於如是之貞也。陰陽各得正位，所以爲既濟也。

初吉，柔得中也。

二以柔順文明而得中，故能成既濟之功。二居下體，方濟之初也，而又善處，是以吉也。

終止則亂，其道窮也。

天下之事，不進則退，无一定之理。濟之終，不進而止矣，无常止也，衰亂至矣，蓋其道已窮極也。九五之才，非不善也，時極道窮，理當必變也。聖人至此奈何？曰〔二〕：唯聖人爲能通其變於未窮，不使至於極也，堯、舜是也，故有終而无亂。

象曰：水在火上，既濟，君子以思患而豫防之。

〔一〕覆元本「者」下小注：「一有未字。」

〔二〕覆元本「曰」下小注：「一无曰字。」

水火既交，各得其用，爲既濟。時當既濟，唯慮患害之生，故思而〔一〕豫防，使不至於患也。自古天下既濟而致禍亂者，蓋不能思患而豫防也。

初九，曳其輪，濡其尾，无咎。

初以陽居下，上應於四，又火體，其進之志鋭也。然時既濟矣，進不已則及於悔咎〔二〕，故曳其輪，濡其尾，乃得无咎。輪所以行，倒曳之使不進也。獸之涉水，必揭其尾，濡其尾則不能濟。方既濟之初，能止其進，乃得无咎，不知已則至於咎也。

象曰：曳其輪，義无咎也。

既濟之初，而能止其進，則不至於極，其義自无咎也。

六二，婦喪其茀，勿逐，七日得。

二以文明中正之德，上應九五剛陽中正之君，宜得行其志也。然五既得尊位，時已既濟，无復進而有爲矣，則於在下賢才，豈有求用之意？故二不得遂其行也。自古既濟而能用人者鮮矣。以唐太宗之用言，尚怠於終，況其下者乎？於斯時也，則剛中反爲中滿，坎離乃爲相戾矣。人能識時知變，則可

〔一〕覆元本「而」作「患」。
〔二〕覆元本「咎」下小注：「一作吝。」

以言易矣。二，陰也，故以婦言。茀，婦人出門以自蔽者也。喪其茀，則不可行矣。二不爲五之求用，則不得行，如婦之喪茀也。然中正之道，豈可廢也？時過則行矣。逐者從物也，從物則失其素守，故戒勿逐。自守不失，則七日當復得也。卦有六位，七則變矣。七日得，謂時變也。雖不爲上所用，中正之道，无終廢之理，不得行於今，必行於異時也。聖人之勸戒深矣。

象曰：七日得，以中道也。

中正之道，雖不爲時所用，然无終不行之理，故喪茀七日當復得，謂自守其中，異時必行也。不失其中，則正矣。

九三，高宗伐鬼方，三年克之，小人勿用。

九三當既濟之時，以剛居剛，用剛之至也。既濟而用剛如是，乃高宗伐鬼方之事。高宗，必商之高宗。天下之事既濟而遠伐暴亂也。威武可及，而以救民爲心，乃王者之事也，唯聖賢之君則可。若騁威武，忿不服，貪土地，則殘民肆欲也，故戒不可用小人。小人爲之，則以貪忿，私意也；非貪忿，則莫肯爲也。三年克之，見其勞憊之甚。聖人因九三當既濟而用剛，發此義以示人，爲法爲戒，豈淺見所能及也？

象曰：三年克之，憊也。

言憊，以見其事之至難。在高宗爲之則可，无高宗之心，則貪忿以殃民也。

六四，繻有衣袽，終日戒。

四在濟卦而水體，故取舟爲義。四，近君之位，當其任者也。當既濟之時，以防患慮變爲急。繻當作濡，謂滲漏也。舟有罅漏，則塞以衣袽。有衣袽以備濡漏，又終日戒懼不怠，慮患當如是也。不言吉，方免於患也。既濟之時，免患則足矣，豈復有加也？

象曰：終日戒，有所疑也。

終日戒懼，常疑患之將至也。處既濟之時，當畏慎如是也。

九五，東鄰殺牛，不如西鄰之禴祭，實受其福。

五中實，孚也；二虛中，誠也，故皆取祭祀爲義。東鄰，陽也，謂五；西鄰，陰也，謂二。殺牛，盛祭也；禴，薄祭也。盛不如薄者，時不同也。二五皆有孚誠中正之德，二在濟下，尚有進也，故受福。五處濟極，无所進矣，以至誠中正守之，苟未至於反耳。理无極而終不反者也。已至於極，雖善處，无如之何矣，故爻象唯言其時也。

象曰：東鄰殺牛，不如西鄰之時也；實受其福，吉大來也。

五之才德非不善，不如二之時也。二在下，有進之時，故中正而孚，則其吉大來，所謂受福也。吉大來者，在既濟之時爲大來也，亨小、初吉是也。

上六，濡其首，厲。

既濟之極，固不安而危也，又陰柔處之，而在險體之上。坎爲水，濟亦取水義，故言其窮至於濡首，危可知也。既濟之終，而小人處之，其敗壞可立而待也。

象曰： 濡其首厲，何可久也！

既濟之窮，危至於濡首，其能長久乎？

䷿坎下離上

未濟，序卦：「物不可窮也，故受之以未濟終焉。」既濟矣，物之窮也。物窮而不變，則无不已之理，易者變易而不窮也，故既濟之後，受之以未濟而終焉。未濟則未窮也，未窮則有生生之義。爲卦，離上坎下。火在水上，不相爲用，故爲未濟。

未濟： 亨，小狐汔濟，濡其尾，无攸利。

未濟之時，有亨之理，而卦才復有致亨之道，唯在慎處。狐能度水，濡尾則不能濟，其老者多疑畏，故履冰而聽，懼其陷也；小者則未能畏慎，故勇於濟。汔當爲仡，壯勇之狀。書曰：「仡仡勇夫。」小狐果於濟，則濡其尾而不能濟也。未濟之時，求濟之道，當至慎則能亨。若如小狐之果，則不能濟也。既不能濟，无所利矣。

象曰： 未濟，亨，柔得中也。

以卦才言也。所以能亨者，以柔得中也。五以柔居尊位，居剛而應剛，得柔之中也。剛柔得中，處未濟之時，可以亨也。

小狐汔濟，未出中也。

據二而言也。二以剛陽居險中，將濟者也，又上應於五。險非可安之地，五有當從之理，故果於濟如小狐也。既果於濟，故有濡尾之患，未能出於險中也。

濡其尾，无攸利，不續終也。

其進鋭者其退速，始雖勇於濟，不能繼續而終之，无所往而利也。

雖不當位，剛柔應也。

雖陰陽不當位，然剛柔皆相應。當未濟而有與，若能重慎，則有可濟之理。二以汔濟，故濡尾也。卦之諸爻，皆不得位，故爲未濟。雜卦云：「未濟男之窮也。」謂三陽皆失位也。斯義也，聞之成都隱者。

象曰：火在水上，未濟，君子以慎辨物居方。

水火不交，不相濟爲用，故爲未濟。火在水上，非其處也。君子觀其處不當之象，以慎處於事物，辨其所當，各居其方，謂止於其所也。

初六，濡其尾，吝。

六以陰柔在下，處險而應四。處險則不安其居，有應則志行於上。然已既陰柔，而四非中正之才，不能援之以濟也。獸之濟水，必揭其尾，尾濡則不能濟。濡其尾，言不能濟也。不度其才力而進，終不能濟，可羞吝也。

象曰：濡其尾，亦不知極也。

不度其才力而進，至於濡尾，是不知之極也。

九二，曳其輪，貞吉。

在他卦，九居二爲居柔得中，无過剛之義也。於未濟，聖人深取卦象以爲戒，明事上恭順之道。未濟者，君道艱難之時也。五以柔處君位，而二乃剛陽之才，而居相應之地，當用者也。剛有陵柔之義，水有勝火之象。方艱難之時，所賴者才臣耳，尤當盡恭順之道，故戒曳其輪則得正而吉也。倒曳其輪，殺其勢，緩其進，戒用剛之過也。剛過，則好犯上而順不足。唐之郭子儀、李晟，當艱危未濟之時，能極其恭順，所以爲得正而能保其終吉也。於六五則言其貞吉光輝，盡君道之善；於九二則戒其恭順，盡臣道之正，盡上下之道也。

象曰：九二貞吉，中以行正也。

九二得正而吉者，以曳輪而得中道乃正也。

六三，未濟，征凶，利涉大川。

未濟征凶，謂居險无出險之用，而行則凶也。必出險而後可征。三以陰柔不中正之才，而居險不足以濟，未有可濟之道、出險之用，而征，所以凶也。然未濟有可濟之道，險終有出險之理。上有剛陽之應，若能涉險而往從之，則濟矣，故利涉大川也。然三之陰柔，豈能出險而往？非時不可，才不能也。

象曰：未濟征凶，位不當也。

三征則凶者，以位不當也，謂陰柔不中正，无濟險之才也。若能涉險以從應，則利矣。

九四，貞吉，悔亡。震用伐鬼方，三年有賞于大國。

九四，陽剛居大臣之位，上有虚中明順之主，又已出於險，未濟已過中矣，有可濟之道也。濟天下之艱難，非剛健之才不能也。九雖陽而居四，故戒以貞固則吉而悔亡，不貞則不能濟，有悔者也。震，動之極也。古之人用力之甚者，伐鬼方也，故以爲義。力勤而遠伐，至于三年，然後成功而行大國之賞，必如是乃能濟也。濟天下之道，當貞固如是。四居柔，故設此戒。

象曰：貞吉悔亡，志行也。

如四之才與時合，而加以貞固，則能行其志，吉而悔亡。鬼方之伐，貞之至也。

六五，貞吉无悔，君子之光，有孚，吉。

五，文明之主，居剛而應剛，其處得中，虚其心而陽爲之輔，雖以柔居尊，處之至正至善，无不足也。既得貞正，故吉而无悔。貞其固有，非戒也。以此而濟，无不濟也。五，文明之主，故稱其光君子。德輝之盛，而功實稱之，有孚也。上云吉，以貞也，柔而能貞，德之吉也。下云吉，以功也，既光而有孚，時可濟也。

象曰：君子之光，其暉吉也。

光盛則有暉。暉，光之散也。君子積充而光盛，至于有暉，善之至也，故重云吉。

上九，有孚于飲酒，无咎，濡其首，有孚失是。

九以剛在上，剛之極也；居明之上，明之極也。剛極而能明，則不爲躁而爲決。明能燭理，剛能斷義。居未濟之極，非得濟之位，无可濟之理，則當樂天順命而已。若否終則有傾，時之變也；未濟則无極而自濟之理，故止爲未濟之極，至誠安於義命而自樂，則可无咎。飲酒，自樂也。不樂其處，則忿躁隕穫，入於凶咎矣。若從樂而耽肆過禮，至濡其首，亦非能安其處也。有孚，自信于中也。失是，失其宜也。如是則於有孚爲失也。人之處患難，知其无可奈何，而放意不反者，豈安於義命者哉？

象曰：飲酒濡首，亦不知節也。

飲酒至於濡首，不知節之甚也。所以至如是，不能安義命也。能安，則不失其常矣。

附録

易説

繫辭

「天尊，地卑。」尊卑之位定，而乾坤之義明矣。高卑既别，貴賤之位分矣。陽動陰静，各有其常，則剛柔判矣。事有理，一本作萬事理也。物有形也。事則有類，形則有羣，善惡分而吉凶生矣。象見於天，形成於地，變化之跡見矣。陰陽之交相摩軋，八方之氣相推盪，雷霆以動之，風雨以潤之，日月運行，寒暑相推，而成造化之功。得乾者成男，得坤者成女。乾當始物，坤當成物。乾坤之道，易簡而已。乾始物之道易，坤成物之能簡。平易，故人易知；簡直，故人易從。易知則可親就而奉順，易從則可取法而成功。親合則可以常久，成事則可以廣大。聖賢德業久大，得易簡之道也。天下之理，易簡而已。有理而後有象，「成位乎其中」也。

聖人既設卦，觀卦之象而繫之以辭，明其吉凶之理；以剛柔相推而知變化之道。吉凶之生，由失得也。悔吝者，可憂虞也。進退消長，所以成變化也。剛柔相易而成晝夜，觀晝夜，則知剛柔之道矣。

三極，上中下也。極，中也，皆其時中也。三才，以物言也。三極，以位言也。六爻之動，以位爲義，乃其序也；得其序則安矣。辭所以明義，玩其辭義，則知其可樂也。觀象玩辭而能通其意，觀變玩占而能順其時，動不違於天矣。

彖言卦之象，爻隨時之變，因失得而有吉凶。能如是，則得无咎。位有貴賤之分，卦兼小大之義。吉凶之道，於辭可見。以悔吝爲防，則存意於微小。震懼而得无咎者，以能悔也。卦有小大，於時之中有小大也。有小大則辭之險易殊矣，辭各隨其事也。

聖人作易，以準則天地之道。易之義，天地之道也，「故能彌綸天地之道」。彌，徧也。綸，理也。在事爲倫，治絲爲綸。彌綸，徧理也。徧理天地之道，而復仰觀天文，俯察地理，驗之著見之跡，故能「知幽明之故」。在理爲幽，成象爲明。「知幽明之故」，知理與物之所以然也。原，究其始；要，考其終，則可以見死生之理。聚爲精氣，散爲游魂。聚則爲物，散則爲變。觀聚散，則見「鬼神之情狀」。萬物始終，聚散而已。鬼神，造化之功也。以幽明之故，死生之理，鬼神之情狀觀之，則可以見「天地之道」。

易之義，與天地之道相似，故無差違，相似，謂同也。「知周乎萬物而道濟天下，故不過。」義之所包，知也。其義周盡萬物之理，其道足以濟天下，故無過差。「旁行而不流」，旁通遠及而不流失正理。順乎理，「樂天」也。安其分，「知命」也。順理安分故無所憂。「安土」，安所止也；「敦乎仁」，存乎同也，是以「能愛」。

「範圍」，俗語謂之模量。模量天地之運化而不過差，委曲成就萬物之理而無遺失，通晝夜闔闢屈伸之道而知其所以然。如此，則得天地之妙用，知道德之本源；所以見至神之妙，無有方所，而易之準道，無有形體。

道者，一陰一陽也。動靜無端，陰陽無始。非知道者，孰能識之？動靜相因而成變化，順繼此道，則爲善也；成之在人，則謂之性也。在衆人，則不能識。隨其所知，故仁者謂之仁，知者謂之知，百姓則由之而不知。故君子之道，人鮮克知也。

運行之跡，生育之功，「顯諸仁」也。神妙無方，變化無跡，「藏諸用」也。天地不與聖人同憂，天地不宰，聖人有心也。天地無心而成化，聖人有心而無爲。天地聖人之盛德大業，可謂至矣。

「富有」，溥博也。「日新」，無窮也。生生相續，變易而不窮也。乾始物而有象，坤成物而體備，法象著矣。推數可以知來物。通變不窮，事之理也。天下之有，不離乎陰陽。惟神也，莫知其鄉，不測其爲剛柔動靜也。

易道廣大，推遠則無窮，近言則安靜而正。天地之閒，萬物之理，無有不同。乾，「靜也專」，「動也直」。專，專一。直，直易。惟其專直，故其生物之功大。坤，靜翕動闢。坤體動則開，應乾開闔而廣生萬物。「廣大」，天地之功也。「變通」，四時之運也。一陰一陽，日月之行也。乾坤易簡之功，乃至善之德也。

易之道，其至矣乎！聖人以易之道崇大其德業也。知則崇高，禮則卑下。高卑順理，合天地之道也。高卑之位設，則易在其中矣。斯理也，成之在人則爲性。成之者性也。人心存乎此理之所存，乃「道義之門」也。

「賾」，深遠也。聖人見天下深遠之事，而比擬其形容，體象其事類，故謂之象。天下之動無窮也，必「觀其會通」。會通，綱要也。乃以「行其典禮」。典禮，法度也，物之則也。繫之辭以斷其吉凶者爻也。言天下之深遠難知也，而理之所有，不可厭也；言天下之動無窮也，而物有其方，不可紊也。擬度而設其辭，商議以察其動，「擬議以成其變化」也。變化，爻之時義；擬議，議而言之也。舉「鳴鶴在陰」以下七爻，擬議而言者也。餘爻皆然。

有理則有氣，有氣則有數。行鬼神者，數也。數，氣之用也。「大衍之數五十。」數始於一，備於五。小衍之而成十，大衍之則爲五十。五十，數之成也。成則不動，故損一以爲用。「天地之數五十有五」，「成變化而行鬼神」者也。變化言功，鬼神言用。

顯明於道，而見其功用之神，故可與應對萬變，可贊祐於神道矣，謂合德也。人惟順理以成功，乃贊天地之化育也。

知變化之道，則知神之所爲也。合與上文相連，不合在下章〔二〕。言所以述理。「以言者尚其辭」，謂於言求理者則存意於辭也。「以動者尚其變」，動則變也，順變而動，乃合道也。制器作事當體乎象，卜筮吉凶當考乎占。「受命如響」，「遂知來物」，非神乎？曰感而通，求而得，精之至也。

自「天一」至「地十」，合在「天數五地數五」上，簡編失其次也。天一生數，地六成數。才有上五者，便有下五者。二五合而成陰陽之功，萬物變化，鬼神之用也。

或曰：乾坤易之門，其義難知，餘卦則易知也。曰：乾坤，天地也，萬物烏有出天地之外者乎？知道者統之有宗則然也，而在卦觀之，乾坤之道簡易，故其辭平直，餘卦隨時應變，取舍無常，至爲難知也。知乾坤之道者，以爲易則可也。

（録自河南程氏經説卷第一）

〔二〕按：此謂繫辭原文「子曰：知變化之道者，其知神之所爲乎」數句，應與「顯道神德行，是故可與酬酢，可與祐神矣」數句相連，合爲一章。據此，則此數句，似應另成一段，不與下文相連。

提要

易傳四卷。宋伊川程子撰。

卷首有元符二年自序。考程子以紹聖四年編管涪州,元符三年遷峽州,則當成於編管涪州之後。王偁東都事略載是書作六卷,宋史藝文志作九卷,二程全書通作四卷。考楊時跋語,稱伊川先生著易傳,未及成書。將啓手足,以其書授門人張繹。未幾繹卒,故其書散亡,學者所傳無善本。謝顯道得其書於京師,以示余,錯亂重複,幾不可讀。東歸待次毘陵,乃始校正,去其重複,踰年而始完云云,則當時本無定本,故所傳各異耳。

其書但解上下經及彖、象、文言,用王弼注本。以序卦分置諸卦之首,用李鼎祚周易集解例。惟繫辭傳、説卦傳、雜卦傳無注,董真卿謂亦從王弼。今考程子與金堂謝湜書,謂易當先讀王弼、胡瑗、王安石三家,謂程子有取於弼,不爲無據;謂不注繫辭、説卦、雜卦以擬王弼,則似未盡然,當以楊時草具未成之説爲是也。程子不信邵子之數,故邵子以數言易,而程子此傳則言理。一闡天道,一切人事。蓋古人著書,務抒所見而止,不妨各明一義。守門户之見者必堅護師説,尺寸不容踰越,亦異乎先儒之本旨矣。

(録自四庫全書總目卷二)